U0681200

Tourism Marketing

旅游营销

现代工商管理经典教材

曾光华　陈贞吟　饶怡云 ‖ 著

经济管理出版社
ECONOMY & MANAGEMENT PUBLISHING HOUSE

序
培育重视"体验、人文、美感"的人才

要发展旅游业，需要人才。那么，我们需要什么样的人才？

曾光华曾经走在加拿大魁北克古城的街道上，满眼欧式美景，迷恋在古典与现代的交错之间，心中为之折服之际，随口问了某位略通英语的法裔店家老板："为什么这地方如此迷人？"他先是一愣，随即表情爽朗得仿佛脸上每一根银白胡须都跳动了起来，然后冒出两个词：people's power（人民的力量）。

一个简单的、政治性的用语，居然被套用在旅游事业上。

放眼国际旅游圣地，从巴黎的风华、夏威夷的浪漫，到京都的古风、巴厘岛的神秘，试想是多少双手建造而成、多少文化熏陶而成、多少美感渗透而成？旅游应该是唯一称得上是"全民事业"的产业，与某个地区一群人的生活、思想、艺术等密切相关。因此，说旅游品质是由"人民的力量"塑造而成，一点也不为过。

因此，我们认为旅游人才不应只是学习专业理论、经营策略、管理技巧等，更应该在社会人文、艺术美学等方面有最起码的涉猎。唯有如此，我们的产业或个别企业才能具有独特的、深厚的、自然呈现的、令人回味的内涵。

基于以上观点以及教育上的职责，我们决意通过本书的内容与编排，尽力让读者除了了解旅游营销原理，也能吸收"体验、人文、美感"的元素。本书特色如下：

●体验中国台湾的创意与努力：通过章首专栏"遇见创意"、内文专栏"餐旅A咖"及书中案例，读者将体会中国台湾旅游业者长期以来如何以创意、意志、专业精神来耕耘事业，尤其是不少业者的人文涵养，更是值得年轻读者学习的。

●见识全球的精彩案例：每一章有若干板块"环游世界"，专门报道各国旅游业者的经典营销实务。读者有机会站在巨人的肩膀上，眺望更高的境界，以为借鉴，尤其是中国台湾以外的业者在"美"的经营上，很值得学习。

●以流畅易读的文笔讨论适量的理论：本书主要理论来自曾光华的畅销书《营销管理》。在考虑旅游业的特性下，仔细选择适用的营销理论，并以清新流畅、引人入胜的文笔，清晰的架构与美编，让读者易懂、易学本书内容。

●扎实好用的教学辅助材料：本书为每一章制作了可让教师随时精彩授课的PowerPoint投影片。这些投影片并非文字剪贴，而是图文并茂，甚至纳入不少教学互动的设计。

感谢

感谢曾盈甄、张茹茵、蔡汛伶协助撰写部分专栏，以及前程文化公司傅国彰副总经理与陈佳妮小姐为本书尽心尽力的付出。特别感激采用本书的老师与读者，你们的支持对我们是莫大的鼓励；对于本书有任何意见或指正，请联络 marketingkfc@gmail.com。

曾光华、陈贞吟、饶怡云

2011 年 8 月 14 日

目　录

第一篇　认识市场

第二篇　了解旅客

第三篇　选择市场

第四篇　发展营销策略

第一篇
认识市场
Understanding Market

01 旅游营销概论

本章主题

本书一开始以"遇见创意"专栏带领读者一窥旅游主管部门近年来为中国台湾的形象与旅游业所做的努力。作风向来保守的官方机构都愿意"活起来",讲求形象塑造、接触市场、拥抱消费者,这凸显了营销在现代社会中有多么普遍与重要。旅游行业跟许多其他行业一样,近年来感受到大环境、竞争情势、购买与消费习性的复杂与多变。在这复杂的环境里,企业都急于想了解政治、经济、社会、文化及科技等环境因素对企业有何影响,如何区隔及选择消费者,如何发展新产品,面对众多的产品消费者如何选择以及如何说服消费者购买等一连串问题,这些都是"营销管理"所企图解答的。在以后各章,本书将介绍这门学科的各个领域。本章主要是为读者建立营销管理的基础:

1. 营销的意义:首先说明营销的起源与核心观念——"交换",接着讨论营销的定义。

2. 市场理念的演进:讨论四种市场理念——生产导向、销售导向、营销导向以及社会营销导向理念的内涵。

3. 营销的应用:分别说明应用营销的单位以及营销创造的效用。

4. 营销管理:说明营销管理的程序以及本书的架构。

遇见创意

砸钱"卖台"为哪桩

2010年春天，伦敦的出租车、地铁和杂志不约而同地出现以"亚洲没被发掘的旅游地点"为题的广告。包括斥资1250多万元新台币、雇用75辆经典的黑色出租车、在3个月内穿越大街小巷主张"旅游除了台湾，还能去哪？（Where else but Taiwan）"的车体广告；六周内在地铁内刊登6000多个中国台湾旅游广告和动画；在拥有广大读者的"星期泰晤士报旅游杂志"、"每日电讯报杂志"、英国广播公司"寂寞星球杂志"上展现中国台湾夜市、人情、风景等。

无独有偶，世界级的艺术设计杂志Wallpaper也在同年刊登Taiwan revealed专辑，介绍自行车旅游、特殊建筑装潢风格的餐厅，访问中国台湾知名建筑精英以及当代书法家董阳孜和云门舞集林怀民等，向世界顶尖的艺术喜好者介绍台湾人文艺术、建筑、美食和自然风光等引人之处。

此外，为了宣传花博，旅游主管部门在洛杉矶举办"道奇台湾日"，请来中国台湾特有电音三太子，大秀舞技并开球，还举办了认识台湾的相关活动，邀请球迷参加。2009年，则砸1900万元新台币买下13国共543个关键词广告，因地制宜地迎合不同国家或地区游客的偏好，如港澳区联结电影或艺人，日本则结合代表便宜的"格安"或"激安"等字，欧美则主打Asia Holiday。

为什么旅游主管部门要花大钱"卖台"呢？还不是想让各国游客在计划年度旅游时，可以浮现Taiwan的选项；或者在欧美人士平均两三个星期到一个多月的亚洲行中不要再跳过中国台湾；或者让大陆游客愿意停留久点或一来再来。因为这背后带来的商机足以为中国台湾创造出带动经济成长的GDP。

以2010年来台旅客556万人次、旅游收入达5100亿元新台币的历史新高为例，旅馆业和游乐业的营业收入就增长了两成，旅馆业因而加码投资1600亿元新台币。以大陆游客为例，自2008年7月到2011年3月底，团进团出的大陆游客人数就突破209万，在台消费金额高达1034亿元新台币。其中，2010年来台的164万人次大陆游客就带来约618亿元新台币的经济效益。

中国台湾旅游主管部门更指出，这么"玩"下去，很快就可创造5500亿元新台币的旅游收入，带动40万直接、间接旅游就业人口，吸引2000亿元新台币民间投资。庞大的商机近在咫尺，当然要努力、用力地"卖台"！

引 言

1972 年，新加坡旅游局呈给时任总理李光耀一份报告，大意是：新加坡没有金字塔、长城、富士山。我们除了一年四季的阳光，什么名胜古迹都没有，要发展旅游业实在是巧妇难为无米之炊。

李光耀看过报告，非常气愤，他在报告上批了一行字："你想让上帝给我们多少东西？阳光，阳光就够了！"

2011 年，世界经济论坛公布的全球竞争力旅游评比中，新加坡排名第 10，是唯一上榜的亚洲国家。2010 年，新加坡旅游业收益高达 4512 亿元新台币，比上一年增长近 50%。2011 年前三个月的游客就达 312 万人，超过中国台湾 2010 年总旅游人数的一半。这是如何做到的？对此，"远见杂志"在 2010 年 12 月的报道中提到：

近几年来新加坡正努力成为"人造旅游大国"。没有太多值得称道的自然景观、人文景观，那就以想象力和人工创造出国际级的景点，这正是新加坡的新作为。F1 赛车、两座综合娱乐中心是最新代表作。

办 F1，新加坡政府要花 1.5 亿新加坡元，但赛事只能带进 1 亿新加坡元的旅游收入。然而，经济效益并非新加坡的唯一考虑，而是为打响"国家品牌"……比赛结束当晚 10 点，美国知名天后玛利亚·凯莉在政府大厦大草场上，唱至午夜才结束，现场有 300 位艺人踩高跷。还有其他的演唱会，请来亚洲天王天后级的张学友、张惠妹在滨海湾金沙演唱，此外还办展览，整个活动就像个嘉年华会。

2010 年开幕的综合娱乐中心"圣淘沙名胜世界"，里面有赌场、旅馆、饭店及亚洲第一座环球影城，还有亚洲最大糖果店、亚洲第一性感内衣名牌"维多利亚的秘密"专卖店、全球第一个史瑞克城堡、马达加斯加专馆等。

新加坡也努力打造自己成为"活动王国"。根据官方统计，新加坡在 2009 年共举办了 689 次各式国际会议，并连续三年被国际会议组织 UIA 评为"世界最佳会议城市"第二名，仅次于美国。

2011 年、2012 年还有新的项目，包括国际邮轮中心、新的体育馆、滨海湾国家植物园（世界最大的海事博物馆）及斥资 43 亿元新台币兴建的全球第一个以河流环境为卖点的河川生态园。

由此可见，面积只有中国台湾 1/50、人口只有中国台湾 1/5 的新加坡，绝对不是仅靠"阳光"就创造这么高的旅游收益，这背后还包含了创意思考、缜密规划与营销策略。

其实，无论是政府还是企业，想经营、提升旅游业，营销是绝对不可少的。

1.1　营销的意义

我们的生活周遭充满了令人目眩耳鸣的"诱饵"——异国情调的餐厅、罗曼蒂克的海滩、五彩缤纷的花园、让人迷醉的演奏，不时拨动着我们欲望的火花。有时欲望尚未燃起，鼻端就飘来挑动味蕾的烹饪香气，耳边传来"北欧旅游，限时特惠"的广播，眼前出现写着斗大字样"善待自己，出国放松"的户外看板。

以上画面是许多旅游业者的营销杰作。当然，在旅游业之外，还有更多数不清的产品与信息，分分秒秒在侵袭消费者。显然，现代人的衣、食、住、行、娱乐等，都无法逃脱营销的辐射。营销，似乎如空气般的自然存在。那么，营销又是如何从无到有呢？

要了解营销的产生，就必须提到人类的交换行为。交换（exchange）不但促进了人类的分工，改变了人类的生产与组织方式，带动了营销活动，更成了营销的核心观念。因此，想深入了解营销，首先需要了解"交换"。

1.1.1　营销的起源与核心观念：交换

当人类从原先的自给自足进化到"以物易物"，就开启了生产分工的时代。例如，擅长捕鱼的原始人甲和擅长种菜的原始人乙，为了从以物易物中互蒙其利，甲多捕一些鱼，乙多种一些菜，然后双方交换剩余的产品；随着甲的捕鱼技能及乙的种植技术日益精进，他们的生产量得以提升，并强化了生产分工。

当以物易物的人增加，竞争开始出现，如原始人丙也从事耕种，于是乙与丙争着和甲交换。这时，人们为了维护或增进本身的利益，便思索如何生产更好的产品、如何打败对手等。也就是，人们开始思考营销的问题，营销活动于是开始萌芽。因此，交换可以说是营销的起源。

随后，人类发明钱币而进入金钱交易的时代，交换活动也因钱币的便于储存和流通而愈加频繁。时至今日，人类知识及科技进展丰富了交换的形式与内容，交换已经可以突破空间，通过电话、传真或网络，在双方互不认识、看不见钞票的情况下完成。交换的生活实例不胜枚举。几乎每一天，我们都在以金钱来换取所需要或期待的物品和服务，如购买门票来换取游乐休闲、以学费换取教育、以交通费换取交通服务等。至于组织，大学提供奖学金以争取优秀的学生；出租车维持安全稳定的运载服务以获取民众的信赖感；旅行社提供优良的旅游服务以带来业绩。可见，个人及组织无时无刻不在和某一方进行交换，而只要有交换行为，营销就有派上用场的机会。

交换的形成需要以下的条件：

（1）交换涉及至少两个单位：这个单位可以是个人、群体（如家庭和一群同学）或组织（如企业、学校、社团和政党）。

（2）交换双方具有某些需求或目标：例如，企业追求利润及理念的实现、员工的福利等；消费者追求身心轻松、家庭和乐、他人的爱慕、成就感的实现等。由于双方的资源与专长有限，因而必须靠分工和交换来满足需求或达成目标。

（3）双方都拥有某种被对方认为有价值的东西：例如，购买人的财富、餐厅的美味佳肴、航空公司的运载服务等。如果某一方缺乏有价值的东西，另一方的需求将无法满足，交换也将难以发生。

（4）双方都具有交换的意愿、能力和资格：需求或目标通常会促进交换的意愿，然而如果买方缺乏购买能力或卖方缺乏沟通能力（如不知如何表达产品利益）或运送能力等，交换不会发生。在某些情况下，交换的一方还必须具备一定的资格，这个资格可能来自组织的政策（如有学生身份才可购买学生票），也可能来自法令条例（如未满十八岁者不得购买烟酒）。

总之，交换是人类社会中的重要活动。为了了解交换行为中的种种现象，许多学者专家长期投入心力进行研究，研究成果逐渐累积、汇整而成了一门学科——营销学。

1.1.2　营销的定义

2004 年，美国营销学会（American Marketing Association，AMA；规模最大、学术地位最重要的营销学术团体）将营销（marketing）定义为"创造、沟通与传递价值给顾客及经营顾客关系以便让组织与其利益关系人受益的一种组织功能与程序"。进一步说明该定义如下：

1.1.2.1　营销强调价值的创造与交换

营销的目的在于通过交换的过程，以达成交换双方的目标。也就是，组织通过营销创造与传递价值给顾客，重视顾客关系并满足对方的需求，以便让它本身及其利益关系人（就企业而言，包含员工、股东、供货商、经销商等）受惠。而组织为了达成目标，必须了解交换双方的需求、影响交换过程的外部环境，以及交换过程所涉及的因素与活动等（见图 1-1）。正因为有这项含义，学术界普遍认为"交换是营销的核心观念"。

至于顾客得到的价值，类别繁多，但可以粗略地分为两大类：它可以表现在产品的实际或基本功能上（如餐厅提供自助餐让人吃饱，游乐园提供娱乐设施让人玩乐），也可以是属于心理层面的（如餐厅创造南洋风的异国情趣，游乐园纾解身心压力）。

另外，该定义强调"顾客关系"，反映了在日益激烈的竞争环境中，营销应当聚焦之所在。这意味着营销必须秉持"顾客至上"的观念，重视组织与顾客之间长期的互动往来，并促进顾客对组织的信赖与忠诚，才能让交换双方受益。本书后文内容将进一步说明顾客价值与顾客关系两大观念。

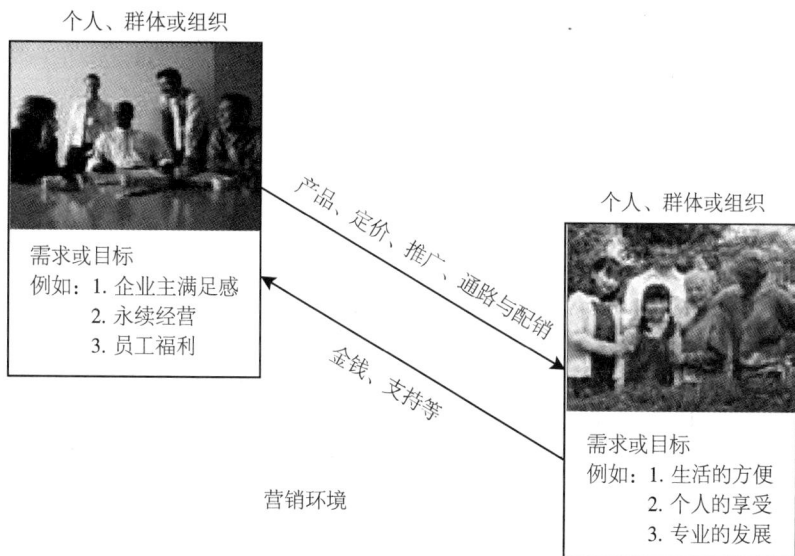

个人、群体或组织

需求或目标
例如：1. 企业主满足感
　　　2. 永续经营
　　　3. 员工福利

产品、定价、推广、通路与配销

金钱、支持等

个人、群体或组织

需求或目标
例如：1. 生活的方便
　　　2. 个人的享受
　　　3. 专业的发展

营销环境

图 1-1　营销的核心观念：交换

1.1.2.2　营销是一种组织功能与程序

营销是组织运作中不可缺少的功能（其他的组织功能包含人力资源、作业与生产、财务、研究发展等），而为了达成交换双方的目标，营销功能（marketing functions）必须包含一系列的活动：产品（product）、定价（pricing）、推广（promotion）以及通路与配销（place and distribution），这些功能简称为营销组合（marketing mix）或"4P"。

1.2　市场理念的演进

目前，"顾客至上"的营销观念是经过长时间随着社会、经济、竞争情况的变迁演化而来的。百余年来，企业对市场持有的哲学或观点可以分为四个阶段：生产、销售、营销以及社会营销导向（见表 1-1）。

表 1-1　四种市场理念：以餐厅为例

市场理念	以餐厅为例
生产导向： 产品只要不错，就可以卖出去	"我们餐厅只要配备厨房、餐桌椅，加上多样菜品，一定会有人上门光顾"
销售导向： 以广告、推销等手法尽快把手上的东西卖出获利	"我们要常打广告、发传单、办公关活动，也要鼓励客人多点菜，这样才能增加营业额"
营销导向： 以消费者的需求及利益为出发点，满足消费者，并获取利润	"我们先了解目标客户群希望从我们这得到什么，然后设计菜单、服务、价格、宣传方式等，以便让客户满意"

续表

市场理念	以餐厅为例
社会营销导向: 除了追求消费者与企业的需求,要兼顾社会与自然环境的利益	"除了满足顾客对养生健康的需求,我们使用再生纸制的外包装纸袋与餐巾纸,使用时令且当地食材,以节省交通运输、仓储冷藏过程中耗费的能源"

1.2.1 生产导向

生产导向(production orientation)理念认为"只要把东西做出来,而且不要做得太烂太贵,就可以卖出去"。当需求大于供给或缺乏市场竞争时,这种理念很容易滋生。早期中国台湾有些企业在政策的保护下,缺乏竞争对手,不需要消费者研究,也不需要广告宣传,只需坐以待"币",生产导向理念于是轻易产生。然而,当经济开始走向国际化与自由化而带动了市场竞争时,这些企业也不得不渐渐抛弃这种以"生产"为中心的想法。

此外,企业领导人过度沉迷本身的能力与产品品质,也容易产生生产导向理念。例如,"我们都是采用进口的高级卫浴设备与用品,旅客一定喜欢"、"我们的景点有丰富的自然生态、历史悠久的古迹,游客一定络绎不绝"。过于强调这些理念容易让人轻视或忽略市场与营销的重要性,以致让经营陷入困境。

生产导向理念容易导致"营销近视症"(marketing myopia),也就是,只看到眼前的产品,却忽略了营销环境的变化与消费者真正的需求。如果旅馆业者认为消费者只需要"舒适的房间",而忽略了房客的睡眠品质、交通安排、宽频上网及餐饮等需求,就是患上了营销近视症。

1.2.2 销售导向

东西既然制造出来了,为了赚钱谋利,就要想尽办法把东西卖出去——这就是销售导向(sales orientation)理念。在这种理念下,顾客的需求与利益是次要的,利用强力推销的方式卖出产品才是主要的营销目的。因此,利润的创造不是通过顾客需求的满足,而是产品的销售。换句话说,企业卖的是手上既有的东西,而未必是消费者真正需要的东西。例如,展览主办单位不顾展览现场的大小,只一味地售票,导致现场人数爆满而严重影响参观品质,就是一种销售导向的行为。

销售导向理念容易导致广告不实、业务员对消费者的干扰、消费者的压迫感等问题,往往引起消费者的反弹。因此,不少国家制定法案以减少强力推销的后遗症,并保障消费者的权益。例如,"消费者保护法"规定,消费者可以在收到邮购或推销商品七天之内,不具任何理由也不需负担任何费用,退回商品或解除买卖契约。

消费者对强力推销的不满以及市场竞争的加剧,也促使企业界自我检讨与改进,因而带动了下一阶段的营销导向理念。

1.2.3 营销导向

营销导向（marketing orientation）和销售导向最大的不同在于前者强调顾客的需求与满足感，也就是首先考虑消费者的需求，然后提供符合其利益的产品以创造消费者满足感，并使企业获利。标榜营销导向的企业，往往强调顾客利益、顾客至上、用心服务等。从许多广告文案中，我们可以发现营销导向的踪迹，例如，"我们以最体贴的心意准备好了整洁舒服的房间及丰盛美味的佳肴，让每位客人一踏入饭店就能感受回家的亲切与自在"、"您的健康是我们的责任，我们的食材选用、烹调方式、设施与用品、餐厅的清洁与维护等，都是将顾客的健康列于首位"。

由于不少人将销售与营销导向牵扯在一块，几位重要的管理学者都特别提出解释，以便理清两者的差别。例如，杜拉克（Drucker）曾经提出名言，"营销的目的是将销售变成多余"，也就是，营销的目的是深入了解消费者，提供完全符合消费者需求与利益的产品，然后以优良的产品去吸引消费者，而不太需要多费口舌推销。另外，柯特勒（Kotler）以出发点、焦点、方法、目的四方面来比较这两种导向的不同（见图1–2）。

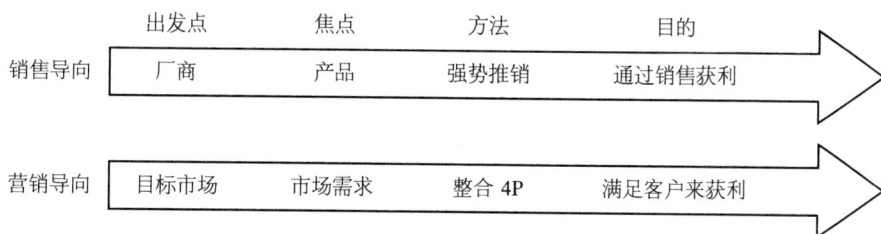

	出发点	焦点	方法	目的
销售导向	厂商	产品	强势推销	通过销售获利
营销导向	目标市场	市场需求	整合 4P	满足客户来获利

图1–2 销售导向与营销导向的比较

1.2.4 社会营销导向

社会营销导向（societal marketing orientation）理念强调："在满足顾客与赚取利润的同时，企业应该维护整体社会与自然环境的长远利益。"也就是，企业应讲求利润、顾客需求、社会利益三方面的平衡。多年来，不少人士担心营销导向可能导致企业界为了赚取利润与满足部分消费者的需求，而忽略了整体社会与自然环境的长远利益。例如，为了讲求豪华的包装而过度使用塑料与纸张材料，造成垃圾增量；某些渲染色情与暴力的电视节目虽受部分观众喜爱，却给青少年带来不良影响等。这些忧虑孕育了社会营销导向的观念。

随着人们对社会及自然环境的重视，标榜社会营销理念的企业也越来越多。例如，麦当劳宣称，如果证实牛肉供货商的牧场破坏雨林，他们就终止与该供货商的契约；台东娜路弯大酒店内的瓶装矿泉水会特别标注"娜路弯邀您共同学习与大自然和睦相处"、"使用后空瓶请妥善处理"等字句，提醒宾客随手爱护地球。另外，厨余还特别用低温冷藏处理，以避免发臭，并每日运送给厂商作为有机堆肥。

在社会营销导向的趋势下，绿色营销（green marketing）成为了 20 世纪 90 年代以来重要的企业理念与研究课题。绿色营销的焦点在于如何在符合消费者需求与厂商利益的同时，又能维护地球的生态环境。随着关注环保的消费大众不断成长，企业除了打造绿色产品与品牌外，也积极投入环保运动，为环境尽一分力量。例如，饭店业推行环境友善旅馆概念，不仅节能节水、细心处理垃圾与污水，也保护周遭的自然资源与生态；阳明山国家公园推出生态工作假期（working holiday），让游客当志愿者，学会保护大自然；有机饮食餐厅也用最新鲜的有机蔬果，仔细处理厨余，甚至将雨水回收再利用，使用二手桌椅等。因此，绿色营销不仅让消费者安心，也为企业带来新商机与良好的企业形象。

1.3 营销的应用

营销活动在现代社会无所不在。以下两小节分别说明应用营销的单位以及营销创造的效用。

环游世界

让蜜蜂继续嗡嗡嗡、勤做工

近几年，蜜蜂数量急剧减少，令人忧心，这将恶化粮食短缺危机，并带来暴力和骚乱等社会问题。因此，欧盟于 2010 年底推出拯救蜜蜂的计划，包含赞助研究计划，了解蜜蜂死亡的真正原因，探讨蜜蜂死亡的严重程度及后果；修订法律以禁止对蜜蜂有害的农药进入欧盟市场；扶持养蜂业、培训养蜂人等。

在企业方面，保护蜜蜂最有力者首推 Häagen-Dazs。它捐款成立专责单位 Bee Board，以研究如何拯救蜜蜂；还与加州大学合作设计了一个花园，专门研究蜜蜂所需的营养；另外也教导一般民众改善自家的花园、种植适当的植物，以便为蜜蜂营造良好的生存环境。擅长营销的 Häagen-Dazs 还特别设立 help the honey bees 网站，以教育一般民众有关蜜蜂的知识，甚至出品系列 T 恤、制作短片等，推动保护蜜蜂的议题。

一个卖冰激凌的公司跟蜜蜂有什么关系？原来 Häagen-Dazs 有近 40% 的配方原料跟蜂蜜有关，如果蜜蜂消失，Häagen-Dazs 将面临危机。当然，保护蜜蜂也对地球生态、社会安定非常重要。Häagen-Dazs 保护蜜蜂的运动，可谓利己利人。

1.3.1　应用营销的单位

企业是应用营销最主要的单位。靠着庞大的资源，企业界的营销活动早已渗透每个人的生活中。然而，由于广告和销售活动普遍存在且显而易见，许多人误认为那就是营销的全部或主要活动。事实上，整个营销活动包罗万象，涵盖了营销研究、市场区隔与选择、产品发展、定价、推广、配销等，有许多是一般消费者不容易察觉到的，如营销研究人员暗中聆听与观察青少年的言谈，以了解青少年的价值观与购物习惯；企业接洽多家广告商，并审查与选择广告商设计的样稿；为了替新产品取名，企业召开内部会议，由员工来参与命名，或是通过顾客调查，容纳顾客的意见等。

环游世界

桑巴火辣，举国狂欢

每年的复活节向前推算七个星期（大多在 2 月），从周六到下一个周二，"嘉年华之都"里约热内卢以热情的桑巴节奏、超乎想象的艳丽服饰和火辣动感的女郎将南半球的夏季推向最高温。节目高潮是在周日和周一的桑巴游行竞赛中，数十个队伍，每队从几百人到上千人不等，从晚上九点到清晨接受数十位评审的评比，各队使出浑身解数，极尽铺张奢华，让现场顿时成为羽毛、亮片、彩带、热歌劲舞、缤纷色彩的不夜城。除了游行竞赛，街头上还有很多乐团歌舞表演，让居民与慕名而来的数十万游客彻底解放，抛开工作、身份、地位，尽情享受佳肴美酒和歌舞，似乎想把一年的放纵、激情全都在此一次引爆。

嘉年华期间，巴西全国陷入沸腾，各大城市都拥有自己的嘉年华，吸引着里约热内卢的游客顺道走访。乍看巴西政府似以身体解放、精神享乐的娱乐包装嘉年华，事实上表演者多为中下阶层非裔族群的嘉年华，更有族群压抑的释放、以桑巴音乐文化对抗美式大众文化等多重意义。另外，巴西政府将嘉年华视为创造外汇收入的重要旅游资源，除了多年全球新闻媒体的免费曝光，主办单位和各国旅游业者策略联盟，早在 2 月前的几个月就开始架设网站说明嘉年华的来龙去脉、活动流程、建议行程和饭店交通信息等。历史和文化的深层含义以及经济收入，是转动巴西嘉年华的推手。

由于产业结构的变化，营销的应用领域也越来越广，从早期的农业、制造业，到今天的服务业。在中国台湾，从 20 世纪 80 年代开始，积极应用营销理念的行业不再限于日常用品、食品、饮料、家电、汽车等，还扩大到航空、银行、保险、旅馆、百货公司等服务业。同时，许多企业也将营销应用在国际市场上。

近几年，非营利组织（如政府机构、社会团体、学校）也开始运用营销的手法，以树立形象、筹募发展经费、鼓吹观念或扩大社会大众的参与等。例如，台北故宫于近年来突破以往封闭保守的作风，推出文物数字典藏计划，耗资千万元拍摄以故宫为背景的电影《经过》，在形象广告中请闽南语歌手林强用电子音乐诠释宋朝作品，邀请名模走秀推广杨贵妃娃娃与公仔等，希望能活化古文物，丰富民众的生活内涵。通过营销的力量，非营利组织在减少社会不公的现象、弥补企业界以盈利为出发点而产生的偏差、提升生活环境、净化社会人心等方面，做出极大的贡献。

另外，人与人之间经常互相竞争，如互相争取入学机会、争取歌迷的青睐、争取选票等。因此，参加应聘的学生越来越懂得精心设计履历表，以突出自己的学历、经验、抱负；歌手除了有加盟公司协助宣传之外，还需在平日留意穿着、谈话、举止、才艺训练等；政治人物参与电视节目，设置网页，以便迅速宣扬政治理念。近年来市面上频频出现标榜个人营销的书籍，不少更是高居书市排行榜，显示个人营销日益受到现代人的重视。

1.3.2 营销创造的效用

企业应用营销为消费者创造下列五种效用（utility）：

（1）形式效用（form utility）：营销人员协助企业把原料、零件或设施等组合在一起，而创造了某种形式供人使用，如将各种游乐设施组合起来而创造了游乐园，将各个景点结合起来而形成一套旅游行程。

（2）地点效用（place utility）：一般企业的营销活动是将产品运送到恰当的地点让消费者方便购买或使用，如大街小巷中的便利商店方便我们购买日常用品，洗手间内设立面纸自动贩卖机。在旅游业，则是导游协助消费者到某个地点旅游与消费，这也是一种地点效用。

（3）时间效用（time utility）：营销活动让消费者在恰当的时间取得产品，如早餐店一大早就开门营业，游乐园在周末与假期经营至午夜时分，宅配服务在指定时间内将鲜果送达。

（4）信息效用（information utility）：经由广告、宣传册子、户外广告牌及人员销售等，营销活动将产品信息传达给消费者。这些信息有助于消费者了解产品的功能、如何使用产品、使用者的权益等。

（5）拥有权效用（possession utility）：当消费者接受某个产品的价格及付款条件，在购买之后，他们就有了该产品的拥有权，可以合法地占有及使用该产品。

1.4 营销管理

本章到目前为止所提到的"营销",大多是针对观念的层面,还未提及营销的落实。而营销管理就是将营销的观念转换成行动的一套程序,它包含三个步骤:规划、执行与控制(见图1-3)。

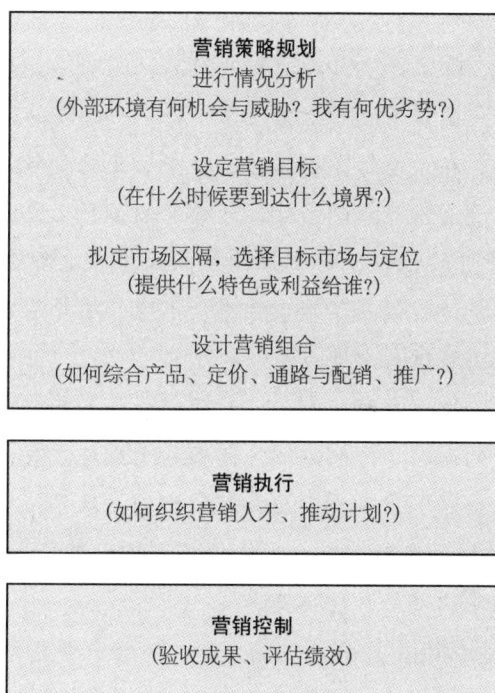

```
┌─────────────────────────────────────────┐
│            营销策略规划                    │
│          进行情况分析                      │
│ (外部环境有何机会与威胁?我有何优劣势?)     │
│                                          │
│          设定营销目标                      │
│    (在什么时候要到达什么境界?)            │
│                                          │
│     拟定市场区隔,选择目标市场与定位         │
│    (提供什么特色或利益给谁?)              │
│                                          │
│          设计营销组合                      │
│ (如何综合产品、定价、通路与配销、推广?)     │
└─────────────────────────────────────────┘

┌─────────────────────────────────────────┐
│            营销执行                        │
│    (如何织组营销人才、推动计划?)          │
└─────────────────────────────────────────┘

┌─────────────────────────────────────────┐
│            营销控制                        │
│       (验收成果、评估绩效)                │
└─────────────────────────────────────────┘
```

图1-3 营销管理的程序

餐旅 A 咖

从咖啡中品尝社会公义的徐文彦

走进位于台北市杭州南路上的一家名为"生态绿"的咖啡店,空间不算宽敞,搭配着简单的装潢,墙上几幅咖啡农民的海报与橘色墙面上趣味的涂鸦随笔来自于顾客之手。你也许不知道,这家平凡的咖啡店却是中国台湾第一家,也是华人世界第一家正式经由国际公平贸易标签组织(FLO)取得标签授权与认证的公平贸易特许商。

说起"公平贸易"的概念,很多读者或许感到陌生甚至困惑,习惯"自由市场"

的我们，看待市场便是简单的"供需平衡"，但却没想过手上一杯标价一两百元的咖啡，却是"第三世界"的咖啡农民一整个家庭好几天的收入，这就是供需之间，商品被经过层层转手可能存在着你所不知的失衡。

长期致力于环保、农业及社会运动的徐文彦，2005年于英国留学，将欧美国家行之有效的"公平贸易"概念引进中国台湾。选定占据公平交易最大宗的商品——"咖啡"，刚好当时台北街头也正兴起了喝咖啡的热潮，徐文彦与搭档余宛如希望能借由这杯饮品，唤起中国台湾民众的社会公义，并让大家去正视全球贫富严重失衡与全球暖化等议题。

贩卖公义理念之余，徐文彦自知没有好的商品，顾客不会再度上门，于是他拜访了国际咖啡杯测裁判与中国台湾咖啡烘焙冠军，花了一整年的时间，终于能够煮出一杯让客人称赞的好咖啡。在生态绿，顾客对于公平正义的参与不只是享用餐点或喝杯公平贸易咖啡。在这家没有价目表的店里，老板让顾客自己决定愿意替商品付出多少价格，通过"自由付费"的机制，徐文彦希望能让客人主动去思考"价格"与"价值"的关系，商品的生产过程涉及了多少生态、土地、消费伦理等众多环保及社会公义议题，是我们过去在消费过程中没有想过的。

从公平贸易出发，徐文彦提醒了我们，对于"消费"其实我们现在能有更多的选择，在支付相同的价格的同时，能够减少中间商的剥削与广告商过多的美化包装，让实际付出劳动的"第三世界"农民得到更合理的比例，从而获得高一些的收入，进一步提升他们的生产设备与经济自主能力。若你想了解公平贸易的理念如何简单实践，欢迎到生态绿品尝咖啡中浓醇的社会公义。

营销策略规划（marketing strategic planning）描绘出营销活动的重点在哪、资源如何分配，以便营销部门或企业"用对的方法"来"做对的事情"。它可分为：进行情况分析、设定营销目标、拟定STP（市场区隔、目标市场与定位）、设计营销组合。

情况分析是为了了解营销环境（如政治、经济、社会、科技、竞争者、消费者、公司内部等）给企业带来什么机会与威胁，以及企业本身具有什么优劣势，最终目的在于协助企业掌握商机，避免失败。本书第2章"旅游市场的环境趋势"、第3章"旅客行为"、第4章"顾客知觉价值、顾客关系与忠诚度"及第5章"顾客体验与体验营销"都是属于情况分析的范围。

情况分析之后，企业对四周的情势有个通盘了解，才有方向感，才能设定明确合理的目标。营销目标可以是销售额、销售量、利润、市场占有率等比较偏向财务性质的、较易量化的目标，也可以是提升品牌形象、强化服务品质、增进顾客满意度等比较难以量化的目标。无论是哪一种性质的目标，它都是执行阶段所追求的理想，也是营销控制阶段用来衡量表现的标准。

为了达成营销目标，企业需要根据消费者特性将广大的消费群分类，然后决定针对哪一群人提供什么产品利益或特色，这就是STP：市场区隔（segmentation）、目标市场（target market）与定位（positioning）。第6章将讨论STP；第7章则聚焦于规划STP时相当重要的工具——营销研究。

接着，企业必须思考如何综合运用营销组合，也就是4P：产品（product）、定价（pricing）、通路与配销（place and distribution）、推广（promotion），目的在于发展出整体市场策略以达成营销目标。这些内容都在本书的第8~13章详加讨论。

课后习题

基础习题

1. 为什么交换被认为是营销的起源与核心观念？

2. 以网络咖啡屋为例说明营销的意义。

3. 市场理念经历哪四个阶段？各阶段的特色是什么？

4. 以旅行社的经营为例，说明销售导向与营销导向理念可能造成的管理差异。

5. 以泡沫红茶连锁店为例，说明营销活动创造什么效用。

应用习题

1. 从报纸上随意挑选五则旅行社的旅游产品广告，根据广告上的文字、图形等，说明广告上的产品是为了满足消费者哪些需求，或者能够提供什么利益给消费者。

2. 找一个假日，在你家附近最热闹的商业地区，花费一个小时仔细观察、聆听，把你接触到的营销活动或现象逐项记录下来，然后有系统地将这些项目分类。这些项目能代表营销的所有活动吗？

02 旅游市场的环境趋势

本章"遇见创意"专栏提到客家委员会与各县市政府如何应用自然环境赋予的资源，举办桐花祭活动并创造可观的经济效益。其实，营销环境具有强大的影响力，许多近年来我们所熟悉的现象，如两岸关系、经济起伏、环境暖化等，都是影响营销活动的环境因素。由此可见，营销环境的范围相当广泛。那么，营销环境的重要性何在？它如何分类？旅游业有哪些重要的营销环境趋势？这些都是本章的重点。本章架构如下：

1. 营销环境的意义与重要性：我们首先解释营销环境的含义与分类，接着说明营销环境对品牌、企业、产业等的冲击。

2. 营销个体环境：讨论营销个体环境因素——企业内部、营销信息服务机构、中间商、物流机构、目标市场、社会大众、竞争者，以及这些因素对营销活动的影响。

3. 营销总体环境：政治与法律、经济、科技、文化以及社会等是极重要的营销总体环境，将讨论这些因素的重要趋势以及对营销的冲击。

4. 营销环境的扫描、评估与应对：说明企业如何扫描、评估与应对环境趋势。

遇见创意

中国台湾的第五季会飘雪

每年中国台湾在正式进入夏季前，会有一段满山繁花似雪的美丽季节。行经高速公路时，可看到满山遍野的白色繁花迎风摇曳，仿佛浪漫的白雪覆盖枝头；落英缤纷时则更像浪漫的飘雪，只是这朵朵小花比雪更美丽、更生动，油桐花因此得到动人的"五月雪"称号。

油桐树是在日本占领台湾时引进的，多分布在客家庄，在过去是台湾重要的经济作物：油桐子可炼油；桐木则可制作家具、木屐、牙签、火柴棒等。如今，走过桐油工业的年代，人们终于懂得欣赏它原始的美丽，创造属于美丽和享乐的经济。

桐花祭在客家族群的生活中，原意是借此对桐花带来的经济用途表达感恩的活动。10多年前，台湾"客家委员会"开始举办盛大的桐花祭活动，如今全台居民都乐于参与，创造出来的旅游经济效益不输当年的工业价值。根据《2010客家桐花祭总体效益与影响评估》报告书，2010年举办桐花祭的11个县市共吸引648万名游客，总产值合计为131亿元新台币，不仅成功营销客家文化和凝聚客家士气，也让中国台湾居民更懂得尊重、参与多元文化。

有鉴于桐花祭收益年年攀升，2011年"客委会"更扩大举办，串联台东、花莲、宜兰、基隆、新北、台北、桃园、新竹、苗栗、台中、彰化、云林及南投13县市、45乡镇市区、120多个单位及民间团体，以"上级筹划，企业加盟，下级执行，社区营造"的合作模式，联手以"桐庆100花舞客庄"为主轴，办理2000多场活动（2010年为800多场）；与14个优质文艺团体合作，在中国台湾举办了34场大中型文艺表演，就是希望借由深化各地的客家文艺活动，创造千万旅游人潮，为客家文化带来无限商机。

另外，为了更彻底、密集地营销桐花祭，民众只要持有"客委会"的"好客卡"、桐花导览手册、桐花折页DM、出示"客家桐花祭"APP智能型手机软件页面，或下载"桐花主题网"网站优惠，就可在中国台湾96家餐厅、103间桐花商品贩售点享受专属折扣、独家优惠以及欢乐DIY活动。

如今在中国台湾，桐花不仅是美丽的花朵，还代表了客家、享乐、慢活等旅游商机。对店家而言，桐花不仅是飘雪，还代表了如雪片般飞来的收益。

引 言

旅游业在传统的刻板印象中被认为是"鞠躬哈腰看客人脸色，又赚不了多少钱"的辛苦行业，所以老一辈还曾用"现在不好好读书，将来只能去餐厅给人端盘子"来恫吓小孩。然而，十年河东，十年河西，当"科技新贵"褪色，取而代之的竟是坐拥百万年薪，甚至身家上亿的"服务新贵"，吸引不少顶尖名校毕业生和金融、科技界人才投入。是什么原因让中国台湾旅游业红起来？2011年5月的 *Career* 杂志就以"服务业新贵族"为主题，让大家重新认识这个行业，作者罗梅英在文中提到：

你对服务业的印象还停留在低阶低薪工作？或许你该重新认识这个行业了。

●大陆游客来台人数破表，中国台湾疯狂盖饭店：据统计，2010年来台旅客多达556万人旅游，大幅增长26.7%，其中大陆游客为最大客源，撑起中国台湾旅游产业的半边天。

●未来三年进入上市高峰期：受到85度C和摩斯汉堡（兴柜——准备上市）挂牌激励，中国台湾服务业未来三年进入股票上市高峰期，已有近20家连锁企业引进创投准备上市，其中餐饮烘焙业超过六成。例如，85度C挂牌上市后创造出的数十个亿万富翁；王品集团内超过300位干部年薪超过百万，准备上市后立刻产生200位千万富翁的员工、数十位干部，主厨身价破亿。

细细阅读此文，事实上报道中提到的那6张晋升服务新贵的门票——员工持股信托、员工认股及分红、企业内部创业、跻身储备干部、外派大陆当店长、搭上富豪服务列车，其实正反映出现阶段中国台湾旅游产业面对的市场趋势和应对的营运方向。员工若能顺势而为，"服务业新贵"将不只是未来式，而是进行式。

2.1 营销环境的意义与重要性

稍具规模的企业通常设有专责部门来处理不同的企业功能，如一般厂商有营销、生产、财务会计及人力资源等，旅行社可能有旅游企划、营销企划、客户服务、财务会计等部门，旅馆则有房务、客务、工务、财务、餐饮、营销与业务等部门。在众多部门中，营销部门与外界环境的互动最为密切。为什么呢？主因有二：第一，营销活动如产品设计、广告文案、代理商选择等，通常是针对一群消费者而设计的，而消费者的购买动机、决策行为、消费习性等，容易受到外在因素（如政治、法律、文化）影响。第二，营销活动需要外界的资源、技术与力量配合，才能有效推展，如依赖广告公司制作广告、代理商销售产品等，这些外界因素也都会冲击营销活动。

我们把在营销部门或功能之外的、对市场或营销活动有影响的因素，统称为营销环境（marketing environment）。营销环境可以粗略地划分为个体环境与总体环境。个体环境（microenvironment）是指和营销部门及活动有直接关系的因素，如企业内部、广告公司、中间商、消费者、竞争者等。不同企业通常会有不同的个体环境，如虽然资生堂和雅芳同样在化妆品业，但是前者走专柜路线，后者以直销人员销售，因此，两者有不同的中间商个体环境。总体环境（macroenvironment）则是指影响层面较广大深远的、较难以控制的力量，如政治、经济、科技、文化、社会等。这些力量会影响所有的企业与产业，同时也会影响到上述的个体环境。图 2-1 汇整了主要的营销个体与总体环境因素。

营销环境对品牌、企业，甚至整个产业具有"水能载舟，亦能覆舟"的影响力，即带来机会与挑战。营销环境激活机会的例子有经济复苏带动高级旅馆与餐厅的消费、完善快速的交通建设带动更多民众旅游、中国台湾在国际上的能见度增加招来更多游客等。企业如果能密切注意营销环境的变化，并且快速制定与执行恰当的营销策略，它所得到的好处包括：迅速掌握消费者需求，发展合适的产品；较能顺应竞争形势与压力；有助于营销人员与组织的活力与智慧；提升企业的形象等。

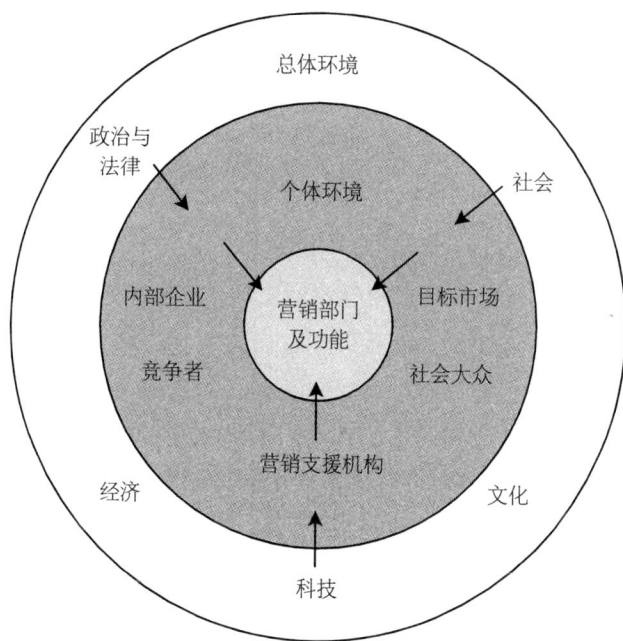

图 2-1　营销环境因素

然而，营销环境也会带来挑战或威胁。例如，全球天灾人祸频传，妨碍旅游事业的发展；环保意识提升，威胁过度包装或强调奢华的餐旅产品；保护消费者的法律规范和行政管制增加，营销活动受到更多的约束。忽略或错估这些营销环境带来的挑战，或应对对策错误，极可能导致产品或企业的失败。例如，错估对中国内地游客的开放时机而太早巨额投资，造成企业营运困难；忽略社交网络的趋势，未能善用"脸书"或智能手机应用程序提供订房服务，而无法抓住年轻旅客的心。

有些营销环境带来的机会或挑战是慢慢累积而成的，如老年人口占总人口比例逐渐增加，代表旅游人口的年龄结构也逐渐变化，这是一种缓慢改变的趋势。然而，有些冲击却是既快速又广泛的，如2009年的H1N1新流感风暴、2011年的"3·11"日本大地震等，都在第一时间给相关区域的各行各业带来震撼。

2.2 营销个体环境

营销部门为了达到满足顾客、赚取利润、永续经营等目标，必须在社会大众的关切与竞争者存在的环境下，结合企业内部以及营销支持机构的力量，提供合适的产品给目标市场。以下各小节说明这些个体环境因素与营销的关系。

环游世界

天路，永续经营或淘空？

万脉之祖的昆仑山脉、看不尽的青海草原、清澈如镜的青海湖，千年来人们用尽传说、诗词、画作来呈现的天地瑰宝，因为青藏铁路的开通而揭开神秘的面纱。这条世界上海拔最高、最长的高原铁路从西宁至拉萨，共1956公里，45个车站。因为面临超高海拔（平均海拔4000多米且翻越最高点5072米的唐古拉山）、高寒缺氧、低纬冻土，而被专家喻为不可能完成的任务，也因而有"天路"的称号。

青铁沿线有青海湖、可可西里、三江源、布达拉宫等9处世界级的旅游资源、23处国家级旅游资源和6处国家级自然保护区。中国政府估计青铁将创造每年90万旅游人次和25亿元人民币的旅游收入，而之前西藏平均一年的财政收入仅12亿元。然而，当这项"世纪工程"打开与世隔绝的人间仙境，当藏族美少女为旅客献上代表欢迎的丝织品"哈达"之际，生态和文化可能遭受破坏的隐忧也升上心头。

专家质疑青铁将对多个生态保护区（如被世界"湿地公约"单独列为内陆湿地的青藏高原湿地、国宝藏羚羊的栖息地）造成破坏，并担心人为污染将造成温度上升，使得三江冰川面临干涸而提高大旱大涝的概率等。面对质疑，中国宣称青铁是"生态"铁路，如"以桥代路"穿过湿地；尽量绕过自然保护区；修建30多处野生动物通道，避免影响野生动物迁徙；兴建铁道周围的护栏以免动物误闯等。此外，已有1300多年历史的布达拉宫，因青铁而面临另一种威胁：香客和游客可能为传统文化与价值带来扭曲。

当火车以时速80公里冲过藏人相传"苍鹰飞不过"的唐古拉山口时，藏人正面对永续经营或淘空的疑虑。

2.2.1 企业内部

企业的组织文化、主管的领导作风以及对营销的重视等，都会影响营销活动与绩效。企业内部如果偏向于各部门独立作业，或缺乏轮调制度，则容易造成本位主义与互不信任的组织文化，部门之间的合作将十分困难，因而影响营销的绩效。例如，旅馆的营销业务部门如果不了解或不理会房务部与客务部的作业情况及对市场需求的反应能力，又不提供恰当的市场信息给这两个部门参考，只一味答应客户的众多条件，那么，营销业务部与这两个部门之间就容易产生认知差距，从而影响旅馆的服务品质。

另外，主管的领导作风以及对营销的重视程度也都是影响营销的因素。例如，饭店的竞争日趋白热化，不少高阶主管和老板开始放下高高在上的身段，亲自到前场参与业务活动，这些做法不但让高层了解现场的情况、带动员工士气，也让公司的形象更具亲和力、服务水准更有保障。同样地，近年来中国台北"故宫博物院"的院长强调营销观念，使得故宫更亲民，更能为古物加值，为文化创意产业增添活力。

2.2.2 营销支持机构

由于企业的人力、财务资源及专业知识有限，许多营销管理中的工作，如市场调查、产品运送、广告宣传等，不可能完全由企业本身来处理。因此，企业外部有不少专业机构专门提供更经济有效的服务，以支持营销活动。中间商、物流机构、营销信息服务机构等所提供的服务项目、服务水准、价格等，都会影响营销的成本与效益。

中间商与物流机构涉及运输、仓储、产品分装、销售等功能，这些功能关系到是否能在恰当的时机，将产品完整地送到恰当的地点，以供消费者选购。因此，中间商与物流机构影响商品的流畅性，以及企业对最终消费者的服务，这个管道若有所堵塞，企业的生命力必然受到威胁。例如，不少航空公司与连锁餐厅的餐点倚赖中央厨房的供应，若物流机构表现欠佳，势必影响顾客服务水准。

营销信息服务机构包括营销顾问公司、广告公司、公关公司、报社、杂志社、电台及电视台等，专职于搜集、分析、制作或传播营销信息。例如，营销顾问公司是企业的咨询对象，对于营销规划的内容具有相当大的影响力；广告与公关公司及传播媒体等则是企业的传声筒，影响消费者对企业和产品的反应等。

2.2.3 目标市场

目标市场是企业的销售对象，也是利润的来源、生存的基础，因此市场内的一举一动，会牵连每一项营销活动。目标市场有两大类：消费者市场与组织市场。前者由个人及家庭所组成，购买产品是为了自己或家庭的需要；后者是由机构，如工厂、零售商、政府单位等组成，购买目的是为了生产产品、提供服务或维持组织的运作等。例如，对于旅行社或旅馆而言，一般游客（家庭旅游、自助旅行）就是属于消费者市场，而企业为了员工出差而购票、订房等，则是属于组织市场。显然，目标市场的动机、品质要求、购买条件等，都会影响营销的绩效。

餐旅 A 咖

旅游业的推手、社会的良心——严长寿

如果一家饭店的地点不佳、规模不大、外围环境不良，甚至连国际旅馆专家都评定为不易经营，但最后却能屹立不倒，本身就是个奇迹。人称"餐旅业教父"的严长寿打造了这个奇迹，23 岁时还是美国运通公司的送公文小弟，32 岁就成为了亚都丽致饭店的总裁。究竟这个只有高中学历的人是如何将一个不被看好的饭店改造成商务旅馆的标杆呢？

对严长寿和亚都丽致饭店来说，服务标准不是用来遵守而是用来"超越"的。"好"的服务是"有求必应"，但"最好"的服务，却要能"比客人先想到"。曾经有高雄的客人北上开会，来到饭店柜台时随口询问隔日晚上台北是否有文艺表演，只见柜台人员不慌不忙地马上说出了表演者、时间、地点等明确资讯，还不忘推荐，"曲目很精彩喔，涵盖了古典、浪漫到现代时期"，给客人留下了深刻印象。

其实，严长寿追求的，不仅止于饭店的单一经营，他把"以旅游让中国台湾和世界交朋友"当成一生追求的目标。在他眼中，唯有将中国台湾独有的旅游景点、迷人的当地文化以及地道的传统美食互相融合出真正属于自己的中国台湾之美，才能够创造出令世界惊艳的元素。为了达成理想，他不断致力于推动国际旅游事务，如曾经到处奔走、协调整合，让当局同意开放十余国免签证入境。

近几年已经淡出经营事务的严长寿，还是退而不休；他心中仍有一个梦，希望在有生之年，能为中国台湾再多做一些事，因此他试着在一个地方做一个小的志愿者，

做一些改变。因为"八八风灾"，他决定成立"公益平台基金会"，协助资源严重不足的台东县。

另外，从1997年出版《总裁狮子心》，到后来的《御风而上》《你可以不一样》等著作，严长寿不断用文字表达了他对社会的关爱。在2011年的《教育应该不一样》书序中，他提到："我是个受正统教育不足的人，我自己甚至没有念过大学，但我越了解台湾教育问题，就越焦虑，时而感到一种恨铁不成钢的愤怒；时而感到一种油煎火燎的紧迫感；时而为我们正在受教育的孩子们流泪。我眼睁睁地看着台湾过往累积的优势正在流失，而时间却不站在我们这一边。"

严长寿是中国台湾旅游业的推手，也是中国台湾社会的良心。

2.2.4　社会大众

营销活动的内容与手法多多少少会引起社会上个别人士、社区与利益团体的正反面意见。当社会大众公开发表言论，甚至以实际行动（如法院诉讼、街头抗议）表达他们对于营销的不满时，营销活动极有可能会受到伤害。例如，在环保意识日益高涨的趋势下，违背环保原则的餐厅或旅馆极有可能招致民众的反感而遭受消极或公开的抵制。

当然，社会大众也有可能成为营销的助力。许多企业举办社会公益活动，动机之一在于争取社会大众对于企业与产品的认同，间接协助产品的销售。另外，若有社会上个别"有力人士"的支持，对于某些营销活动（如公关活动）也有所帮助。

2.2.5　竞争者

除了少数的垄断行业，企业或多或少都会面对竞争，而竞争具有正反两面的影响力。在正面的意义上，相互竞争导致管理或技术上的不断提升，增进产品及服务品质，不但使消费者受惠，而且增进市场拓展能力（如进军国际市场）。同时，竞争可以刺激产业内推广宣传的支出，进而扩大潜在市场。此外，竞争者提供一个学习、模仿与超越的对象，使企业组织更能保持警惕与活力。此外，竞争者也极可能威胁到产品（甚至是企业）的生存与发展，因此，任何企业都应该了解竞争者的目标、策略、核心竞争力、优劣势等，并评估这些因素对企业的长短期影响。

2.3 营销总体环境

上述营销个体环境的影响层面，通常局限于某些特定的企业或产业。而营销总体环境却影响许多企业与产业，甚至所有的个体环境因素，因此，它是一股不可忽视的力量。本节从旅游业的角度，讨论政治与法律、经济、科技、文化、社会五大总体环境。这些总体环境涉及的因素非常广泛，难以一一道尽，因此，以下仅在每个环境之下选择部分重要的因素举例说明。

2.3.1 政治与法律环境

2.3.1.1 相关法规的精神

每一种服务业都有其直接相关的法规，这些法规的精神、规定事项、修订方向等都会影响该服务业的发展与品质等，因此值得营销人员密切注意。正因为如此，2004 年中国台湾地区服务业发展会议（见表 2-1）的结论之一，就是修改法令规章以活化服务业发展，如将许多服务业相关法令从正面表列方式，改为负面表列方式。

表 2-1　中国台湾重点服务业与发展愿景

服务业	发展愿景
金融服务业	改善金融机构体质，强化国际竞争力；健全金融总体环境，促进经济稳定增长
流通服务业	持续推动自由化、国际化、制度化、效率化等，将中国台湾发展成世界级供应链
通信媒体服务业	建构公平竞争的环境；整合通信及传播管理机制；建置无线电视数字平台；推动多元文化的数字内容产业
医疗保健及照顾服务业	建构理想的医疗健康照顾体系，提供更加舒适、便利、安全以及更有尊严的生活品质
人才培训、人力派遣及物业管理服务业	使人才培训服务业成为具有经济价值的知识密集产业；松绑人力派遣业相关法规，增加用人单位的人力资源弹性；整合软硬件标准化系统，提升物业管理的服务品质
旅游及运动休闲服务业	打造中国台湾为国际会议展览重镇；塑造多元且优质旅游之岛；建立兼顾永续发展及生态保护的旅游产业；建构优质运动休闲环境
文化创意服务业	开拓创意领域，结合人文与经济，发展具有国际水准的文化创意产业
设计服务业	使中国台湾成为亚太地区的创意设计重镇
信息服务业	以信息服务业提升制造业的附加价值及策略性服务业的竞争力，促使中国台湾成为全球特定领域信息服务的主要供应者
研发服务业	成为亚太地区的研发重镇
环保服务业	使中国台湾成为先进国家在亚洲地区环保产品的协力制造、推广及营运中枢；推动中国台湾各项环境保护建设
工程顾问服务业	建构具有全球化竞争力的工程顾问服务业

资料来源：中国台湾经建会. 服务业发展纲领及行动方案. 2004。

正面表列（positive list approach）是指"法律说可以做的，要经过相关部门核准后才可以做"；负面表列（negative list approach）则是"法律只交代不能做的，其他事情都可以做"。负面表列显然较能避免过度干预及延误业者商机，而有利于业界创新。例如，1993年交通主管部门发布的"中国台湾地区近岸海域游憩活动管理办法"，是以正面表列方式划定了21个近岸游憩区；一直到2001年通过"发展旅游条例"，才将管理办法改为负面表列，只要不是公告禁止的区域，民众都可以自由从事各项海域游憩活动。如此一来，海洋旅游业才有更大的发展空间。

另外，相关业者也应留意法令可能衍生的弊病。例如，碍于法令规定，2008年中国台湾刚刚对大陆游客开放，游客几乎是经由第三地（如新加坡、曼谷等）来台，在来台之前的旅费已耗去大半，因此在台平均每天仅能支付新台币千余元（含交通食宿）；部分中国台湾旅行社为了赚取利润而在吃住与旅程上七折八扣，甚至为了高额佣金而结合商店哄抬茶叶、纪念品等价格（如千余元的茶叶可以要价八千元以上），以致来台的大陆游客普遍观感不佳。

2.3.1.2　消费者保护条例

为了保障民众的安全、保护消费者权益、维持工商业秩序等，有关部门制定相关法令以便引导企业的活动。部分法令和个别的产业有密切的关系，如"食品卫生管理法"、旅游行业管理规则、领队人员管理规则、导游人员管理规则等；而"公司法"、"商标法"、"公平交易法"、"消费者保护法"等，则是比较一般的法令，影响的范围相当广泛。

另外，自2008年起，旅游主管部门规划仿照先进国家和地区的做法，针对全台超过2600多家的一般旅馆，推动一般旅馆等级评鉴制度。评鉴每三年一次，采用自愿式并由业者负担评鉴费用，分为两阶段，第一阶段针对"硬设备"评鉴，包括整体环境、公共设施、客房设备数目、清洁维护、安全设施、绿色建筑环保等项目，评定一至三颗星。评鉴为三颗星的饭店，可以依照意愿参加第二阶段"服务品质"评鉴，再依照总分，评定是否晋升到属于旅游等级的四或五颗星。旅游主管部门希望借由这样的评鉴制度，让消费者更便于选择自己满意的价位和获得预期的服务，旅游主管部门预计会将评鉴结果公布在"旅游局"网站上（见表2-2）。

表2-2　旅馆等级评鉴制度

一、评鉴周期
三年一度的评鉴模式（中国台湾地区过去即采用三年一度）。为使评鉴的办理不因过于频繁而紊乱，亦不因周期过长而使旅馆的等级名实不符，将采用以三年为一办理周期

二、分层负责	
旅游旅馆及一般旅馆因分属不同主管机关，旅游旅馆是由旅游主管部门主管，而一般旅馆则由各县市当局主管。旅游旅馆 86 家将由旅游主管部门负责规划办理，且旅游旅馆将全部参与评鉴，唯评鉴执行事项因须投入大量人力物力，并须同时具备评鉴专业性以及公信力，因此旅游旅馆评鉴执行事宜将由旅游主管部门依采购法规定应由民间机构办理。一般旅馆原规划由各县市主政，但为避免各县市执行方法不同而影响评鉴结果，故将由旅游主管部门规划协调各县市当局办理，并由各旅馆业者自愿申请参加评鉴	
三、评鉴标识	
以国际上较普及的"星级"标志，取代过去"梅花"标志。由于过去旅游旅馆评鉴标识采用"梅花"标识，目前仍有业者悬挂该标识，为与过去评鉴有所区隔，且能便利国际旅客了解其意义，将采用国际上较普遍的"星级"标识	
四、评鉴方法	
评鉴实施方法将参酌美国 AAA 评鉴制度的精神及兼顾人力、经费等考量，规划采取两阶段进行评鉴 "建筑设备"评鉴：依评鉴项目的总分，评定为一至三星级。该项评鉴列为三星级者，可自由决定是否接受"服务品质"评鉴，而给予四、五星级。旅馆等级评鉴标准表整体配分，四、五星级旅馆的评定将采取软硬件合并加总得分，四星级旅馆须软硬件总分合计 600 分以上的旅馆，五星级旅馆则须软硬件合计总分达 750 分以上的旅馆。评鉴的执行与评分则将由曾受旅馆评鉴专业训练或选定的评鉴人员（学者专家）依据"评鉴标准表"办理	
五、评鉴费用	
评鉴实施方式规划区分为两阶段，第一阶段"建筑设备"评鉴采用强制参与，费用将由有关当局编列预算支付。第二阶段"服务品质"评鉴是由各旅馆自行决定是否参加，而评鉴实施费用将由旅馆业者自行负担	
六、管考机制	
为利于评鉴实施后的后续管理考核措施，拟于评鉴标识标明有效期限，并于不同年度制发不同底色的标识，以利消费者区别。此外，本局亦会将评鉴结果确定后，公告于本局网站内以方便查询	

资料来源："旅游局"网站。

2.3.2 经济环境

2.3.2.1 经济政策走向

一个国家或地区的整体经济政策或针对某个产业的政策，大致上可分为管制与自由开放两种走向。不同的政策走向，使得企业面对不同的竞争形势。在管制的政策下，政府对外采取限额或禁止进口、高关税、外国投资限制或金融管制等措施，以便保护本国企业与市场；对内则可能利用行政力量介入市场的产销活动，或大力扶持某特定企业。被高度保护的企业，可以坐以待"币"，竞争压力小，但也因此容易产生资源浪费、品质不佳、效率低下等问题。

相反地，在自由开放的政策下，政府较尊重市场机制，对外降低关税与管制，欢迎外资，对内则减少不必要的行政干预，创造公平竞争的环境等。在这种环境下，企业面对的竞争相当大，然而由于有锻炼的机会，企业体质较好。中国台湾从 20 世纪 90 年代开始步入经济自由化，市场的竞争越来越激烈。中国台北于 2001 年元旦正式加入世界贸易组织，经济更是进一步走向自由开放。

另外，许多国家或地区在发展经济时，会特意通过法令机制、人才培育、租税奖励等手法以扶植某些服务业。政府资源的投入往往让这些服务业的发展较为快速，并容易带来产业的连锁效应。

例如，韩国政府于1998年提出文化立国的方针，接着通过《文化产业促进法》、成立文化产业基金及推出一连串发展计划，积极推动文化、娱乐、数字内容等产业。另外，为了推展文化产品外销，由民间专家组成的"亚洲文化交流协会"为出口的文化产品把关，防止因出口低劣品而伤害韩国文化产品的形象与海外市场；驻外使馆增派文化官员；在北京、上海等地建设"韩流体验馆"等。如今，文化产业的产值已经占韩国GDP的15%左右，至于因电视电影所带来的旅游商机、韩制3C产品的全球销售额等，更是难以估算。

放眼全球，中国香港的金融业、中国澳门的赌博业、泰国的旅游业、新加坡的海运业、英国的教育产业等，都是有了政府的政策支持与配套措施，才能创造举世闻名的成就。

2.3.2.2　经济景气与通货膨胀

经济景气有四个阶段，也就是所谓的景气循环或商业循环（business cycle）：萧条（depression）、复苏（recovery）、繁荣（prosperity）与衰退（recession）。中国台湾的景气循环是由行政当局经建会综合台湾地区生产总额、工业生产指数、非农业部门就业人口、票据交易金额、制造业销售额、海关出口量指数、海关进口量指数以及失业率来判断。

景气阶段与消费者的购买意愿和能力密切相关。在复苏与繁荣阶段，由于消费者对于经济前景乐观，购买力比较强，所以比较愿意购买高价位的产品；这时许多企业的营销活动着重于新产品开发与市场扩张。相反地，在衰退与萧条阶段，消费者的购买能力与意愿低落，对价格敏感，比较会接受中低价位的产品，并且避免购买非必需品及奢侈品，营销活动因而也受到压缩。

另外，通货膨胀（inflation）是指物价的上涨。当物价上涨速度比所得增加还要快的时候，消费者的购买力下降。但是，由于消费者预期、担心价格还会继续上涨，因此有可能会提前购买、买得更多。另外，通货膨胀会导致产品与营销成本增加，因此，如何控制成本以及制定价格，成为了重要的营销决策。

2.3.2.3　家庭所得

家庭所得增加，会使得消费形态产生变化。19世纪中期，德国统计学家恩格尔（Ernst Engel）发现，家庭所得增加之后，不同需求占总支出的比重会有不同的变化：食物支出的比重会减少；日常用品支出的比重大致不变；衣物、交通运输、医疗、休闲与教育支出的比重则会增加。这就是知名的恩格尔法则（Engel's Law）。表2-3显示了中国台湾在不同年度的家庭可支配所得以及各项支出占总支出的比重。从中可以看出，随着所得增加，饮食的支出比重下降，而医疗保健与交通运输的支出比率则上升，大致符合恩格尔法则。

表 2–3 历年中国台湾家庭可支配所得与消费支出形态

年份	平均每户可支配所得（元）	食品饮料及烟草占总支出（%）	医疗保健占总支出（%）	交通运输及通信占总支出（%）	休闲、文化及教育消费占总支出（%）	娱乐文教占总支出（%）
2000	891445	17.3	11.0	11.9	12.1	8.9
2001	868651	17.3	11.4	12.1	12.0	9.0
2002	875919	17.2	12.2	12.7	12.2	8.8
2003	881662	16.9	12.5	12.5	12.0	8.9
2004	891249	16.4	12.7	13.0	12.1	9.1
2005	894574	16.2	13.2	13.0	11.8	9.3
2006	913092	16.1	13.8	12.8	11.5	9.3
2007	923874	16.5	14.1	12.9	11.2	9.7
2008	913687	16.4	14.4	12.4	11.3	10.1
2009	887605	16.7	14.5	12.7	11.0	9.4

消费支出形态的改变对于个别企业或产业的影响方向与程度，营销人员应该留意，并提早应对。例如，由于家庭平均收入不断增加，加上政府的周休政策，休闲旅游人口日益增加，休闲业已被公认是 21 世纪的明星产业；游乐园、旅行社、饭店业、百货业、营建业等只是休闲商机中部分受惠的行业，我们可以想象，这些行业又可以带动建材、钢铁、水泥、交通、家具、室内设计与装潢等行业。因此，许多相关行业应该注意消费支出的改变对营销组合决策的影响。

2.3.2.4 汇率

新台币汇率也是重要的营销环境因素。例如，2007 年英镑兑换新台币曾经最高涨到 68 元左右，欧元兑换新台币也约在 48 元，2008 年欧洲受到金融风暴冲击，1 英镑曾跌破 50 元新台币，1 欧元则只兑换新台币约 40 元，汇率降低约两成，促使许多台湾人到欧洲旅游并"血拼"捡便宜。以旅游业而言，台币升值代表我们可以买到较多外币，因此有利于我们出去旅游，但却不利于其他地区游客来台；相反地，台币贬值不利于我们出去，却有利于其他地区旅客来台消费。

2.3.3 科技环境

2.3.3.1 科学技术

产品原料和生产技术不断地突破，使得人类于 20 世纪的科学发现与科技突破比过去几千年的成果更多、更具有革命性。近年来热门的商品，如智能型手机、卫星导航、免烫纯棉服饰、3D 电影（如阿凡达）等，也都是科技带来的成果。由四位美国营销学者以探讨营销未来趋势的《优势营销》（原名 Marketing 2000 and Beyond），将科技定义为"一切能用以发展产品制程并加以管理的知识"，书中还写道："在所有影响营销未来的外部因素当中，科技因素可能发挥最大的'无法预期的影响'。"

科技对市场面貌与结构的影响，主要是企业有更多开发新产品的机会，以较优异的品质与功能取代既有产品，但也缩短了产品生命周期；新科技可能创造全新的产业以及高获利的新机会；以不同的营销方法与支持系统来满足消费者的需求，塑造并影响大众的生活形态；增进营销效率与成果；削减营销成本等。

目前有许多旅游业的设施已经因为科技而改变了。例如，宜兰福山植物园在每棵植物前都设有 QR CODE（二维条形码）解说牌，游客只要利用手机扫描下载，随身就有个图文并茂的电子贴身导游，也不用辛苦地记录各种植物学名，只要存盘回家后立即能做成生态手册或游记。又如，凯悦饭店（Hyatt Hotel）的顾客可以利用智能手机办理入住和退房手续，在机场前往饭店的车上仅需要手指在手机屏幕上动一动，到了饭店就可直接在柜台领取钥匙。同时，有许多纸本旅游书已经被电子书取代，游客只要带着轻薄的平板电脑就可以查询到各景点的地图、历史与文化等旅游信息。

许多展览会也借助科技创造不同的顾客体验。例如，2010 年台北国际花卉博览会利用尖端科技打造梦想馆的"花械花开 Florabot"美景，让一株株科技花朵具有主动沟通与互动的能力，一感应到参观者靠近，就能随着音乐律动产生即时光影与形体变化。真相馆则是集合动画、特效团队，利用 Full HD 投影设备与 3D 立体播放系统，让观众身历其境感受大自然遭破坏的反扑力量，唤起民众环保的意识。

2.3.3.2　网际网络

信息科技在最近几十年的发展是人类史上最重要的革命之一，其中又以互联网、电信通信及数据库的发展最重要。这些科技将继续改变人类的生活与工作方式以及各行各业的经营管理。

互联网让我们得以跨越空间，迅速传送文字、影像、声音等形态的资料，加上上网的机构与人口日益增多（2010 年底，全球网络人口突破 20 亿大关，中国台湾则超过 1000 万，每 2 人就有 1 人上网），网络对营销的影响相当深远。综合而言，网络对服务业营销的影响包括更迅速地掌握新产品、竞争者、营销通路、消费者等信息（如通过网络迅速获得消费者的回馈；进入线上数据库查询经贸信息），强化顾客服务（如网站上接受与处理顾客申诉）、扩大广告范围与开拓营销通路（如网络订购机票）等。本书第 13 章将详述互联网与旅游营销的关联。

2.3.4　文化环境

2.3.4.1　文化与次文化

文化是由生活方式、风俗习惯、价值观念、行为特点等综合而成的。一个国家或区域（如东亚、北欧、中美洲）通常拥有共同的文化特征，因此才会出现如东亚文化、西方文化、马来文化等字眼。就中国台湾而言，由于绝大多数居民是中国大陆移民的后代，加上曾受日本统治约50年，近50年来受到美国物资援助、传播媒体与信息的影响等，台湾的文化虽然深受中华文化的熏陶，却也带有美日文化的成分，无论是饮食、电影戏剧、书籍漫画、文字语言等，都表现了兼容并蓄的文化风格。近年来，外籍新娘剧增，中国台湾文化又渗入了些许东南亚的色彩。

除了主要的文化，每个社会中都有"次文化"，即属于特定群体的文化，如福佬和客家文化、山地与渔村文化等。由于教育普及、媒体发达、交通便利等因素，中国台湾次文化之间的交流相当频繁，因此容易产生界限模糊或文化融合的现象，如乡镇地区迅速接受都会的休闲娱乐方式。另外，受到媒体宣传、休闲生活、社会与经济变化等因素影响，台湾经常兴起新的次文化，如近几年来滑板玩家已自成一个族群，甚至拥有了自己的用语、音乐和运动风格等。针对这些特定群体的营销策略，理所当然得考虑他们的次文化特性。

中国台湾某些文化特色吸引不少日本消费者。例如，日本美容院都是躺着洗头，但日本游客来台却发现这里是坐着洗，而且洗发水和泡沫居然不会滴下来，感觉非常神奇。另外，台湾写真摄影业者从化妆到拍照只需两小时，而且可以拍出各种表情和姿势，从60张中选择30张，要价不到5000元新台币；但在日本拍写真，光是化妆就要两小时，摄影师两小时大概只能拍20张，价格比台湾贵5~10倍。台湾的算命、小吃、脚底按摩等，也让日本人大开眼界。中国台湾部分旅游业者看准以上特色，为日本游客安排另类的体验，创造了不少商机。可见，文化也可以是一种商品。

从旅游业发展的角度来看，相关业者如何融入中国台湾文化的元素到旅游产品（如旅程、纪念品、菜肴、住宿）中，以吸引游客来台，并留下深刻体验、塑造难忘的回忆，是个重要的课题。正如严长寿所言，文化是上游，旅游业是下游；旅游业的发展不能不考虑文化的因素。

提到文化商品，就不得不提到近年来韩国电视剧在国际市场上的成就。例如，2003年宫廷大戏《大长今》，不但让女主角李英爱的古典婉约形象深植民心，也让原著小说、DVD、宫廷食谱等大卖，各国涌现一股韩食风，其所衍生的旅游、饮食等经济效益到2009年为止共高达新台币770亿元。当时韩国MBC电视台模仿16世纪朝鲜生活所打造的村庄与宫殿，占地1200多坪（1坪相当于3.30378平方米），拍摄后成立"大长今主题公园"并对外开放，20多个剧中场景，包含御膳房、烹饪道具、食材一应俱全，并在各个景点设有中、英、日、韩的专业导游，至今仍吸引不少游客。文化与营销的密切关系，可见一斑。

2.3.4.2　休闲方式

科技进步与生产力提高使得人们的工作时间逐渐减少，休闲时间不断增加，加上全面实施周休两日制，刺激了更多台湾民众从事户外休闲活动，也为不少服务业创造了商机。

例如，许多地方政府发展特色旅游，如莺歌陶瓷、三义木雕、古坑咖啡等；南投、花莲、宜兰等县市的家庭旅馆快速成长。其他和户外休闲有关的服务业还有餐厅、旅馆、游泳池、公共运输业、汽车修护等。

环游世界

跨年庆典，人气旺商机浓

跨年，已成为全球同一时间里最多人参与的庆典或休闲活动。2011 年元旦，全球急欲挥别经济阴霾，迎接新希望。新西兰的奥克兰天空塔烟火四射，如希望的火炬，揭开全球大都市迎新庆典的序幕。紧跟着的是闻名全球的澳大利亚悉尼港烟火秀，把歌剧院、悉尼港大桥装点得热闹非凡。接下来轮到台北、东京、伦敦，横越大西洋到纽约的时代广场。

全球最受瞩目的户外跨年活动就在纽约时代广场！激光灯秀、烟火、五彩碎纸、气球总是将这里点缀得亮丽缤纷；近百万来自全球的人群在超过 20 条街的区域中手持气球、小旗子、彩带，身着厚重冬衣，耐着寒冷低温伫立现场几个小时，就是为了跨年那一刻的兴奋。2010 年 12 月 31 日晚上 11：59，著名的水晶灯球下降时，百万人齐声倒数、拥抱、亲吻、欢呼的情景令人动容。当然，共同欢呼的还有创造数亿美元商机的旅馆、餐厅、纪念品商、电信公司等。

值得一提的是，越来越多中国台湾消费者对户外休闲的需求，不再只是走马看花、吃喝玩乐，而是希望结合健康养生、自然生态、知识与灵性提升等。因此，休闲农地养生餐、野外赏鸟、森林步道健走、山区灵修等活动也跟着逐渐发展起来。

另外，随着经济发展、物质富裕，中国台湾许多业者与消费者开始追求精神层面的满足感。最明显的变化就是许多服务场所（如餐厅、诊所、商店）的设计与气氛开始弥漫浓浓的文艺气息。例如，诚品书局里柔和的灯光、淡淡的咖啡香、高挑的天花板、自然的原木纹理、流泻耳旁的古典音乐，加上丰富的藏书与随处可供坐下细读的人性化服务等，让诚品每个角落都沉浸在人文氛围中。重要的是，不少服务业近年来的文艺气息其实隐含着人文关怀的内涵。例如，位于台中的香蕉新乐园创办人吴传治表示，希望建构一个可以回顾生活、省思人文的空间，"让现代都市人观赏中国台湾建筑的风格、百姓生活的美、人性的善、历史的真"。

2.3.4.3 对自然与环保的看法

环境保护早已成为世界性的话题。几十年来，人们为了发展经济而肆意开采自然资源，使得清水绿地与野生动物逐渐消失。但在环保人士的推动下，人们逐渐认识到人类与自然和谐相处的重要性，萌生爱惜大自然的心理，日益关切森林、水源、空气与野生动物的维护或保育。也因此，人们在休闲、饮食等消费习性上逐渐地结合自然与环保概念，如从事赏鸟、登山等活动，在吃的方面选择天然食品等。

各国政府与企业界对自然与环保的响应始于20世纪70年代。1977年，绿色消费的发源地——德国，出现了代表保护环境的"蓝天使"标志。20世纪80年代末期，日本、加拿大、美国以及北欧各国也开始推行环保标志制度，"绿色营销"开始出现：文具业用再生纸制造信封、信纸、笔记本；快餐业放弃使用塑料盒包装，以再生纸纸盒取代；洗衣粉制造商强调不添加污染地下水的成分；便利商店及超级市场设立资源回收站。1996年9月，位于瑞士日内瓦的国际标准组织（The International Organization for Standardization，ISO）推出ISO 14000环境管理标准系列，意在减少废料与防治污染。由于这套标准关乎企业形象与商机（尤其是对外贸易），它的公布立即引起各国政府与企业界的重视，许多企业也纷纷追求ISO 14000的认证。

由于地小人稠、经济发展快速、长期缺乏环境管理，中国台湾的生态环境被严重破坏。所幸，在有关当局的政策宣传、环保团体的宣扬以及大众传播媒体的广泛报道之下，台湾民众的环保意识日渐提高。限用塑料袋与免洗餐具、垃圾分类等政策被大多数民众接受，这就是明证。中国台湾企业界也在这股风潮的冲击下，不论是基于自发性的环保意识，还是为了形象而附庸环保，纷纷在企业内部管理、产品制造、广告宣传等方面采取环保主张。总而言之，由于旅游业与环保有密切关系，相关业者应特别注意消费者对自然与环保的认知如何影响其购买与消费行为。

2.3.5 社会环境

2.3.5.1 人口增长与年龄结构

在部分国家和地区，人口增长率降低是普遍的现象，中国台湾也不例外。由于"养儿防老"的观念淡化、养育小孩花费不菲、现代夫妻追求更多的二人世界等原因，中国台湾的生育率持续下降：1980年，妇女生育率为2.5，2009年则降到1.0，也就是每一位妇女一生只生1个小孩，世界最低。因此，虽然台湾的人口逐年增加（目前大约2300万人），增长率却缓慢下降：从1986年开始，降到1.2%以下；2009年则是0.4%。

与人口增长率相关的是人口的年龄结构。中国台湾人口的年龄分布有两个重要的趋势，第一，15岁以下人口占总人口的比重逐年下降；1980年，这项比率大约是30%，可是到2009年大约为17%。第二，人口逐渐老龄化。1980年，65岁以上者占总人口的5%，到2009年却增加到10.6%（见表2-4）。根据联合国的标准，一个国家或地区65岁人口占总人口7%以上，就是高龄化社会（aging society）；超过14%以上就是高龄社会（aged society）。

"经建会"推估，2018 年中国台湾将进入高龄社会。

表 2-4　中国台湾人口的年龄结构分布

年份	年底人口数（千人）			年底人口结构（%）			扶养比	
	0~14 岁	15~64 岁	65 岁以上	0~14 岁	15~64 岁	65 岁以上	0~14 岁	65 岁以上
2002	4599	15891	2031	20.4	70.6	9.0	28.9	12.8
2003	4482	16035	2088	19.8	70.9	9.2	27.9	13.0
2004	4387	16152	2150	19.3	71.2	9.5	27.2	13.3
2005	4259	16295	2217	18.7	71.6	9.7	26.1	13.6
2006	4146	16444	2287	18.1	71.9	10.0	25.2	13.9
2007	4031	16585	2343	17.6	72.2	10.2	24.3	14.1
2008	3905	16730	2402	16.9	72.6	10.4	23.3	14.4
2009	3778	16884	2458	16.3	73.0	10.6	22.4	14.6

注：扶养比指每一百位 15~64 岁人口所需负担的依赖人口（14 岁以下、65 岁以上）。
资料来源：内政主管部门。

一个地区的人口增长率影响市场的规模与未来性，而年龄层则影响衣、食、住、行、娱乐、医疗等方面的需求。因此，这两者对于未来市场的影响是企业在进行长期规划时所不能忽视的。例如，银发族的市场日益重要，因此近年来针对银发族的公寓社区、成人教育推广班、医疗与休闲服务、保健用品等逐渐增加。

2.3.5.2　人口的地理分布

中国台湾的人口分布有几项特色：第一，人口集中在五大城市（台北市、新北市、台中市、台南市、高雄市），这五市的人口大约占总人口的六成，但面积比率仅有 27%。第二，某些工商业较落后的县市，如澎湖县、台东县、云林县、嘉义县、屏东县等，迁出的比迁入的多。第三，由于城市的土地有限、物价昂贵、空气污染，加上交通与道路改善等原因，人口有移往城市郊区或边缘的趋势。第四，乡镇的发展渐渐受到重视，例如，有关当局与企业将一些新的大专院校设在乡镇，导致某些乡镇涌入外来人口。

人口地理分布显示人的迁移趋势，因此跟目标市场选择、营销通路、立地选择等有密切关系。例如，许多连锁商店已经随着人口的移动，将触角延伸至郊区，甚至是乡镇。展望未来，中国台湾企业界应该注意高铁的兴建以及平衡城乡发展的政策会如何影响人口分布与市场动态。

2.3.5.3　就业女性

由于女性的教育水准提高、工作机会增加，以及单薪（即只有丈夫赚钱）不足以应付家用等因素，就业女性逐年增加，截至 2009 年，女性劳动力参与率为 49.6%，比十余年前提高了 3 个百分点。这也代表女性可支配所得增加，进而对整个社会的消费方式有重大影响。女性处理家务的时间减少促使安亲班、快餐店、微波炉食品、冷冻食品、更精巧的家庭用具等产品纷纷出现。另外，由于就业女性在工作场所与社交场合上注重自身的形象，化妆品、高级服饰、美容业等的需求也随之增加。同时，女性的经济决策权大为提高，过去多由男性决定购买的昂贵产品，如汽车、保险、房屋、旅游等，现代女性都参与购买。总而言之，就业女性的增加对于产品与推广策略具有重大的影响。

2.4 营销环境的扫描、评估与应对

2.4.1 环境扫描

由于营销环境对市场、营销活动，乃至整个企业都带来冲击，企业应该扫描、评估与应对营销环境。就如航空雷达在侦察飞航动态一般，环境扫描（environmental scanning）是指留意并搜集有关营销环境的现况与演变的信息。扫描的性质有三种：不定期扫描、定期扫描以及连续扫描。

不定期扫描（irregular scanning）是指在影响公司的某个事件发生之后，才决定针对该事件搜集资料，如在塑化剂风暴突如其来后，才着手搜集相关资料。定期扫描（regular scanning）则是事先选定一些重要的营销环境因素，定期搜集、补充与更新有关的信息，以便了解或应对相关的营销情境，如有些连锁店业者定期搜集有关都市与乡镇计划、商店相关条例、竞争者动态等信息。连续扫描（continuous scanning）则不放过任何可能影响公司的环境因素，大规模地、详细地、有计划地搜集资讯，以协助长期的营销规划。

2.4.2 环境影响力的评估

企业主管不但需要了解营销环境的现况与趋势，更要评估环境的影响层面。评估的方向包括：环境趋势会带来哪些机会或威胁；这些机会或威胁发生的可能性有多大；对公司（或产品、品牌等）的冲击有多大；影响时机在什么时候等。

环境评估的方式可以采用机会/威胁矩阵（opportunity/threat matrix）的架构。正如表2-5所示，这个分析架构中的纵轴是环境因素，横轴是被影响的构面（如市场、产品、价格、通路、推广等），因此，有关人员可以据此评估每项环境因素对营销各构面的影响力。影响力可分为正（机会）、负（威胁）两面，且有程度上的差别。在进行评估时，可以使用不同数量的"+"、"-"符号（或两种颜色的数字）来代表正、负面影响力及其程度。

表 2-5 环境影响力的评估：机会/威胁矩阵

环境因素	既有目标市场	产品	价格	通路	推广
竞争者					
·主要对手应用纳米科技发展		− −	− − −		
·XYZ 公司计划引进欧洲技术		−	−		
文化环境					
·哈韩、哈日的现象越来越普遍	+ + +	+ + +			+ +
·年轻人越来越追求独立自主		+			
社会环境					
·三大城市人口开始流向乡镇	− −			− − −	

注："+"代表机会；"−"代表威胁。

2.4.3 环境的应对

企业对于营销环境的应对方式可以大致分成"被动反应"（reactive）与"主动出击"（proactive）两种。顾名思义，被动反应是指在某个环境事件发生之后，才采取必要的应对行动；主动出击则是在环境事件还没有到来之前，先采取行动，利用环境带来的机会减少即将到来的威胁。由于某些环境事件（如自然灾害）的发生无法预知，被动反应有时候是唯一的应对方式。然而，对于事先能够预知的营销环境，企业应该采取主动出击的方式。在环境事件发生之前预先准备与处理，让企业有足够的前置时间进行比较周密深入的分析，能够提供较多的处理方案，减小因准备不足而必须仓促做决策的压力等。

Kotler 提出的"强势营销"或"巨营销"（megamarketing）观念，和主动出击的环境应对方式有关。强势营销是运用游说、谈判、法律行动、公共服务、公共关系等手法，来取得外界机构（如政党、政府、工会、银行）的合作，以进入或掌握特定的市场。这个观念隐含的意义是营销人员虽然未能完全控制外部环境，但却可以多多少少地去改变它，使得它的趋势有利于企业。

课后习题

基础习题

1. 何谓个体环境与总体环境？它们的差异何在？

2. 何谓政治与法律环境？举例说明它对旅游业的影响。

3. 何谓经济景气？它对旅行社的营销活动有何影响？

4. 举例说明文化对旅游营销的影响。

5. 以特定的青少年群体为例，说明他们的次文化特色以及这些特色对旅游业有什么营销上的意义。

应用习题

1. 从休闲农场、家庭旅馆、素食餐厅中任选一个行业，以从报纸、杂志与网络等搜集而来的资料为基础，评估营销环境中有利与不利的因素，并建议相关业者应对之道。

2. 挑选任一个都市或乡镇，实地考察并记录它的文化特色，以及这些特色如何影响当地的旅游营销活动。

第二篇
了解旅客
Understanding Travelers

03　旅客行为

本章主题

　　人为什么想要旅行？这一直是个难解的问题，旅游学者普遍认为有两种力量促使人想要旅游，一种是推力，也就是心中的需求感，另一种则是拉力，是指旅游的吸引力。这两种力量决定了为何去以及去哪里，但怎么去又可能历经一段复杂的决策过程，从想去到真正成行，都面临如何是好的复杂考虑。游客也是消费者，消费的是旅游产品与旅游目的地，而决定旅游的过程常受到许多内外在因素的影响。本章一开始先打开读者的眼界，带大家看看中国台湾的鸟类生态有多么受到全球"鸟友"的青睐，并带来另类的旅游商机，接着，结合消费者行为与旅游相关概念说明消费者的购买决策过程，并讨论影响消费者行为的可能因素。

　　本章的架构与内容如下：

　　1. 旅游购买决策：首先说明购买决策中的角色，接着讨论购买决策过程的步骤，以及三种购买决策形态。

　　2. 影响购买决策的个人背景因素：消费者的年龄、性别、教育、经济、职业、生活形态等都跟他的购买行为有关。本节将讨论这些个人背景因素。

　　3. 影响购买决策的个人心理因素：说明消费者的心理因素（如动机、认知、学习、态度）如何影响购买行为。

　　4. 影响购买决策的社会文化因素：讨论社会文化因素（如文化、家庭、参考团体、社会阶层、社会角色）与购买行为有何关系。

遇见创意

千山万水与鸟相见

虚拟世界中最红的鸟类是"愤怒鸟",只要你愿意花点小钱下载,便可想见就见;然而真实世界中的"神话之鸟"则让全世界鸟类专家、爱鸟人士必须千里迢迢来到中国台湾,才有可能一睹这消失近乎200年的鸟类——黑嘴端凤头燕鸥。根据2000年国际鸟盟估计,全世界这种鸟类的数量不到50只,被列为濒临绝种的鸟类。不过它们却出现在马祖,还被中国台湾的专家花了四年时间拍摄成纪录片,一放映便大大感动全世界的赏鸟人士,台湾赏鸟天堂的知名度大大提高。

事实上,中国台湾有500多种野鸟记录,包括五色鸟、大卷尾、台湾画眉等69种特有亚种及台湾蓝鹊、帝雉、蓝腹鹇等15种特有品种,更有闻名的黑面琵鹭来此过冬。有别于其他地方一地可看到大群的单种鸟类,中国台湾面积不大但鸟类众多,因此一地常常可以看到多种珍贵鸟类;加上交通方便,从一个地方到另一个地方几乎都是当天抵达,大幅节省了赏鸟客的行车时间。例如,海拔1000多米的大雪山林场是同一地点可以看到最多种类野鸟的观鸟地;蕙荪林场、燕子口、瑞岩溪保护区、湖本村、阿里山、鳌鼓湿地、汉宝湿地、彰化、台南、垦丁、澎湖猫屿和马祖燕鸥保护区等都是赏鸟好去处,每年2月、5月和11月都是赏鸟旺季。

鉴于此,2002年左右旅游主管部门特地与鸟类学会合作,除了赴欧洲宣传中国台湾赏鸟环境,还培训学员成为赏鸟专业导游,开始向国际推广中国台湾赏鸟生态旅游;2003年接着推出"Birding in Taiwan"行程,两年内已有80组赏鸟团来台。值得一提的是,外籍赏鸟客主要来自英国、美国、加拿大三国,除了英国有专攻生态旅游的旅行社打点之外,其他国家多为散客,且多为学者、医生、律师、会计师、商界领袖等高知识分子。这种赏鸟团十分注重旅游品质,来台一趟多停留12天到半个月,每人团费不含机票约新台币20万元,是一般团的5倍以上。

到中国台湾生态旅游的旅客可分为三类,以英国、日本为主的赏鸟团,或以奥地利为主的登山团,两类每年都有超过万人的规模。而第三类人数最多,他们并非专程来台生态旅游,而是在行程中安插生态行程,例如赏鲸豚等,他们极有可能在未来加入赏鸟行程。

赏鸟旅游的地域性强,相当不易替代,加上游客层次拥有坚实的消费实力,又多为意见领袖,因此虽然是小众市场,但却有"一飞冲天"的发展潜力。

引　言

　　25 岁的北京女孩赵星在 2010 年 8 月只身来台旅游 11 天，回北京后写下 80000 字的日志。因为两岸人民对彼此的生活都有些陌生、好奇，甚至误解，因此大陆人想看看"非官方"版本的台湾，台湾人也想看看大陆小妮子到底是怎么描述我们的？于是短短时间内便创造了 230 万人次的点阅率，还因此集结成书——《从北京到台湾，这么近，那么远》。书中处处可见一位旅客初到台湾时的内心种种，如赵星在飞机上碰到热心的台商，虽第一次见面却引领她出关、换钱、搭车到台北，还给她联络方式……这让她心中产生了第一次省思。

　　后来很多人都讲：你不怕他是骗子啊，你不怕他会欺负你啊，你什么都不知道就跟人家走了啊?! 胆子也太大了吧！

　　其实，我一直在想，是不是我们的内心太没有阳光？是不是我们乐于助人的细胞正在慢慢丢掉？当我们看到一个特别热心的人的时候，内心就产生了质疑和慌张。说真的，在后来的十天中，即使在很远的乡下，漆黑的郊外，我坐在陌生人的黑车上，虽也曾害怕和紧张，但却从未有过危险的信号。我到今天都在想，究竟我是警惕性太低、思维缓慢，还是我周围的环境太过紧张？人与人的信赖其实是个多么简单的东西！只是早就听说台湾人热情好客，但却惊讶于如此的好客程度！

　　她又是怎么看台北的捷运和公车？

　　台北的公交车都很新、很整洁，座位不多，但乘车有序。在台湾公交坐了一整个岛，除了"谢谢"，我没有听过任何不和谐的声音，类似于叫骂、吵架、你踩了我一脚、开过了没停车的现象绝无发生。司机可以为等一个行动不便的老太太下车而 7 分钟不开车，也可以为了小朋友上车慢而一个个抱上来。我曾经在上车的时候问司机一个地方，然后在车上睡着了，到站的时候，司机停下车走到我座位前叫醒我，问我是否要在这里下车，我迷茫着，司机便一遍遍地给我解释这里是哪里，我要去的地方在哪里，整整 10 分钟，全车人就等着我和司机说话，没有一个人冲我喊，没有人觉得我烦，没有人觉得我耽误了大家的时间。

　　这样的教养和素质不禁让我在初到的时候感到极为震惊，也突然惊醒似地明白了一些极为敏感的事情的缘由。来这里看一看，走一走，会理解很多很多事情。当然台湾媒体也会报道大陆的很多不好的信息，因此这就更需要我们用客观的心态去亲自了解一些东西，而不仅仅是道听途说。

　　旅客的动机、对旅游地的认知、个人因素、社会文化因素等都会影响其购买决策和对整体旅游的满意。虽然 100 位旅客就会有 100 种旅客行为，但至少我们看到赵星带着对台湾人情和文化的满满感动回到北京。

　　旅客行为虽然复杂但却很有趣，接下来我们就来领略这些造成旅客产生各种预期、反应的原因。

3.1 旅游购买决策

3.1.1 购买决策中的角色

　　在决策过程中，消费者是由几种不同的"角色"所组成。以一个家庭为例，妹妹提议全家在过年时去欧洲自助旅行；哥哥与爸爸接着附和，表示赞成；妈妈因此大量搜集欧洲各国的旅游资料、旅程安排与航空票价等信息；在选择过程中，妈妈对法国巴黎情有独钟而有所坚持；爸爸拍板决定一圆妈妈多年的梦想，并亲自出马购买机票与安排饭店；最后，全家在巴黎度过一个快乐且浪漫的年假。这个例子显示，所谓"消费者"其实包含下列几个角色：

　　（1）提议者（initiator）：最先建议购买产品的人。

　　（2）影响者（influencer）：提出意见且多少左右购买决策的人。

　　（3）决策者（decision maker）：对于是否要买、买什么品牌等有最后决定权的人。

　　（4）购买者（buyer）：采取实际行动去购买的人。

　　（5）使用者（user）：即实际上采用与消耗产品的人。

　　营销人员应该设法了解，在某个产品的购买过程中，什么人扮演什么角色，以及如何带动这些角色以促进销售。例如，麦当劳借由店内的欢乐气氛、麦当劳叔叔的亲切形象、赠送或低价销售玩具等方式，使得许多小孩成了提议者及影响者，而促使父母亲（购买者与决策者）到麦当劳消费。

　　除了上述多样的消费者角色，消费者行为（consumer behavior）也是相当复杂却极为重要的现象。复杂主要是来自于人性、消费者需求、产品、情境因素等方面的多元与多变。至于重要，则是因为营销策略或措施经常是建立在消费者行为的基础上。例如，由于看好女性旅游市场，不少精品旅馆特别规划"仕女楼层"，用心为女性顾客打造舒适又时尚的住宿环境。

　　消费者行为的相关研究非常丰富，所提出的观念与模式可能数以千计，产量的丰富超越了其他营销领域。在成堆的学理当中，营销人员最感兴趣的是"消费者从有需求开始，会经历什么过程？他们会出现什么心理与行为？我们该如何应对以便获得消费者的青睐？"换句话说，营销人员想了解消费者的购买决策过程（buying decision process or purchase decision process），以及哪些因素会影响他们的决策过程，以便在策略方向与管理作为上能够找到着力点，而利于企业的永续经营。

3.1.2 购买决策过程

消费者在购买产品的前后，会经历一些非常值得营销人员注意的行为。这一连串的行为可以分成五个阶段，我们称为购买决策过程（buying decision process）（见图 3-1）。

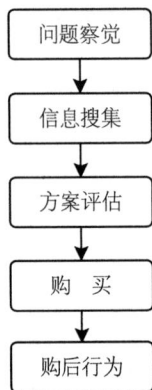

```
┌──────────┐
│  问题察觉  │
└──────────┘
     ↓
┌──────────┐
│  信息搜集  │
└──────────┘
     ↓
┌──────────┐
│  方案评估  │
└──────────┘
     ↓
┌──────────┐
│  购　买   │
└──────────┘
     ↓
┌──────────┐
│  购后行为  │
└──────────┘
```

图 3-1　消费者购买决策过程

3.1.2.1　问题察觉

问题察觉（problem recognition）是指实际状况（actual state）比不上理想状况（ideal state），也因为有这种落差，消费者才会产生购买动机（motivation）。例如，"最近心情好闷喔，我们去垦丁度个假，看看宽阔的海洋吧"或是"我们一直没出过台湾，现在巴厘岛五天四夜的团费只要 15000 元新台币，比台湾还便宜，我们出去玩玩吧"。问题察觉受到内在刺激（internal stimuli）与外在刺激（external stimuli）的影响。内在刺激与一个人的生理、心理状况有关，如饥饿、口渴、身心疲惫、伤心欲绝等。外在刺激则包罗万象，如网络上的餐厅票选、书本内的饭店介绍、电视上的旅游节目、朋友旅游回来后的照片等。当然，外在刺激有可能会带动内在刺激而引起需求，如小吃店的卤豆干香喷喷的（外在刺激），闻得令人饥肠辘辘（内在刺激），因而引起购买念头。

由于消费者的实际状况与理想状况之间的落差会形成问题察觉，进而促进购买动机，因此在实务上，营销人员经常使用两种方式来引发消费者购买动机：引发对实际状况不满或创造一个理想的状况。前者的例子如雄狮旅行社的广告"你已经多久没有放松自己了呢"；ClubMed 度假俱乐部更直接点出消费者心中的不满"我期待远离所有烦恼的琐事"等。后者的例子更多，所有强调产品的新功能或好处的广告都是其中的例子，如旅行社的文宣经常利用情境幻想，"当季水果垂涎欲滴，赏花嬉春正是时候"，或是"到薰衣草香的普罗旺斯，体验梵高、高更大师们画作的意境"。

3.1.2.2　信息搜集

在察觉到问题并引发购买动机后，消费者需要信息以协助判断、选择产品。信息搜集（information search）有两大来源：内部搜集（internal search）与外部搜集（external search）。内部搜集是指从记忆中获取信息，而记忆又可以来自本身的经验或外部信息。从过去旅游经验中，我们总会留存一些产品信息或地方印象，如"法国料理是世界知名的料理之一"、"巴厘岛的 Villa（度假别墅）具有休闲慵懒的度假风格"等。另外，有些脑海中的信息是来自媒体广告、别人的意见等，如杂志广告中优美的湖景饭店，或是在博客上看到网友的饭店住宿经验等。

消费者所记忆的旅游或产品信息包含品牌或地方名称、产品属性、整体评价、过去经验等。当消费者在察觉到问题时，往往会从记忆中抽取出某些品牌名称或旅游地意象，如当想要去迪拜旅行时，有些人会想到帆船饭店；想到主题乐园时，会想到迪士尼等，这种因问题察觉而想到的一组品牌名称或地方，称为唤起集合（evoked set）。

另外，人们对于某一个旅游地都会存有一些想象力，不管对该事物、地点是否熟悉，因此想到哪里玩时，我们其实已经存在对当地既定的印象。旅游学者称此种印象为旅游地意象（tourism image），即一种旅客对于某个旅游地潜在的看法或态度，如我们认为法国巴黎是浪漫的城市、美国是个种族大熔炉、新加坡市容干净整洁。

当然，有时候我们记得的不只是品牌，还包括这个品牌的产品属性。不过，由于产品属性太多元，要一一记得并不容易，因此消费者会倾向于记得整体评价或过去经验。例如，我们对于住宿过的旅馆，可能无法清楚地回想起旅馆的价格、面积、设施等，但却对住宿经验以及对该旅馆的观感、态度等记忆犹新。

当内部的信息不够充分时，消费者就需要到外部搜集。外部信息搜集有商业、公共与个人人脉三大来源。商业来源包含广告文宣、销售人员、经销商、产品包装、商业广告牌、店面橱窗、店内展示等，它为消费者提供最多的产品信息。公共来源主要是大众传播媒体、消费者评鉴机构、政府单位等。由于公共来源扮演一个公正与评鉴的角色，因此备受信赖，尤其是当消费者对各类信息的正确性都有所质疑时，公共来源信息可提供有力的支持，如美国汽车协会（American Automobile Association，AAA）、米其林（Michelin）及许多美食专家所做出的等级评判。个人人脉来源则是家庭、朋友、邻居及熟人等，其可靠性视消费者对于信息提供者的信任程度而定。

消费者在购买某一种产品时最常用哪些信息搜集渠道以及各信息渠道的相对重要性等，都是营销人员必须仔细辨认、了解的，以便能够和目标消费者有效沟通，进而推广产品。例如，寂寞星球出版社（Lonely Planet Publications）的旅游手册是最受欢迎的自助旅游指南，也常被自助旅游者奉为圣经。由于创办人惠勒（Wheeler）夫妇了解自助旅游者预算少且乐于分享信息的特性，在书中他们将文学性降到最低，但对于细节与实用性却非常讲究，同时也把自己的遭遇以及旅行碰到的问题一一呈现在书中，明显与过去的旅游书不同，也因此受到自助旅游者的喜爱。

3.1.2.3 方案评估

消费者掌握了信息之后，会在有意或无意中排除某些产品类别或品牌，留下几个方案来进行评估。消费者的方案评估（evaluation of alternatives）方式相当多样化；就算是同一个人，评估方式也会因产品、购买动机、购买预算、情境因素等情况而异。

无论是什么评估方式，都涉及下列三个重要的观念：

（1）产品属性（product attribute）：这是指产品的内、外部性质。例如，餐厅的属性包括餐饮、地点、整洁、气氛、人员服务态度等。产品的属性相当多，消费者没有办法也没有必要一一了解、评估，他们只注意少部分他们认为相关的、重要的属性。

（2）属性的重要性（importance of attribute）：这也就是对于产品属性的重视程度。由于产品属性的相对重要性不同，消费者在评估时给予各属性的比重［或称权数（weight）］也不同。

（3）品牌信念（brand belief）：这是指在消费者的感觉上，个别属性所能够带来的表现与特色。它是一种主观的想法，主要是依据个别消费者如何解释信息而形成的。例如，面对某个饭店的高价位，甲认为这是代表更好的服务品质，乙则认为这是将过多的广告成本转由消费者来负担的结果。因此，产品属性虽然具有客观的性质，但是不同消费者却可能产生不同的信念。

方案的评估其实是"比较与计算"的过程，我们举例简单说明如下。假定李同学想要去美国游学，她比较了三种游学课程属性（见表3-1）。

表3-1　方案的评估

游学团属性	A公司	B公司	C公司
价格（美元）	90000	160000	250000
课程	上午语言课	上午语言课，下午户外活动	整日语言课程
住宿	无，自行处理	安排青年旅馆	安排接待家庭
时间	一个月	一个月	一个半月

假设李同学考虑家庭经济条件，希望整趟价格（包含个人消费、签证）能控制在20万美元左右，且价格越低越好，因此价格最重要，而对其他属性的要求则是"只要有住宿与语言课程，就可以接受"（换句话说，其他属性只要符合最低条件，重要性偏低）。在这种情况下，B公司将是她的首要考虑。假设另一种情况，李同学的经济充裕，除了学习语言之外，也想了解当地文化，较长时间融入当地生活，且接受老师的建议认定C公司较有口碑，因此C公司可能是最好的选择。另外，如果李同学只能去一个月，因此只剩下A

和 B 公司能够选择，李同学接下来考虑价格与课程："多付 70000 美元，可以有住宿且有下午的户外活动，值得吗?"这时，如果她心中不断强调"70000 美元不是小数目；更何况只住青年旅馆"，那么，她将偏好 A 公司。

上面的例子只是众多评估方式中的少数情况，它们显示了方案评估的复杂性。无论如何，由于方案评估牵涉产品属性、属性重要性与品牌信念，营销人员应该了解不同的消费群是否有不同的评估重点；针对不同消费群，应该强调哪些不同的产品属性；如何教育、引导消费者，让他们产生对公司有利的品牌信念等。

3.1.2.4　购买

经过前述的评估过程之后，消费者会对不同的方案有不同的购买意愿（purchase intention）。而影响最后购买（purchase）决策的，除了购买意愿，还有两个因素：其中一个是"不可预期的情境因素"，如想搭乘的航空公司已经客满，只好寻找其他有空位的航空公司；另一个因素则是"他人的态度"，前面提过，影响者或多或少会左右购买决策，影响者的态度越强烈，以及购买者或决策者顺从的意愿越高，"他人的态度"就越会影响最后的选择。

消费者之所以重视他人的态度，主要是这个因素会带来社会风险（social risk），也就是，不利于社会关系与个人形象的潜在危险。例如，甲原本想参加韩国旅游团，但因在旁的朋友们对于韩国有负面印象，不断提出反面的意见，甲可能为了顺从朋友的意见，避免因此受到朋友的排挤而放弃原来的购买决策。

3.1.2.5　购后行为

消费者购买与使用了一样产品之后，会产生某些购后行为（postpurchase behavior），其中以满意度最值得营销人员重视。满意度（satisfaction）是对于产品的评价，由实际表现（performance）与对产品的预期（expectation）之间的差距来决定。当产品的实际表现大于预期，消费者就会觉得满意；相反地，当实际表现小于预期，满意度偏低。例如，樱花从开花到结束仅几周的时间，许多人参加日本赏樱之旅，期待看到樱花盛开的美丽景象，但是因为气候不定，可能期待落空而迁怒旅行社，因此有些旅行社在出发前会告知"樱花花期时间极其短暂，如遇气候因素（下雨、刮风或气温不稳定）而凋谢或未绽开，敬请见谅"，让旅客在购买前先有心理准备，不至于过度期待而产生高度不满。

满意度会影响日后的购买与推荐行为。满意度越高，重复购买的机会越高，同时，满意的消费者比较愿意向其他人称赞这个产品，而有助于口碑流传。至于不满的消费者，有些可能自认倒霉而闷不吭声，顶多下回不再购买；有些则可能采取积极的对立行动，如对外散播不满信息、要求公司补偿、向新闻媒体申诉等。

有趣的是，消费者在购买了昂贵的、重要的产品之后，或者所购买的产品出现一些问题之后，往往会产生认知失调（cognitive dissonance），也就是，因怀疑自己的选择是否正确、其他的抉择是否更好等而产生心理上的失衡和压力。这时候，消费者可能会为了强化购买决策的合理性，或者为了减少心理的不平衡，而寻找信息或机会来肯定所购买的产品，如特别夸耀旅游行程中的某个优点，或强调某人花大钱参加了别的行程而受气（言下之意是"比较起来，我的算不错了"）。当然，有些人会召集他人成立自救会要求公司赔偿或道歉等，以减少认知失调。

对于认知失调与消费者的不满，每一家企业都应该事先防范以及拟定事后补救的方法。目前许多企业纷纷设立服务专线，目的之一在于让有疑问或不满的顾客有反映的渠道，进而让公司有机会对顾客提供适时的安抚，以减少该顾客对公司的负面印象与行动；同时，这也可以让企业本身从消费者的反映中自我检讨，不断改善。此外，切实的商品保证、优良的售后服务以及细心的顾客关系经营等，都是减少消费者认知失调与不满情绪的途径。

3.1.3 购买决策的形态

上述的购买决策过程并非放之四海而皆准，消费者不见得在每次购买东西时都一定会经历那五个阶段。一般人选择出国旅游或国内旅游时，通常会出现不同的购买决策形态。在讲解购买决策的形态之前，先介绍一个相关的名词——涉入程度（involvement）。涉入程度是指对购买行动或产品的注重、在意、感兴趣的程度。一般而言，购买重要、昂贵、复杂的产品时，涉入程度相当高。相反地，购买较不重要、便宜、简单的产品，涉入程度比较低。

必须强调的是，涉入程度的高低，并不是完全取决于产品本身；消费者的知觉风险、对产品的了解、购买动机、产品的使用情境等也决定了涉入程度。其中，知觉风险（perceived risk）是指消费者认为因决策错误所遭受的损失程度（包含金钱、时间、个人形象、社会关系等）。知觉风险越大，涉入程度越高。例如，同样是选择餐厅，自己一生仅有一次的结婚喜宴，比起平日的家庭聚餐，应该有更大的知觉风险，在消费时比较会反复思考该营造什么气氛、花多少钱、吃什么餐点、如何布置等，因而进入高涉入的购买状态。

3.1.3.1 广泛决策

在购买较为昂贵、重要、了解有限、高涉入的产品时，消费者的决策过程比较冗长复杂，通常会经历前述的五个决策阶段，这是属于广泛决策（extensive decision making）[或称广泛问题解决（extensive problem solving）]。例如，第一次的邮轮之旅、环游世界之旅、欧洲度假等，多数人都会花费时间精力到处搜集信息。

在广泛决策中，依据产品之间的差异是否显著，可再分成下列两种决策行为：

（1）产品间存有显著的差异：在这种情况下，消费者必须先经历一段信息搜集与学习的过程，在充分了解各产品的特性与差异时，才能做出抉择，因此购买行为相当复杂。

（2）消费者看不出产品间存有显著差异：这时候的购买行为比上述情况简单，虽然消费者也会花费时间精力搜集信息，但由于各产品之间相当类似，消费者可能会因促销活动等原因而出其不意地购买。

3.1.3.2　例行决策

例行决策（routine decision making）发生在低涉入的购买，有些书本称为例行反应行为（routine response behavior）。消费者在购买便宜的、熟悉的或不很重要的产品时，如对于麦当劳或肯德基，多数人可能是因为曾经使用过、比较熟悉这个品牌或是刚好遇到特价优惠，因此通常不会花太多脑力与时间，往往是在察觉需要后就直接购买，甚至冲动性购买。因此，在例行的决策中，消费者往往跳过信息搜集与方案评估，直接进入购买的阶段。就算经过信息搜集与方案评估，也是以内部搜集及快速比较为主，而且，在购买与消费之后，并没有明显表现出对产品的满意度。

在例行的购买决策中，为了巩固既有顾客的忠诚度，或促使其他品牌的顾客转换品牌，有些产品会特别定位，以便显示自己与其他品牌的不同之处，以提高消费者的涉入程度。例如，摩斯汉堡强调新鲜健康，且列出食材的生产过程，让消费者在选择属于低涉入的快餐店时，能联想到健康的概念，然后再联想到摩斯汉堡，并以其为最后选择；早餐店则以饮食的养生概念，促使消费者在选购早餐时有别的、重要的考虑因素。

3.1.3.3　有限决策

有限决策（limited decision making）是介于上述两种决策之间。在这一类的决策中，消费者通常对于产品有些了解，可是了解的程度还不足以达到轻易做出选择的地步，而所涉及的产品不算便宜，并且有一定的重要性。有限决策可能会经历前述的五个阶段，但比起广泛决策较为节省时间与精力。例如，选择高级的法国料理餐厅时，有些顾客了解它的餐点内容、服务形态或用餐环境，但由于不常前往这类餐厅，缺少相关信息，且比一般餐厅也将付出较高价格，因此会采用有限决策模式。

3.2　影响购买决策的个人背景因素

消费者的产品需求与购买决策会受到三大类因素的影响：个人背景、个人心理以及社会文化因素（见图3-2）。从这一节开始，将陆续讨论这三大类因素。本节所谓的个人背景因素，主要是指人口统计变量（demographic variables）（包含年龄、性别等）及生活形态等。

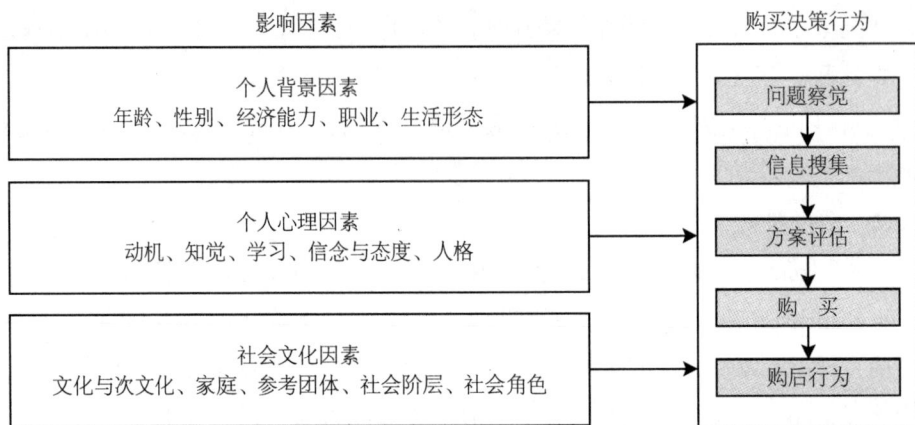

图 3-2　影响购买行为的因素

3.2.1　年龄

一个人的产品需求与购买行为会因年龄而异。婴幼儿只是单纯地消费奶粉、玩具、衣物等用品，还没有能力参与购买决策，因此营销手法主要针对相关产品的决策者与购买者。到了儿童阶段，依旧没有购买能力，但借由电视广告信息、小朋友间相互的比较行为、父母的疼爱之情等，儿童所消费的物品越来越多元化，对购买决策开始有了某种程度的影响。如在麦当劳、迪士尼专卖店等"亲子消费"的商店内，小孩与父母间的对话及肢体互动景象是儿童影响力的最佳写照。至于青少年，由于自己打工赚钱或依靠父母的零用钱，开始有购买能力。他们对于某些产品已具有完全的决策能力，同时容易加入追求流行的行列，因此容易出现冲动性购买的现象。成年时期，由于有自己的收入与家庭，需求的产品种类更加多元化，几乎涵盖之前各阶段所出现的产品，再加上家庭所需产品。由于家庭成员的参与，成年时期的购买决策往往出现多种角色（提议者、影响者等）互动的情况。至于老年阶段，因为身体机能逐渐退化，以健康养生为目的的旅游活动或静态的休闲娱乐，变得比以往重要；同时，老人的子女往往具有相当大的购买决策权。

一个与年龄有关、常在媒体上出现的观念是世代（generation）。婴儿潮世代（baby boomers）是在 1946~1964 年出生的群体，在事业上已有成就，掌握可观的财富；由于年龄的关系，消费行为渐趋保守，越来越关心本身与家人的健康和生活。X 世代通常是指在 1965~1984 年出生的群体，他们在消费上追求自我表现、独立性，高度接受网络、高科技与电子产品等。必须留意的是，学者及媒体对世代的划分并不一致，甚至中国台湾近年来流行以"年级"来划分世代；另外，不同世代的消费习性会随着年龄、所得等因素而变化。

3.2.2　性别

在许多个人消费用品上，"男女有别"是显而易见的。然而，部分产品的中性化趋势也值得注意。除了肥皂、洗发精等用品在实际使用上早已不分男女之外，长久以来男女有别的纸尿裤、服饰市场等，也出现两性通用的产品。以服饰为例，近年来出现男装色调柔和、女性化，而女装去柔性化，甚至男女服饰不分的趋势，另外，男性开始穿戴原来属于女性的耳环，而女性则系上原来属于男性的领带。

男女在休闲旅游行为中也有不同的消费行为。例如，男性对于参与运动性休闲活动的意愿明显高于女性，而女性则偏向参与静态性休闲活动。同时，早期传统的女性因文化的制约，多扮演照顾家庭、负担家务的角色，女性的休闲受制于男性的权力支配，因此男性用于休闲娱乐的时间比女性多。但是由于社会结构的改变，女性逐渐走出家庭进入职场，现今女性较以往有更多的能力、机会从事旅游，且借由旅游来慰劳自己辛勤的付出，因此自1990年起，女性成为旅游市场上"急速成长的一群"。同时，一篇研究报告中发现，55~59岁的女性最热衷于旅游，喜欢从事较活泼的旅游方式，也将旅游当成一种对传统观念的挑战。尤其近来专属女性主题式的旅游行程越来越多，如购物、SPA、美食等。女性的高消费能力刺激旅游成长动力，估计未来超过70%家庭的旅游决定权，将掌控在女性手上。

3.2.3　经济能力

一个人的收入水准、可支配所得及储蓄等，影响对于不同价位产品的选择。经济情况好的，比较有意愿与能力购买高价位的产品，常形成市面上同一类产品价格差异却非常大的现象，如一客牛排可从夜市的70元新台币起跳到高级餐厅的数千元不等，为的就是争取不同经济能力的消费者。当然，经济能力亦影响可购买产品的种类多寡、购买的数量等。

另外，产品购买的涉入程度与决策过程也会因经济能力而异。例如，出国旅游时，经济能力非常好的消费者可能不会搜集大量信息，也懒得到处比价，全权委托旅行社安排；而经济状况较差者，则会表现出较为谨慎的态度与行为，会花费心思搜集信息与评估，购买决策的时间比较长。

3.2.4　职业

由于职业文化、工作上的需要、收入等原因，职业会影响一个人对某些产品的看法、需求与消费。例如，在吃的方面，劳工较少去西餐厅，较常买便当或光顾路边摊、小吃店以及一般餐厅等。学生精力充沛，且喜欢与同学出游，一群人骑摩托车上山兜风；忙碌的上班族在周末时喜欢与朋友喝下午茶，享受悠闲的假期；许多退休老师则是利用自己教学的专长，义务担任公园的解说员，变成全心投入的认真休闲者。

3.2.5　生活形态

以上所述的个人背景因素都是人口统计变量（demographic variables）。虽然不同人的人口统计变量一样，他们却可能出现迥然不同的生活形态。在营销学里，生活形态（lifestyle）是指一个人的活动（activities）、兴趣（interests）与意见（opinions）的综合表现；这三个因素简称 AIO。"活动"包含工作、嗜好、娱乐、体育、社团等项目；"兴趣"是指对家庭、休闲、服饰、食品、大众传播媒体等方面的爱好；"意见"则是对政治、社会、经济、教育、文化等议题的看法。

在营销上，生活形态又可以区分为一般的生活形态与特殊的生活形态。一般的生活形态是建立在日常生活中，而度假生活形态则是建立在远离日常生活的行为上，因而度假生活形态属于特殊的生活形态，是指每个人在度假时的特定模式行为。度假生活形态会展现一个人在度假旅游时所从事的活动、兴趣、意见、住宿形态等度假行为上，如一个人的度假频率有多少，常去哪些旅游地度假，通过度假时从事何种活动，如何看待度假生活，在度假时又有何感受。因此，对于营销人员而言，通过度假生活形态通常可以了解一个人过去的度假次数、度假持续时间、度假的创新性及度假地距离等行为，能够对于旅客的动机及度假形态有更深入的了解，并且能有效地解释及预测旅客在旅游上的支出及消费行为，因此在实务上也被普遍使用于旅游市场区隔及营销决策上。

消费者的生活形态与产品喜好及购买有关，如喜欢户外休闲者，对于运动鞋、运动服、体育用品比较注意，而且比较乐于购买；而热爱生态旅游者较关心地球生态环境。因此，营销实务中可以发现不少使用生活形态的案例，如 Club Med 度假俱乐部的广告中常出现亲子同乐、赤足漫步在海滩上等图案，文案中还有"轻松无压力"或"拥有丰富选择的自由"等字眼，充分传达轻松惬意的度假生活形态。全世界第一家美式休闲连锁餐厅 T. G.I. Friday's 用一句"Thank Goodness, it's Friday!"（感谢上帝，终于是星期五了!）的广告词，配上干杯尽情畅饮的画面，显示年轻人及时行乐的生活态度等。不管是塑造令人向往的境界，还是为了吸引特定消费族群，生活形态都是一个具有实务价值的观念。

3.3　影响购买决策的个人心理因素

3.3.1　动机

我们之所以有购买的举动，和购买动机有关。动机（motivation）就是驱使人们采取行动以满足特定需求的力量。因此，要了解消费者的购买动机，可以从了解消费者的需求下手。在许多动机理论当中，心理学家马斯洛（Abraham Maslow）的需求层级理论（hierarchy of needs theory）最常被用来解释消费者需求。马斯洛认为人类的需求有五个层级，在较低层级的需求得到满足之后，人类会进一步追求较高层级的需求（见图3-3）。最基本的需求是生理需求（physiological needs），是指我们需要吃饱、解渴、保暖等。生理需求满足了，接下来追求人身安全、生活与财务有保障等，也就是安全需求（safety needs）。生活上安全无虑后，开始希望能够爱人与被爱，能被团体接纳，因此产生社会需求（social needs）。社会需求满足之后，我们希望能受到他人的肯定与尊重，因而会有自尊需求（esteem needs）。最后，我们渴望自我实现需求（self-actualization needs），希望能发挥潜力、实现梦想等。

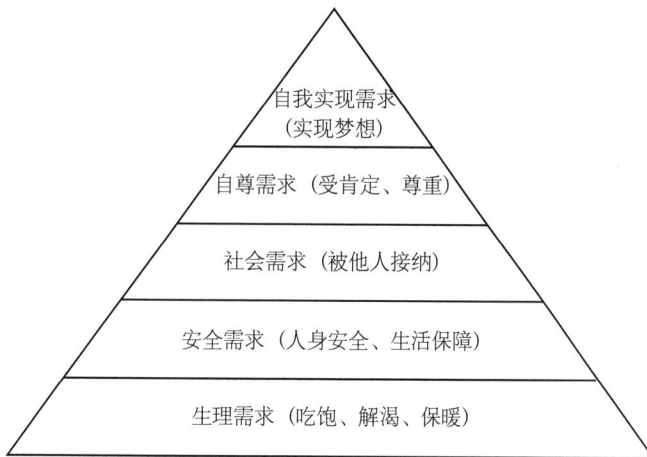

图3-3　马斯洛的需求层级理论

以上的需求促使消费者产生购买动机。生理需求驱使人们到商店填饱肚子，购买食物、饮料与普通衣物。为了满足安全需求，人们加入健身俱乐部等。社会需求促使人们买旅游纪念品分赠亲友、带家人到游乐区、和朋友去餐厅等。自尊需求则刺激人们拥有高价位及象征身份地位的产品，如上高级餐厅、坐头等舱、住五星级饭店等。自我实现需求引导人们参与志愿者旅游发挥大爱、到其他国家和地区游学发掘更多自我、利用探险挑战自我极限，或参加外层空间之旅完成漫步月球的梦想等。一般而言，消费者会在满足较低层次的需求后，才去追求较高层次的需求消费，在最基本的温饱都有问题的状况下，通常是不会去购买珠宝等的。然而，在套用需求层级理论来解释消费者需求时，应该了解以下几点：第一，每个人的满足标准有所不同，如甲觉得要有1000万元存款才有安全感，而乙只要有100万元就感觉安全；有些人非常渴望被爱、被认同，有些人则对社会需求冷淡。第二，有些人可能不为"五斗米折腰"，在生理、安全或社会需求不充分满足之下，还设法追求自我实现的机会，如捐助公益、从事艺术创作等。第三，有些人可能"打肿脸充胖子"而逆向操作，如购买昂贵产品以得到尊重（自尊需求），希望借此得到其他人的接纳（社会需求）。因此，在营销实务上，我们应该了解哪一群人在什么情境之下，对于不同需求的标准有何不同，或是会产生不为"五斗米折腰"、"打肿脸充胖子"等现象。

环游世界

中国游客疯全球

随着经济起飞，中国已是各国旅游产业不可忽视的游客"来源国"。2001年，出国旅游的中国民众不到700万人，到了2009年却超过4200万人，总支出达到约420亿美元，许多国家展开双臂欢迎中国游客带来的商机；这股热潮犹如20世纪80年代日本人在全球掀起的旅游热。根据多方的调查与观察，中国游客特别重视购物，尤其是名牌商品，至于住宿、文艺节目等，则不是重点。影响所及，不少欧洲的百货公司开始招聘懂得华语的员工、提供中文标示与服务等；甚至巴厘岛过去普遍销售印度教主神的画像与雕刻，如今却逐渐地被观音菩萨取代。

有些人预测中国游客疯狂购物的情况将会改变，就如多年前日本游客的改变一般。"总有一天，中国游客去巴黎是为了参观罗浮宫，进行一次文化之旅，或是为了参加课程，学习如何制作巧克力，而不是只顾进LV店里买包包。"有专家如此认为。

值得一提的是，我们在调查消费者动机时，应该意识到消费者在第一时间告诉我们的，通常是表露动机（manifest motives），也就是愿意承认的、表现出来的动机。消费者一开始有所隐藏的、不会马上反映出来的或更深层的动机，则是潜伏动机（latent motives）。例如，当我们询问"你为什么请假出游"，有些人一开始会答复"没什么，只想放自己几天假"、"因为跟着朋友去"、"因为想带家人出游"等，极有可能是表露动机。如果多问几个"为什么"，潜伏动机则会逐渐浮现，如"工作压力太大，期望放松心情"、"想借机建立人脉关系，为将来的事业版图铺路"、"希望陪陪家人，以免夫妻感情陷入危机"等。能够结合潜伏动机的营销活动，通常比较令人动容、有说服力，因此，深入了解消费者内心是营销人员的必要功课。

学者Philip Pearce依据马斯洛的需求观点也提出旅游生涯阶梯（travel career ladder）（见图3-4）。他认为每个人的旅游生涯阶梯包含从放松需求、建立关系、自尊与能力发展，直到最高的自我实现需求，就如同工作一样，随着能力或生命阶段的改变会不断往上升，但也可能因为金钱、健康或他人影响而在某一阶段上停留不动，或是循序而下。旅游动机会随时间改变，而选择的旅游地也有所不同。同时，每个人的旅游生涯阶梯也可能因为外在因素而降低阶梯，如美国"9·11"事件发生当年，造成正想去美国旅游的旅客担心恐怖事件再度发生，使得安全性的需求变成最优先的考虑因素。

自我实现
- 完成梦想
- 更了解自己
- 寻求内心的平静与祥和

自尊与能力发展

自我导向
- 发展技能
- 特殊需求
- 征服感

他人导向
- 获取威望
- 旅游的魅力
- 增进内涵与鉴赏力

建立关系

自我导向
- 为了爱与情感
- 维系现有关系

他人导向
- 接受爱与情感
- 与团体会员同行
- 建立新关系

放松

自我导向
- 为了身体健康
- 为了放松自己

他人导向
- 需要外在激励
- 新奇感

图 3-4　旅游生涯阶梯

其实，人们从产生旅游动机到实际的旅游行为是一种复杂的心理历程。有两股力量驱使人们出外旅游：一种是推力（push），即使人们想要远离一个地方的力量；另一种则是拉力（pull），即吸引人们到另一个地方的力量。例如，工作压得自己透不过气来时（推力），想到垦丁一望无际的海、柔软的沙滩能够让人完全忘忧（拉力），便决定暂时放下一切驱车前往；穿梭在乌烟瘴气的都市中（推力），想到南投杉林溪的新鲜空气与优美山景（拉力），便决定周末上山度假。这两种力量其实是考虑旅游所需的主客观条件，当主客观条件都具备才能满足需求时，就会产生强烈旅游动机而转变成实际行动。因此，营销人员不仅需要了解消费者的动机，也必须提供旅游地或行程的相对诱因，让消费者产生足够的驱动力，从而转变成实际行动。

3.3.2　知觉

看到麦当劳的招牌，有些人马上联想到"美味的汉堡"、"可口的薯条"，有些人的反应却是"肥胖"和"高热量"，当然，有些人没有任何联想。为什么会有反应上的差别呢？原因在于知觉的不同。知觉（perception）是指选择、组织与解释信息的过程。

我们每天通过视觉、听觉、嗅觉、触觉、味觉等，接触到各式各样的外在刺激（如产品信息），然而真正注意到的只占一小部分，这种现象称为选择性注意（selective attention）。信息之所以引起消费者注意，原因为符合消费者的需求、信息的内容或呈现方式与众不同或有趣，信息的刺激强度超过正常水准（如特别大声、版面超大）等。

注意到某个信息之后，我们会对它加以解释，可是却可能歪曲了该信息的原意，这就是选择性曲解（selective distortion）。例如，"希腊把全世界的蓝色都用光"原意是要表达希腊的特殊景致，有人却解读为"希腊是个忧郁的国家"，这就是选择性扭曲。另外，消费者在解释信息时，很容易根据他所接触到的某项产品特质，来判断产品的其他特质甚至是整体表现，这种现象称为月晕效果（halo effect）。例如，以饭店的装潢来判断饭店的服务品质；以餐厅的外观评估它的菜色与服务。消费者的使用经验不足、对该产品不够了解时，月晕效果特别容易发生。这种以偏概全的判断方式，也凸显了产品第一印象的重要性。

我们在注意、解读了信息之后，过一段时间，有些信息会被遗忘，有些则会保存一长段时间，这种现象称为选择性记忆（selective retention）。我们应该都有类似经验，仔细留意了一些商业信息之后，没过多久却对这些信息变得印象模糊，如旅游主管部门为了宣传台湾旅游而砸钱主办的F4影友会，吸引上千日韩粉丝到台湾参加，不过粉丝们看完了心中偶像，或许只记得F4的帅气，但对台湾好山好水并没有留下太多印象。另外，有些消费者对于某些小时候所注意到的广告内容或产品信息，至今还记得一清二楚。

产品信息长期累积下来之后，可能会形成刻板印象（stereotype），也就是将某项事物"贴标签"而形成难以改变的看法。刻板印象会影响消费者的唤起集合、方案评估、产品选择等。例如，有些男性消费者认为轻食是为女性特制的，而直接跳过菜单上轻食类的餐点。

另外，学者Urry提出旅客凝视观点（tourist gaze），将旅客的凝视视为一种在旅游地的视觉体验，例如，巴黎香榭丽舍大道的浪漫街景塑造了旅客对于巴黎的视觉体验；而旅客观看旅游地的焦点是与自身既定的期待有关。Urry提出了五种旅客凝视的形式（见表3-2）。

表3-2　旅客凝视的不同形式

浪漫主义者（romantic）	独自一人关心艺术与文学作品，专注于美丽崇高的事物之中
集体主义者（collective）	与众人一起感受事物与参与社会活动，如团体巴士旅游
旁观者（spectatorial）	感受短暂遭遇的社会活动，且在旅程中搜集与旅程相关的事物或象征，如沿路拍照及购买纪念品
环保主义者（environment）	对于环境具有高度关怀，常是一种集体活动，涉及环境研究与检测，如参加雨林保育日
人类学家（anthropological）	单独追寻与长期关注当地人事物，并涉入研究与诠释，如自助旅行者与当地居民共同生活

3.3.3　学习

学习（learning）是指通过亲身经验或信息吸收，而致使行为产生改变。消费者的学习有两大类：经验式学习与观念式学习。经验式学习（experiential learning）是通过实际的体验而带来的行为改变，如餐厅降价让顾客试吃新菜品，结果有人试吃后，觉得很合自己口味，这道菜变成了到店里非吃不可的一道菜。

观念式学习（conceptual learning）则是间接的学习方式，主要通过外来信息或观察他人行为等方式，如从亲友所提供的信息，学会如何在夜市讨价还价；在高级西餐厅观察其他顾客如何点餐、用餐，学习西餐礼仪等。其实，媒体广告也在提供观念式学习的机会，如快餐店的广告利用玩具讨好儿童，让儿童从小爱上汉堡、可乐等西方饮食；从口香糖的电视广告中学会吃大蒜后嚼口香糖可以去除口臭，避免破坏人际关系等。

从以上例子可以看出，许多营销活动都是在促使消费者学习，以便消费者在方案评估与选择时能出现有利于个别品牌的态度与行为。换句话说，营销人员提供"刺激"（stimulus），以便消费者有所"反应"（responses），而消费者就在刺激与反应的过程中学习。如果在学习过程中，消费者的行为得到正增强（positive reinforcement），也就是对于行为结果感到满意，学习将更为快速，效果将更为持久，也加强对产品的信念与态度（见图3-5）。例如，某人受到某名人演讲的影响（刺激）而开始喜欢自助旅游，每年出游一次（反应），几年后，觉得自己更勇于挑战自己，乐于与人接触，并觉得四周的人比以往更接纳他（增强）；因此，他更热衷自助旅游，甚至与平日生活结合，成立协会定期与自助旅游者分享信息或推广活动。

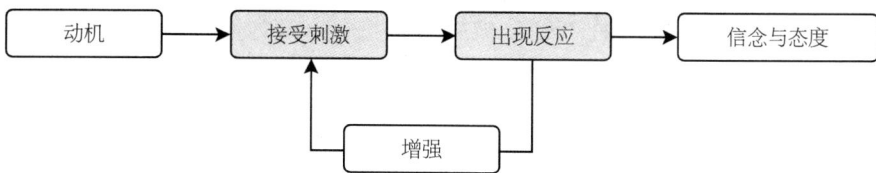

图3-5　学习过程

3.3.4　信念与态度

在经过学习之后，消费者会产生信念与态度。信念（belief）是指某人对某个事物的一套主观看法，且自认有相当高的正确性或真实性。有些人坚信"法国是世界上最浪漫的国家"、"莲子汤有滋养心肺、镇静安神的作用"，对他们而言，这两个看法就是信念。

由于消费者对企业或产品所发展出来的信念会形成企业形象或品牌形象，进而影响消费者态度、购买意愿与行为等，因此，企业应该对消费者信念的形成与结果特别关注。例如，若"西式快餐都是高脂高热量的食物，常吃有碍健康"的信念越来越普遍，西式快餐业者就应该认真思考应对之道。

态度（attitude）则是对特定事物的感受和评价，可分为正、反两面（喜欢的与不喜欢的），是一种持续性的反应，也是行为的倾向（intention）。态度引导人们对相似事物产生类似的行为，如对日本军国主义反感的旅客就不会去参拜靖国神社；而非常喜欢米老鼠的消费者，到美国加州旅游时几乎会不假思索地选择去迪士尼乐园。因此，态度使得人们无须对每一件事物都重新解释与反映，省下许多额外的思考与行动。

态度会影响消费者对于产品信息的选择与解释。对于某个产品持有良好态度时，消费者会在有意无意中过滤掉对该产品不利的信息，或是正面解读信息。相反地，若对某个产品的态度不好，消费者会过滤掉正面的信息，甚至落井下石，夸大该产品不利的一面。态度越强烈，以上的现象就越明显。

一个人的态度会维持一段时间，可是这不代表态度绝对不会或不能改变。例如，因为韩国连续剧，许多人对韩国的态度，从原来的中立甚至是负面的态度，慢慢地变成正面，并开始有"哈韩族"。然而，可以想象得到，想改变一个人的态度相当困难，而且必须耗费时日与代价。例如，西班牙的北部城市毕尔包（Bilbao），原本是一个又脏又臭的衰败工业城，过去西班牙人一想到毕尔包，脑中就会浮现肮脏的蓝带河、烟囱、大型吊车与气体储槽林立的景象。当时市长一心认定文化能够改变城市形象，费尽千辛万苦争取到古根汉博物馆进驻当地，经历约十年的大幅改造终于跻身国际知名的文化之都，每年吸引100多万游客。

3.3.5 人格

人格（personality）俗称个性，经常被用来说明一个人为何会出现有别于他人的想法与行为。消费者因为不同的人格特质而展现不同的旅游决策行为。例如，有学者认为旅客具有两种极端类型：一种是冒险型，喜欢探险、寻求刺激、能承担风险、独自前往充满异国风情的旅游地，如深入中东，跨越撒哈拉沙漠；另一种是保守型，较内向，选择安全且熟悉的旅游地，如到邻近国家旅游，或选择在国内旅游。但大部分人介于两者中间，属于中庸型，喜欢去知名旅游地，选择前往由冒险型旅客发掘后受到欢迎的旅游地。

环游世界

巴厘岛以villa收买世界的心

有"众神之岛"美誉的巴厘岛让每年数百万游客醉心迷恋，甚至很多人是年年必来，其魔力是什么？对忙碌的现代人而言，如果说"放松"是奢侈的，那躺在虫鸣鸟叫、潺潺水声包围的自然山林间，闻着清新精油香气、享受柔滑有力的双手消除全身酸痛的SPA，就是天方夜谭了。然而，这个天方夜谭却在巴厘岛的villa里实现了。

villa原本是富豪贵族的度假别墅，因为富豪在平日提供出租，才得以让平凡人也一享梦幻般的奢侈享受。面积相当两个台北市的巴厘岛有着不计其数、风格迥异的villa，不论是花园、山林、梯田、泳池，还是海景风格的villa，都是结合建筑、美学、美食、服务的极品。在山谷villa里，你会惊叹自己正被各种深浅浓淡的"绿"所包围，那是属于生命力蓬勃的绿。在海景villa里，不论是躺在面海发呆亭里的公主床上，听着海声享受SPA，还是在海滩上享受烛光海鲜大餐，都会让你觉得全天下的浪漫都降临在身上。也难怪有很多人一进villa之后便舍不得出来，尽情在其中吸纳自然的美好，或带着惊喜悠游在建筑、装潢设计和各种享受的服务里。

巴厘岛的villa彻底颠覆旅游和旅馆的定义，在这里，旅行不是旅游而是生活，过一种在自己世界里不易实现的理想生活，体验大自然温和的拥抱，然后恢复生命里原有的感动、喜悦和精力。旅馆不是过程而是目的，不是外出的栖身之地，而是一个让人舒缓身心干渴、满足一切渴望与想象的家。

另外，旅客也会因个性或偏好在旅程中扮演如下不同的角色：

（1）阳光爱好者（sun lover）：在大太阳的沙滩上做日光浴。

（2）考古学者（archaeologist）：喜欢研究古老文化与历史。

（3）高级旅客（high-class tourist）：坐头等舱，住高级饭店，到高级餐厅享受美食与表演。

（4）散客型的大众旅客（independent mass tourist）：到一般的旅游景点，自己安排旅程，随性旅游。

（5）流浪者（drifter）：过着嬉皮式生活。

（6）逃离世俗者（escapist）：不喜欢世俗打扰而享受缓慢宁静生活。

（7）运动型旅客（sport tourist）：喜爱从事运动休闲活动。

（8）学习型旅客（educational tourist）：参加规划好的研习营或教育性活动。

（9）探勘者（explorer）：喜欢冒险，探勘未知地点，乐于接受挑战。

（10）团客型的大众旅客（organized mass tourist）：喜欢安排好的套装行程，爱拍照及买纪念品。

（11）人类学者（anthropologist）：喜欢认识当地居民，品尝当地食物，学习当地语言。

（12）恣意狂欢者（action seeker）：喜欢狂欢，到夜店认识异性，追求浪漫。

（13）追求刺激者（thrill seeker）：喜欢有危险但令人兴奋的活动，如高空弹跳等。

（14）名流时尚者（jetsetter）：喜欢到世界知名旅游胜地度假，并试图到通过有身份限制的俱乐部或夜店结识名流。

（15）心灵探索者（seeker）：追求心灵与对自我的认识，期许对生命的意义与自己有更深的了解。

3.4 影响购买决策的社会文化因素

3.4.1 文化与次文化

文化（culture）是指一个区域或社群所共同享有的价值观念、道德规范、文字语言、风俗习惯、生活方式等。文化会代代相传，并无孔不入地影响我们的知觉、情绪、思考与行为。它当然也会影响消费者购买决策的每一个环节。从日常的吃喝玩乐，到偶尔为之的送礼、请客，再到讲求仪式排场的婚礼、葬礼等，文化都在提供某种准则让消费者的决策与选择有所依循。

值得注意的是，虽然文化造就了一个区域或社群的共同特色，但它却是动态的，会随着经济、教育、科技、媒体信息等因素而改变。例如，虽然我们的三餐以米饭为主食，却渐渐接受西式餐点；过去在家吃年夜饭是传统，然而近年来却流行到五星级饭店吃年夜饭；中秋节过去只吃月饼，但因为金兰烤肉酱的广告影响，现在家家户户都飘着烤肉香。

在一个为大多数人所接受、认同、参与的文化之下，会出现许多次文化（subculture），也就是属于特定群体的特殊文化，而该特定群体的形成因素有年龄、性别、职业、兴趣、宗教、种族、地理等，如青少年、外籍新娘、出租车司机、越野吉普车运动爱好者、妈祖信徒等，都有其次文化。次文化所拥有的特殊价值观念、文字语言或行为模式等，会影响群体成员的购买行为。例如，许多中国台湾的青少年具有"我喜欢，我就要"与"该花的，就不要不花"的购买心态，但这种心态在中年人及老年人的群体中，则不太明显。

由于文化对购买与消费行为的影响非常全面且深刻，营销人员应该具备强烈的文化感受能力，了解目标市场，乃至于整体社会的文化现象与演变，并及早适应。一般而言，配合目标市场内的文化特色与趋势，营销活动（包含产品设计、包装、品牌、定价、广告等）的成功概率较大。

尤其在跨国营销上，文化更显得重要。例如，巴黎迪士尼从1992年开幕到2006年这15年中，入园人次已达到17500万，但其中仅有4.3%是当地的法国人。最重要的是文化差异，法国人崇尚大自然以及寓教于乐的休闲概念，迪士尼的想象世界被法国人认为幼稚、愚蠢和无聊，同时，法国人进餐时享受美酒是件天经地义的事，然而欧洲迪士尼却只提供快餐，还在园区禁酒。

3.4.2　家庭

我们在一个家庭呱呱坠地，成为社会中的新生成员，并开始接受父母亲与长辈的教导，或观察他们的一举一动，因而开启了我们的社会化过程（socialization process），即学习与接受社会规范与价值观念的过程。作为社会化过程的第一个机构，家庭是消费者形成许多购买与消费习惯的场所。例如，许多人小时候在家中不断听长辈提到"坐月子不得洗冷水澡，要吃麻油鸡"、"喉咙痛应该喝沙士加盐巴"等，长大之后就很自然地接受这些消费观念。因此，营销人员应该了解相关产品的接受、购买与使用，是否与消费者在家庭中的社会化过程有关。

夫妻的购买角色是家庭群体决策中的重要现象。传统上，妻子对于食品、清洁用品、厨房用品等有较大决策权；而丈夫具有决策权的包括汽车、电器、保险等；夫妻共同决定的有房屋、家具、户外旅游等。然而，随着职业妇女的增加以及男女平等观念的普及，夫妻在购买与决策的角色上渐渐难以划分清楚。例如，越来越多的丈夫到超级市场购买食品杂货；而妻子对于汽车的购买也越来越有影响力。

消费者在不同的家庭生命周期（family life cycle）也有不同的需求，因此会购买不同的产品。家庭生命周期是指人的一生中，由于婚姻与孩子状态的不同，所经历的不同家庭形态，主要可划分为单身（还没筹组家庭）、新婚（没有小孩）、满巢（有未成年小孩）、空巢（小孩已经独立、离家）、鳏寡（配偶过世）阶段。在单身阶段，购买的产品大多以自身使用为主，如个人计算机、音响等。结婚之后，需要的产品呈现多样化，开始购买房屋、汽车、电器以及子女的衣物用品等。在鳏寡阶段，对于医疗健康保健的产品需求较大。

当然，以上是比较传统的家庭生命周期分类，由于社会多元发展及婚姻观念改变，我们也可以将同居、离婚、未婚有小孩等纳入现代的家庭形态。目前有些社会福利机构与社区大学等针对单亲家庭提供心理咨询、教育课程、托儿等，就是顺应这些现代家庭形态所衍生的服务。

3.4.3　参考团体

参考团体（reference group）是指对一个人的价值观念、态度与行为有间接或直接影响的群体。同学、同事、邻居、教友，甚至影视明星、职业运动员等，都可能是参考团体。来自参考团体的信息或态度，经常会影响消费者对产品的购买动机、评估与选择，如看到同学都在兴高采烈地讨论某家鸡肉饭的美味，而引发想去吃吃看的动机；旅游主管部门邀请歌星张惠妹担任花莲旅游代言人，吸引许多张惠妹的歌迷到花莲旅游。

参考团体可分为两大类：成员团体与非成员团体（见图3-6）。成员团体（membership group）是指团体中的每一分子都有相同的身份（如家族成员、校友会会员），而且由于团体成员有面对面接触的机会，团体对个人的影响比较直接。成员团体又分为主要团体（primary group）与次要团体（secondary group）。两者的差别在于往来的密切程度，前者包含家人、同学、同事等，后者的例子有歌友会会员、扶轮社社员等。

非成员团体（non-membership group）是指被影响的对象与该团体并没有同样的身份，而且两者间少有，甚至完全没有面对面接触的机会，团体对个人的影响是间接的方式。非成员团体又分为仰慕团体与排斥团体。仰慕团体（aspirational group）是令人崇拜的、让人渴望与之为伍的，如有名的职业棒球运动员是棒球运动爱好者的仰慕团体；成功的企业家是有些年轻人的崇拜对象。相反地，有些人会对某些团体嗤之以鼻，进而排斥与这个团体有关联的或是它所推荐的产品，这种团体称为排斥团体（dissociative group）。例如，部分消费者可能排斥电视台综艺节目中某些艺人，因此对这些艺人在媒体上推荐的产品就比较冷淡。

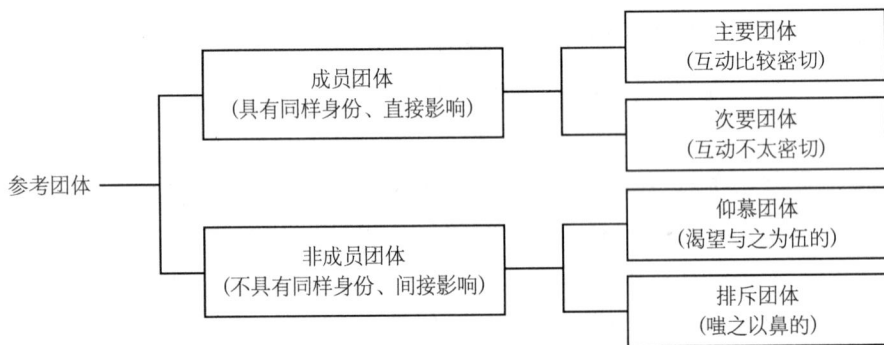

图 3-6　参考团体的分类

有些人对于某类产品有深入的认识，并对别人在这类产品的购买上具有影响力，这种称为意见领袖（opinion leader）的角色也是参考团体的一种。例如，专业领队或导游的意见经常是旅客信息的重要来源，新开业的饭店总在试卖期间招待专业领队或导游参观或试住，就在于借用他们的影响力，推荐给他们的顾客。

值得一提的是，随着信息科技的发展，虚拟社群（virtual community）也逐渐成为重要的参考团体。无论是通过BBS、推特（twitter）、脸书（Facebook）或是聊天软件（如MSN Mesenger、实时通），互联网上充满了各式因职业、兴趣、心理需要等而形成的社群。许多网友在社群中询问消费信息、提供消费经验、听取其他网友的建议等，对购买决策行为有相当大的影响。

参考团体对个别消费者的影响途径有下列三种：

（1）提供信息：如"这家旅行社的条件最优惠，服务最殷勤"、"这间饭店房价很贵，但服务人员态度很差"。这种影响的途径主要来自于对参考团体的信赖，不少成员团体与意见领袖就具有这类影响力。

（2）提出行为规范或形成社会压力：如"上次我去美国旅游时，表姐热心招待，这次她从美国回来，不带她出去走走，很说不过去"、"你如果再去那么危险的地方玩，就等着瞧"。通常这类影响力来自掌握赏罚权力的参考团体，如父母亲对子女、主管对下属等。

（3）提供比较的基础：如看到名人在电视上侃侃而谈他们到非洲肯尼亚目睹壮观的野生动物大迁徙，因而产生非去肯尼亚一游不可的感觉；感觉进出某间汽车旅馆的人背景复杂，而避免光顾。仰慕与排斥团体就具备这类影响力。

餐旅 A 咖

异中求艺，开创麻辣神话的陈世明

现场排队至少要等一个半小时，用餐时间严格限制 90 分钟，搭配着服务人员次次到位的 90 度鞠躬礼，若再加上麻辣锅这道料理，各位便可以轻易地呼喊出在麻辣锅业界南北知晓的品牌——"鼎王"麻辣锅。

鼎王的创办人陈世明，原本只是个在台中忠孝夜市摆设鼎王麻辣锅的小摊贩，摊位内有几位伙计，带着淡淡中药香气的独门麻辣汤头虽也培养了不少熟客，但陈世明却对这样的经营模式能够维持多久而感到忧心。1997 年，无意中看到"10 个人中有 3 个人吃辣"的统计报告，让这个夜市小贩决定转战台中精诚路商圈，花费了 800 万元新台币，以华丽感搭配古色古香的装潢开设了第一间鼎王麻辣锅餐厅。

不因走向店面而抬高价位，承袭过去夜市经营的平价、实在，每人约 100 元新台币即可享用无限供应的锅底，陈世明更坚持自己研发食材，不断给客人创新美味，三十几种中药材加上蔬菜、茶叶炖煮的汤头香气入鼻、辣香入口、温顺入喉；锅底鸭血果冻般的口感，软嫩中又包裹着飘香的卤汁；这便是陈世明坚持要带给每位顾客五星级的美食享受。

"同中求异，异中求艺"是陈世明对鼎王的定位，过去中国台湾的火锅店热闹滚滚、人声喧嚣，装潢功夫较不讲究；鼎王店内精心设计的中国风配衬着服务人员的服装，连食用的锅子也是特别请大甲铁砧山"黄天来师傅"亲自制作的。陈世明更严格要求人员的微笑、姿态、语调，希望客人能在尚未吃到料理前，便能从店内的周遭环境及人员服务中体验到即将登场的美食飨宴。

鼎王在台中这个南北美食串流的城市发迹，南来北往下口味接受度虽大却也竞争激烈，要能突破"战局"，独树一格相当不易。2008年10月，鼎王进入了台北"战区"，开设了台北光复店，每月服务超过3万人次，经常能在夜晚非用餐时间见到店内还座无虚席，而店外依旧排满了等候位子的客人；店内客人吃得满足，店外等候的人群却也未显露任何不耐烦。这是陈世明带领着鼎王从摊贩走向高级麻辣火锅店的成果，也是将麻辣锅这道料理作为艺术品用心经营最实在的收获。

3.4.4　社会阶层

社会阶层（social class）是一种反映社会地位的分群结构，而同一个阶层的人有类似的价值观念、兴趣、生活方式等。古时候的士、农、工、商就是一种社会阶层的划分方式，然而，现代社会科学则综合多个变量（如所得、职业、教育、财富）来划分一个人的社会阶层。我们可以将任何社会划分为上层、中上、中下、下层等。上层阶级包含企业集团的老板或大股东、掌握庞大有形资产或社会权势者；中上阶层属于企业高级主管、专业人士、中型企业老板，其教育水准与平均所得高于全社会的平均值；中下阶层则属于中高层蓝领阶层、低层白领阶层等，其教育水准与平均所得低于全社会的平均值；下层阶层的所得、教育水准等则处于社会的末段。

不同的阶层有不同的产品与品牌偏好，而且通常会选择符合该阶层地位的产品。例如，上层阶层偏好有隐秘空间的高级餐厅；中下阶层则选择低价又好吃的大众化餐厅。因此，营销人员应该注意目标市场是否带有某种强烈的社会阶层特色，避免在市场上产生混淆不清的印象。例如，一家六星级的餐厅平时进出的都是西装笔挺、光鲜亮丽的人士，但为了增加客源，餐厅以折价券方式招来一些年轻的、穿着牛仔裤甚至是凉鞋的学生，如此将冒着流失原有上层顾客的危险。

营销人员也应注意下列两个现象：

（1）社会阶层的流动性："富不过三代"，因此有些人可以从上层掉落，但有些人可以凭借个人的能力与努力，从下层变成上层阶层。同时，社会资源的分配是动态的，也会造成社会阶层的变动。

（2）向上攀升的心理：较高阶层是一个庞大的仰慕团体，有些消费者会因为向往较高的社会阶层，而购买名牌服饰、贵重手表、豪华汽车等，以便达到向仰慕团体靠拢，甚至是在心理上提高本身的社会地位的心愿。

3.4.5　社会角色

任何同学回到家就成了父母的儿女，在情人面前是男朋友或女朋友，晚上家教时却是老师，周末在百货公司购物则是顾客。由此可见，我们每一个人在每一天都扮演了不同的社会角色。社会角色（social role）是指在特定的社会情境中，受到他人认可或期望的行为模式。社会角色带有规范的作用，也就是指导人们有哪些行为是应该或可以做的，有哪些是不应该或不可以做的，如儿女应该孝顺父母、姐姐应该多礼让妹妹、学生应该尊敬老师并用功念书等。不过，由于每个人所处的社会群体不同，加上社会的准则是个人主观判断的产物，因此，一个人在某个社会角色上的行为准则可能和其他人不同，如有些男性觉得"身为丈夫，在客人面前对妻子吆喝，太丢脸了"，但有的男性却认为"丈夫有无上权威，就算在客人面前对妻子吆喝，有什么不可以"。

社会角色往往影响消费者的决策。有些男性对妻子的购物要求百般挑剔，却对女儿的要求千依百顺（前者是丈夫的角色，后者则是父亲的角色）；有些男生在情人节送99朵玫瑰给女朋友，却不愿在母亲节送康乃馨给母亲（前者是男朋友的角色，后者是儿子的角色）；教授在学校倾向穿着素色的衬衫，至于比较花花绿绿的衣服，则在假日休闲或海外旅游，"教授"的角色淡化时才亮相。因此，不少推广实务是以社会角色为切入点。例如，灌输"情人节一定要送花，到饭店吃顿烛光晚餐，才代表珍惜对她的爱情"等观念，强化情人的角色；饭店鼓励大家年夜饭外带或到饭店用餐，以减轻妈妈下厨的忙碌与辛苦，强化儿子的角色。这些广告都促使消费者在评估产品时，特别考虑到某个社会角色的重要性与需要。

课后习题

基础习题

1. 请说明马斯洛的需要层级理论，并以它说明迪拜帆船饭店为何吸引许多人想到迪拜一游。

2. 请说明消费者的购买决策过程会有哪些阶段，并试以旅客选择度假饭店为例说明之。

3. 请说明"参考团体"对消费者有哪些影响，并试举例说明。

4. 哪些个人心理因素会影响旅游决策行为？

5. 消费者决策有哪三种决策模式？当你购买一件高涉入产品时，决策模式通常会是如何？

应用习题

1. 请依决策行为模式，试着从你周边的五位亲朋好友了解他们如何购买套装旅游产品，并请比较有哪些因素最可能影响他们的决策行为。

2. 你认为自助旅行者有何特性？请归类出他们的特殊价值与生活形态，并说明其价值与生活形态如何影响其旅游行为。

04 顾客知觉价值、顾客关系与忠诚度

　　为什么有人吃过某家餐馆之后还一去再去，难道只是因为东西好吃而已？为什么有人可以去巴厘岛八次还乐此不疲？为什么日本是中国台湾旅客最常去的国家？营销学者李维特（Theodore Levitt）曾说："生意做成只不过像是完成求爱阶段，但是婚姻才刚要开始呢。至于这段婚姻是否幸福美满，就看卖方如何维系这段关系了。"这段话巧妙地比喻出企业和顾客的关系，更指出关系可长可久的关键。本章将由"遇见创意"专栏的皇家国际运通出发，从顾客知觉价值、服务品质、满意度探讨起，进一步讨论如何经营顾客关系和维持顾客忠诚度。

　　本章主要内容如下：

　　1. 顾客知觉价值：从营销本质探讨顾客知觉价值的重要性，并说明顾客知觉价值的内涵与构成因素。

　　2. 服务品质：讨论 PZB 服务品质模式的概念、实务价值与盲点，并说明服务品质的构面。

　　3. 顾客满意度：说明顾客满意度的意义、形成与追踪。

　　4. 顾客关系与顾客忠诚度的意义：讨论顾客关系与顾客忠诚度的内涵与重要性等，并提出顾客关系管理的简易架构。

　　5. 强化顾客关系联结：说明四种强化顾客关系的做法。

　　6. 防止顾客变心：说明顾客转换业者的原因与防止之道。

　　7. 服务补救方式：说明落实服务补救的方法。

遇见创意

皇家导游文艺风光

有人说化妆品卖的是"希望"、房屋卖的是"温暖"、衣服卖的是"品位",那旅行社卖的是什么呢?是"饭店和机票"还是"美食美景"?其实饭店、机票、美食、美景只是"体验和回忆"的基本而非全部。好不容易节衣缩食省出来的旅游经费、长期工作挤出来的难得假期,自然对出国旅游、散心放松有着满满想象,当旅客越是对当地语言和风土人文有隔阂、没把握时,对旅行社便越有"毕其功于一游"的期待。

当各家旅行社都推出吃好、住好、玩好的保证和低价策略时,市场上却有一个经营 30 多年、不随竞争者低价起舞依旧维持"高品质高价格"的老品牌"皇家国际运通"。它成立于 1973 年,当出外旅游还是高档享受、尼泊尔似乎仅是地理课本上的神秘国度时,皇家便针对郎静山等摄影名家精心筹办尼泊尔的摄影之旅,初试啼音便惊艳旅游界。接着不只摄影界,佛光山的印度朝圣团、登山界的喜马拉雅山勘察队、文人雅士作家的寻幽探古之旅到李祖原的建筑考察团等,皇家获得专业人士的青睐和信任,也建立起专业旅游的口碑。

1991 年,皇家再次创新推出"欧洲单国深度之旅",有别其他旅行社推出一次游遍欧洲的方案,不以"多"为诉求,为旅客提供的是旅游的悠闲享受和对艺术、人文、美食的细腻品味。皇家的总经理温业涛认为,旅游当中最可贵的是亲身体验跨越时空的建筑、艺术之美,沉浸在历史精粹之后的人文涵养里,在人类伟大的艺术创作之前,旅客们好像被历史厚实的手和艺术温和的歌声轻轻地洗涤身心的疲惫。

旅游包括行程设计、住宿、领队、交通、餐饮,而行程包含全程的食、住、行与流畅度,无疑是旅游最重要的元素,因此温总认为唯有熟悉当地历史地理、艺术人文,并配合对当地资源的了解和应用才能规划出精致、符合旅客需求的旅程。除了住得有特色、吃得有代表等这些有形的服务,皇家更重视幽雅的人文气氛和生动专业的讲解,因此皇家的导游和领队个个熟读世界文明史、艺术史,甚至美食史,旅客想聊建筑便聊建筑、想聊歌剧便聊歌剧、想聊欧洲文艺复兴便不会跟你含糊闲扯,到罗马竞技场的同时也了解到罗马帝国辉煌的历史,甚至连吃美食都能让旅客吃出当地地理气候人文的精粹。

皇家以"文化"提升旅客的知觉价值,让旅游不再只是到其他地区吃吃、喝喝、拍拍照。皇家向旅客展现了知性可以让旅游更丰富、更难忘之后,旅客通常都想再和皇家一起继续旅游。

引　言

为什么纽约的意大利餐厅巴柏（Babbo）深受饕客喜欢？他的主厨兼合伙人马利欧·巴塔利（Mario Batali）对料理有什么坚持让他得以带领公司获得米其林三星荣誉？《炼狱厨房食习日记》的作者比尔·布福特因工作关系而贴身访问马利欧后，随即放下23 年的编辑工作，到巴柏餐厅实习，随后便将此一年多的实习经验，以及数年海外拜师学艺的历程汇集成书，也让世人更加了解厨房工作的水深火热，以及大厨之所以能成为大厨的原因。

这本书忠实报道了名餐厅厨房令人眼花缭乱的幕后，风格妙趣横生。译者韩良忆说道：

记载厨艺心得和烹饪诀窍的实用书籍是深入浅出探讨意大利美食（特别是面食）源流的著作，是翔实记录《纽约时报》三星厨房真相的纪实书，更是本有关梦想与追梦之书，而后者似乎是本书最让读者动容之处。

美食作家蔡珠儿也有一段生动的描述：

这是一本厨艺秘籍，也是别开生面的食物史，布福特不但潜入重地，打探可贵的厨房机密，而且旁征博引，杂览群书，爬梳典籍，考查意大利菜的沿革变异，读来丰富有料，但又轻快流畅，妙趣横生。他有一支好笔，写食物和人物尤其鲜活饱满，跃然纸上。

布福特胼手胝足，在餐馆苦干了一年半，经历各部门的锻炼后，逐渐掌握技艺窍门，终于像模像样，能在"火线"上场应战。他学会煨牛肉，做面食，熬玉米粥，煮蛤蜊面，以手指来判断烤肉生熟，用听觉、嗅觉来掌握火候，磨炼出灵敏的"厨房觉察力"。

在顾客看不到的地方，每天耐着高温、高压的工作环境，一天工作十小时以上的厨师，却是营造顾客价值与美食体验的重要人物。一位厨师对料理的热情和感性，影响顾客的味蕾认知，好的厨师让人了解"什么是真正的美味"，也才能建立起顾客的高忠诚度。这本书让我们看到形成顾客知觉价值、顾客关系、顾客忠诚度的背后故事。

4.1　顾客知觉价值

4.1.1　顾客知觉价值的基本观念

浏览任何一家稍有规模的企业的网站，在企业愿景、使命或经营理念之下，总有一段文字直接或间接地表达"我们为顾客或大众提供什么价值"。例如，麦当劳宣示要当"世界上最佳的快速餐饮服务餐厅"、迪士尼乐园自诩成为"地球上最快乐的地方"、四季饭店致力于"让旅游经验更臻完美"等。由于营销是最贴近市场的企业功能，因此由营销挑起这些主张的担子，也就理所当然。所以，旅游业者的营销管理与策略若能聚焦在为顾客创造价值，便能在满足顾客的同时提升企业永续经营的机会。必须强调的是，企业虽创造、沟通与传递价值，但它不是企业说了就算，而是必须由顾客来理解、诠释与感受，才能让顾客认同与满意。因此，学术界普遍采用顾客知觉价值（customer perceived value，CPV）来诠释这个观念的内涵。

从图4-1可清楚地了解顾客知觉价值来自两大组成元素：顾客在取得与使用产品的过程中所享有的品质/利益，以及在取得与使用产品的过程中，所承担的成本/代价。他们一方面受服务业七大营销功能（简称7P）影响，另一方面也影响着顾客满意度。

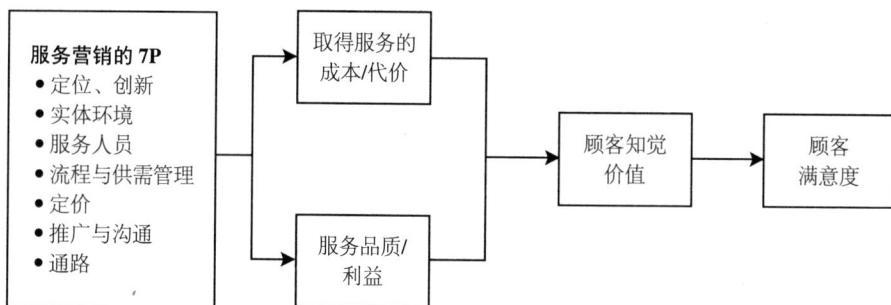

图4-1 服务品质、顾客知觉价值与顾客满意度的关系

到底何谓顾客知觉价值？学者Zeithaml观察市井用语后发现，社会大众用四种不同的观点来解读价值。第一种观点认为"价值就是低价"（value is low price），要求省钱，产品只要发挥最基本的功能即可。第二种观点是"价值是从产品中得到的收获"（whatever I want in a product），显然重视产品带来的利益胜过价格。第三种观点是"价值代表以价格换来的品质"（quality I get for the price I pay），颇有一分钱一分货的味道。第四种观点是，"价值是付出代价换来的收获"（what I get for what I give），这是评估整体的付出与收获后而形成的观点。

以上四种观点都涉及两大元素：付出与收获。因此，我们可以将顾客知觉价值定义为"顾客在综合考虑了取得产品的成本/代价与所得到的品质/利益之后，所做出的效益评估"。

根据以上定义，提供顾客知觉价值有两大途径：降低成本/代价和提高品质/利益。事实上，成本/代价与品质/利益并不开始于也不结束于购买的那一刻。如图4-2所示，从产生购买的念头开始（即购买之前），到购买当中，乃至于购买之后，它们都可能存在，而且在每个阶段的内涵有所不同。另外，它们形成整体的成本/代价以及整体的品质/利益，将左右顾客知觉价值。

所谓的"整体的成本/代价及整体的品质/利益共同左右顾客知觉价值"，可以用简单的数学概念来说明。顾客的价值评估有差异法与比率法，例如，某位消费者如果觉得他付出了 10 分，却只获得 5 分的利益，使用差异法（利益－成本）可得到负 5 分的差异，而使用比率法（利益÷成本）则得到 0.5，都会让这名顾客做出较低的价值判断。差异法要得到正值，比率法要得到 1 以上，顾客才会有"物超所值"的感觉。

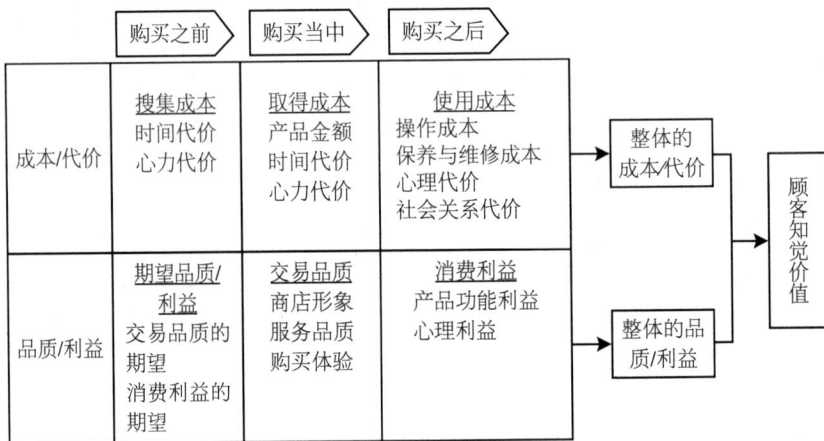

图 4-2　顾客知觉价值的构成因素

在继续讨论顾客知觉价值的构成因素之前，或许有些读者会疑惑：为什么图 4-1 与图 4-2 中的影响因素不同？不会抵触吗？其实，这两者没有抵触，反而相辅相成。图 4-1 是从管理人员的角度思考："我们掌握什么工具，可以影响消费者的成本/代价与品质/利益？"因此发展出服务营销的七项功能。图 4-2 则是探讨在消费者的购买过程中，哪些因素会影响成本/代价与品质/利益，因此，两个图只是角度不同，了解这两个角度都具有实务上的价值。

4.1.2　顾客知觉价值的构成因素：成本/代价

消费者在购买过程的三个阶段中，会分别付出搜集、取得与使用成本，这三类成本/代价会综合起来形成消费者的整体成本/代价。相关观念说明如下：

4.1.2.1　购买之前的成本/代价：搜集成本

消费者在察觉购买的需要后，会展开信息搜集（information search）。消费者通常会先进行内部搜集（internal search），即从记忆中寻求信息；当内部信息不足时，则会依赖外部搜集（external search），即从商业、公共与人脉通道等搜集信息。这些搜集活动都会衍生搜集成本（search cost），主要是时间与心力上的牺牲。

营销人员若能降低消费者的搜集成本，便能提升顾客知觉价值。由于深刻记忆来自深刻的感动，因此降低内部搜集成本的方法之一是把握每一次与消费者接触的机会，创造难忘的经验，难忘的经验通常令人津津乐道，造成口碑快速广泛流传，因此也有助于降低缺乏直接经验者的外部搜集成本。例如，有些人到泰国旅游时入住已有130多年历史的东方文华饭店，对于饭店的舒适设备和服务人员的亲切应对极为满意，从此对其印象深刻，下次当又要到泰国旅游时也会想再次光顾；或是对周遭亲友宣传，减少他们面对五花八门的饭店信息时的搜集成本。

另外，让消费者方便使用信息通道，是降低外部搜集成本的有效方法。例如，不少国际级饭店在官方网站上提供多国语言版本，方便各语系旅客快速了解饭店的服务。另外，有些餐厅在门口标示提供上网服务，也是帮有上网需求的顾客降低搜寻成本。

4.1.2.2 购买当中的成本/代价：取得成本

取得成本（acquisition cost）是指为了获得产品所必须付出的代价，其中产品金额是最主要的取得成本，其他的则有时间与心力牺牲。依据理性行为观点，降低产品售价可以提高知觉值并刺激销售量，但值得注意的是，对于经济学上所谓的炫耀财（conspicuous goods），或是那些消费者倾向于用价格来推断品质的产品，售价过低却有反效果。企业如果能显著减少消费者取得产品的时间与心力牺牲，不但较易获得青睐、维持较高的售价量，并还可因此避免陷入恶性价格竞争。麦当劳设置"得来速"服务与提供外送，大幅减少消费者停车、上门的购买时间与心力，吸引不少为求方便的开车族。网络旅行社的电子购票订房系统，也和降低顾客的取得成本有关（如无须出外浪费时间）。

4.1.2.3 购买之后的成本/代价：使用成本

对餐饮旅游产业而言，购买后的使用成本，包含使用产品后的后续影响，如因为餐厅食物不干净造成的肠胃不适、因旅游而受伤的休养期等，以及从中衍生的心理代价（因使用产品而导致如烦躁、焦虑等心理状态），如一想到上次旅行团里的恶质导游就心生不满。

顾客在购买产品之后，也有可能付出社会关系代价。例如，到高价餐厅用餐可能被朋友讥为奢靡浪费；到日本打胎盘素的医疗旅游，可能被人投以异样眼光。这些案例都牵连当事人的人际交往或团体关系，而不利于顾客知觉价值。由此可见，企业可以设法通过减少社会关系代价来提高顾客知觉价值。

4.1.3 顾客知觉价值的构成因素：品质/利益

相对于成本/代价，消费者在购买过程的三个阶段中，会分别享有不同形式的品质/利益，而这三类品质/利益会综合起来形成消费者的整体品质/利益。相关观念说明如下：

4.1.3.1　购买之前的品质/利益：期望品质/利益

在购买之前，实际的品质和利益还没发生，但是消费者对于接下来两个阶段的交易品质与消费利益会产生期望。在这个阶段，企业最应留意的是传达切合实际的、能够做到的承诺，免得消费者期望越高失望越大，或是因不当期望造成误会，而减损了顾客知觉价值。企业应小心处理消费者期望的另一个主因是期望与服务品质及消费者满意度等观念息息相关，有关这一点将在 4.2 节、4.3 节说明。

4.1.3.2　购买当中的品质/利益：交易品质

对于许多消费者来说，购买是一种为产品加值的过程；有时候，购买本身的重要性甚至超越产品，如有些人重视餐厅的气氛甚于餐饮、店员的笑容甚于餐点等。因此，包含了商店形象、服务品质、购买体验等因素的交易品质（transaction quality），是决定顾客知觉价值的关键因素。

商店形象（store image）是指消费者心目中综合某家商店的功能属性（如商品组合的多寡和新颖程度、价格高低、陈列方式）及心理属性（如归属感、亲和力、趣味性）而形成的看法。商店形象越正面，越能让消费者感受到购买的重要性，也越能提升消费者对产品与购物过程的评价。日本 Mister Donut 的顾问来台指导店面管理时，连甜甜圈该如何摆放以呈现美感都非常重视，这也是为了塑造商店形象以便提升顾客知觉价值。即使是旅行社、航空公司或游乐园所设置的网站，风格、操作接口的亲近性、浏览速度等也会影响交易品质。

服务品质（service quality）包含了实体环境（physical environment）、服务人员（service personnel）与服务过程（service process），即专属于服务营销的 3P 元素。它所涵盖的观念与意义相当丰富，是 20 多年来最受营销学术界与业界重视的议题之一，后文将详细讨论。

另外，消费者在购买时也等于在经历一场体验。购买体验（buying experience）是指沉浸在购买情境中的消费者因感官、情绪与认知被刺激而在意识中引发的美好感觉。以 SPA 按摩为例，指尖带来的身心舒缓已不再是唯一的享受，萌动情愫的彩烛、令人徜徉风中的笛曲、引人入禅的几米轻纱、壮阔心胸的海天一色等，都可以用来撩动顾客的感官、情绪与思路，让人不仅肌肉放松，更体验了一场心灵飨宴。其实，餐厅用餐、商场购物、旅馆住宿、乐园游玩、景点旅游等，都可以设计得令人回味无穷。顾客体验在近几年受到学术界与实务界的高度重视，本书第 5 章将深入讨论。

环游世界

医疗旅游，亚洲三强价值各有不同

　　医疗旅游是结合"医疗"和"旅游"的活动，由于发达国家医疗费用昂贵、医疗供给效率不足，国民向境外寻求医疗服务的需求增加；而发展中国家的富裕者不满国内的医疗水平和相对高价的收费，也寻求境外医疗服务。这都使得医疗旅游成为全球成长最快的产业之一。东南亚以新加坡、泰国和印度最受欢迎，占了亚洲医疗旅游市场的 90%。

　　被世界卫生组织列为亚洲拥有最佳医疗系统的新加坡，以精密的医疗服务吸引周边国家的富商定期接受健康检查、减重手术。泰国则以便宜的医疗费用与完善的服务、优美的环境占有一席之地，近年更推行五星级饭店设备的医院，吸引来自各国的病患，正在实现国际医疗中心的目标。印度新兴的私立医院别有洞天，一应俱全的医疗设备、优质的服务品质以及低廉的价格（只要欧美国家的 1/10）是取胜点，在心血管、神经手术方面尤为擅长。

4.1.3.3　购买之后的品质/利益：消费利益

　　消费者从使用产品的经验中可以得到产品功能利益与心理利益等。产品功能利益（product's functional benefits）是由产品属性所直接带来的最基本好处，如饭店提供住宿、餐厅提供干净食物、航空班机准时并安全抵达目的地等。由于产品功能利益是消费者当初购买时最起码的要求，因此产品属性及其功能如果有任何闪失，都会造成相当负面的顾客反应。也就是产品功能利益做到了未必大幅加分，但只要一点差错，就被严厉扣分。

　　心理利益（psychological benefits）是指个人的心情、形象、尊严、地位、智力、心灵、社会关系等，因使用产品或接受某项服务之后而获得的好处。由于这类利益与消费者的成就感、受他人尊敬或自我实现等动机有关，因此往往可以带来相当高的顾客知觉价值。由于服务具有无形性，因此相对于制成品而言，服务的功能利益与心理利益并不易区分。较为简单的区分方式是功能利益与购买服务最原始的需求有关，如住宿、吃饭、全身按摩等，如果达到预期的要求（如睡着、吃饱、肌肉放松），则顾客就获得了功能利益。至于因睡着或吃饱等之后所带来的正面心理反应，则是心理利益。

　　值得一提的是由于消费利益往往引发消费者的购买动机，因此它通常被用来拟定价值主张（value proposition），即用以彰显顾客知觉价值的陈述，如旅馆的"让你体会家的温暖"、游乐园的"全身的细胞动起来"、餐厅的"饱尝食物美味的幸福"。

4.2 服务品质

在图 4-2 的诸多因素中，旅游产品的服务品质受到的重视远超过其他因素，主要原因是品质一再被证明与顾客满意度及忠诚度等密切相关。而在有关服务品质的讨论中，以 PZB 模式最受瞩目；以下前 4 小节（第 4.2.1~4.2.4 节）的讨论以该模式为焦点，最后一小节（第 4.2.5 节）则明确定义服务品质。

4.2.1 PZB 服务品质模式：基本观念

美国三位学者 Parasuraman、Zeithaml 和 Berry 于 1985 年提出一个知名的服务品质模式，简称 PZB 模式（PZB model）或 PZB 缺口模式（PZB gap model）（见图 4-3）。根据该模式，服务品质（service quality）取决于消费者期望的服务（expected service）与认知的服务（perceived service）之间的差距，即缺口五；当认知的服务达到或优于期望的服务，是正面的品质，反之则是负面的品质。缺口五可被称为服务品质的缺口（service quality gap）。

例如，预料准时安全抵达的班机果然如期飞抵，或是某饭店柜台人员如预期般的真诚微笑并亲切叫出顾客的名字，我们就会感受到正面的服务品质。相反地，如果该班机延迟 1 小时才抵达，或是登记时柜台人员笑得很制式或门童叫错顾客名字，则会带来负面的服务品质观感。

根据 PZB 的看法，服务品质的缺口（缺口五）由下列四种缺口促成（见图 4-3）：

（1）缺口一，即顾客知识的缺口（customer knowledge gap）。这是指"管理者对消费者期望的认知"与"消费者期望的服务"之间的落差，通常取决于业者是否关心市场需求、是否有效使用市场调查等方法了解消费者等。管理者越了解消费者或越能掌握顾客知识，这个缺口就越小。

（2）缺口二，即品质规格的缺口（quality specification gap）。这是指"管理者对消费者期望的认知"和"服务品质规格"之间的差距，主要是由组织的资源多寡、是否真正落实顾客导向的观念、对服务的要求与用心程度等因素决定。

（3）缺口三，即服务传递的缺口（service delivery gap）。这是指实际传递的服务是否遵照既定的品质规格，主要决定于员工训练与技能、设备与仪器的品质、员工奖励制度等。

（4）缺口四，即外部沟通的缺口（external communication gap）。这是指企业对外传达的形象与承诺是否符合实际的服务情况，主要决定于企业是否了解消费者的信息需求、广告企划或沟通人员对服务实况的理解程度、沟通的内容与方式是否恰当等。

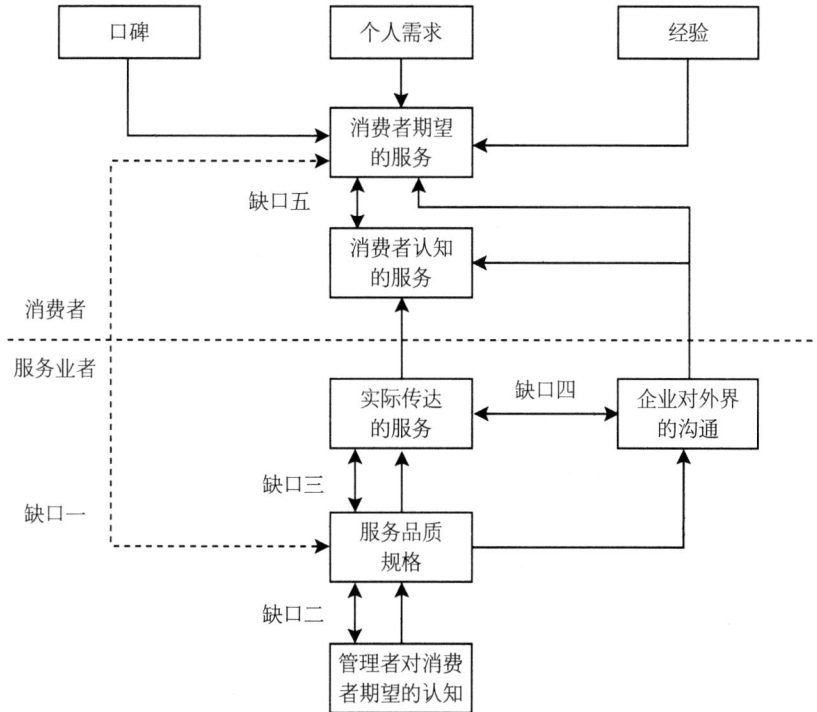

图4-3 PZB服务品质模式（PZB缺口模式）

资料来源：Parasuraman，A.，V.A. Zeithaml，and L. L. Berry.A Conceptual Model of Service Quality and Its Implications for Future Research［J］. Journal of Marketing，1985，49（Fall）：41-50.

回到前述的饭店例子。该柜台服务人员的冷漠和疏失，有可能是因为不了解顾客需求，误以为只要正确完成登记手续即可，忽略了表情和体贴也是服务的一部分（顾客知识的缺口）。也有可能业者正确掌握了顾客对真诚亲切的要求，但却因为对真诚亲切这种无形的态度缺乏深度了解，而难以制定相关执行标准（品质规格的缺口）。不过，或许已经有清楚的标准，有问题的是员工个人态度问题或训练不足（服务传递的缺口）。另外，也许门童能叫出90%的顾客姓名在行业中已是佼佼者，但公司却把"亲切待客"的服务方案，利用"准确叫出每一位顾客姓名"的广告文案大肆宣传，而造成了顾客产生"任何一位饭店服务人员都能叫出他的姓名"的预期（对外沟通的缺口）。

4.2.2 PZB服务品质模式：实务价值

20多年来，PZB模式受到广泛的讨论与引用。一般认为，PZB模式具有两大实务价值。首先，该模式主张服务品质（缺口五）是一种消费者观感，而观感的形成主要决定于业者的服务品质认知与作为。这项观点符合常理，加上模式中的因素为管理实务上的普遍观念，且因素之间的前后关系与缺口观念也不难理解，因此对管理人员而言，PZB模式清晰易懂，容易接纳。

另外，PZB 模式还提示了管控服务品质的方向，也就是模式中的前四个缺口提醒管理阶层：为了确保服务品质，相关人员必须合理塑造并掌握消费者期望，并切实将所认知到的消费者期望转换成品质规格，且根据该规格传递服务，让消费者感受到所期望的服务得以实现等。这项提示是营销规划与内部管理上的重要参考。

为了强化 PZB 模式的实务价值，三位作者于 1988 年提出针对前四个缺口的应对措施。从表 4-1 可以看出，这些措施涵盖组织内外部沟通、高级主管的理念与领导、员工训练与管理、评鉴与奖惩制度等；很显然，服务品质的管理并非某个特定部门的工作，而是必须由所有部门与全体员工来共同承担。

表 4-1 服务品质四大缺口的应对措施

缺口	缩减缺口的措施
缺口一： 顾客知识的缺口	• 相关决策人员直接与顾客交谈沟通 • 通过营销研究了解消费者需求 • 鼓励现场服务人员直接向高阶主管反映消费者需求 • 考虑组织扁平化，让主管更能倾听市场的声音
缺口二： 品质规格的缺口	• 高阶主管必须有贯彻优良服务品质的决心，并能以身作则 • 融合顾客、现场服务人员与管理阶层的观点，明确服务品质的目标 • 应用科技或改造流程将服务标准化（如提款机、自助餐用餐方式） • 高阶主管应正面看待制定品质规格的可行性
缺口三： 服务传递的缺口	• 提升团队合作的意愿 • 确保员工能力能配合工作需求 • 确保设备、仪器与技术能配合工作需求 • 让服务人员感觉到能掌控其工作任务（即有所作为），降低其无力感 • 实施服务人员评鉴制度 • 减少服务人员的角色冲突（如夹在公司与顾客需求之间而左右为难） • 减少服务人员的角色模糊（如任务不明，不知该如何把工作做好）
缺口四： 外部沟通的缺口	• 做好水平沟通（如营销企划、广告企划、服务人员之间应良好沟通） • 避免夸张宣传或夸大承诺

资料来源：Parasuraman, A., V. A. Zeithaml, and L. L. Berry. Communication and Control Processes in the Delivery of Service Quality [J]. Journal of Marketing, 1988, 52 (4): 35-48.

4.2.3 PZB 服务品质模式：盲点

PZB 模式发表后也受到一些批评，主要集中在服务品质的衡量方式及如何解释衡量的结果，说明如下：

（1）衡量顾客期望的时点。根据 PZB 模式，我们必须分别衡量顾客的期望服务与认知服务，然后求取两者的差距，才能得知服务品质（假设分数越高代表越好，则认知等于或大于期望代表正面品质，反之则是负面品质）。就学理而言，期望服务应该在购买前一刻衡量，而认知服务则是在购买之后衡量，然而这在实务上却很难实行（因为很难在购买前即访问到顾客）。一般采取的方式是在顾客购买后才一起衡量这两个项目，却又违背了期望的意义（因为"期望"是事先的，而非事后的）；同时，购买之后的经验极可能会影响顾客对期望题项的反应，而严重影响调查的效度。

（2）顾客是否确知期望。顾客是否确知他的期望或该如何正确描述期望，也不无疑问。对于许多专业服务或经验有限的服务，消费者往往不知从何预期。另外，消费者平日接触多种服务业，而且每个行业的品质又涉及多个构面，面对众多行业的许多服务构面形成期望，显然超过绝大多数人的头脑负担。因此，期望恐怕是个模糊的、不易衡量的观念。

（3）比较的谬误。我们先用个模拟：甲这回的考试比上回进步 4 分，乙则是退步 2 分，谁考得比较好？显然地，两者无从比较。同样地，以表 4-2 为例，某人对 A 饭店的服务期望很低（2 分），对 B 饭店却很期待（6 分）；但经过实际接触后，对 A 的认知服务是 3 分，B 是 5 分。根据 PZB 模式，A 的服务品质是 1 分，B 则是-1 分，因此 A 的品质比 B 好。但是，这位顾客事实上对 B 饭店的认知服务是优于 A 饭店的。这种比较的谬误相当明显。

表 4-2　P2B 模式的盲点之一：比较的谬误

项目	A 饭店	B 饭店
期望服务	2	6
认知服务	3	5
认知—期望	1	−1
根据 PZB 的解读	正面品质	负面品质

注：衡量尺度 1~7 分，越高代表越好；4 为中间值（不好也不坏）。

正因为以上的盲点，许多研究都不是以期望服务及认知服务之间的差距来衡量服务品质，而是直接以消费者的认知服务来衡量，即衡量顾客感觉到的服务表现水准。根据这种衡量方式，以表 4-2 为例，A 饭店的服务品质就是 3 分，而 B 饭店则是 5 分。事实上，有些学者已经证明直接衡量顾客的认知服务，比衡量期望与认知服务的差距，更具备研究上的效度（validity）（简单地说，效度是指我们是否真正衡量到想要衡量的东西）。

必须提醒的是，读者不应过度解读以上内容，认为顾客期望不重要，可以完全忽略。以上内容主要是指出根据 PZB 模式对服务品质的定义，期望具有衡量不易等潜在问题，但并没有否定期望在消费者决策、行为与反应上的重要性（其实，在所有的学术领域中，这种"明明知道很重要，却很难讲清楚"的现象比比皆是）。

4.2.4　服务品质的构面

以上以 PZB 模式为焦点讨论了服务品质的形成过程，但还没有谈到"服务品质的组成成分"，也就是之前提到的顾客期望服务与认知服务，但到底是期望或认知到服务的什么层面，本书还未触及。从管理的角度来看，了解服务品质的组成成分，在提升服务品质的工作上才有明确的管理目标，也才能妥善分配资源与设定绩效指标等。

多年来，营销学者不断探索"相对于制成品，服务在营销管理上有哪些独特且重要之处"。绝大多数学者认为，由于服务有其特性，传统的营销组合（即4P）观念不足以涵盖服务业的营销管理范围，因此需要新的元素来补充原有营销组合的不足。综合学界的建议，新的元素有实体环境（physical environment）、服务人员（service personnel）与服务过程（service process）（见表4-3），与传统的营销组合加起来简称为"7P"。服务品质的构面就是这三个新增的因素。

表4-3　服务品质的构面

构面	项目	消费者可能的反应
实体环境	设施与设备	这里的摆设非常整齐、干净
	气氛	这地方的灯光、音响好柔和，很罗曼蒂克
	标示与指引	这场地像大迷宫，让人团团转浪费时间
服务人员	可靠性	这家伙的表现像月亮，"初一"、"十五"不一样
	响应热诚	他的回应迅速，马上就能切中我的需要
	信赖感	这个人獐头鼠目的，让人很不放心
	同理心	她常站在顾客立场设想，尽快解决问题
服务过程	精确度	这家公司常把东西寄错地址
	延误处理	他们常拖延交货，而且没有任何赔偿

4.2.4.1　实体环境

服务的实体环境与提供服务的空间或所在地有关，包含以下三个部分：

（1）设施与设备：包含门窗、桌椅、地板、天花板、服务柜台、仪器等。消费者在还没有进入服务场所之前，就有可能先看到场所内的设施与设备是否清洁、整齐、新颖、方便、安全等，并马上产生第一印象，从而影响对业者的品质判断。而对于已经在服务场所中的消费者，设施与设备对品质观感与消费行为的影响更是不在话下。

（2）气氛：服务场所也有软件的一面，也就是由视觉、听觉、嗅觉等所构成的气氛。室内装潢的设计与色调、音乐、气味、服务人员的穿着等，都会影响消费者的内心感受、对业者的看法等。例如，一般高级西餐厅都是播放柔和的音乐，以年轻人为目标市场的则是以西洋及流行歌曲为主，都是为了投顾客之所好，并塑造餐厅的品质观感与形象等。

（3）标示与指引：这是指在服务环境中是否有清楚的指针、地图、流程图等。一般而言，身处在大面积的服务场所或业务比较繁杂的机构（如机场），顾客很容易迷失方向或不甚了解服务流程，因此，置身其中很容易迷惑、挫折、情绪波动、感觉时间压迫等。由此可见，标示与指引的设计与服务品质息息相关。

4.2.4.2　服务人员

凭借我们的生活经验或观察，就不难理解服务人员对服务品质具有举足轻重的影响。那么，服务人员哪些构面与服务品质有关？PZB 在一系列有关服务品质的研究中，曾经发展出一套称为 SERVQUAL 的量表，当中除了有形性（tangibles）（即实体环境）之外，还包含四个与服务人员有关，且被广泛引用的构面，简单说明如下：

（1）可靠性（reliability）：这是指服务人员是否能够维持一致且精确的水准。服务人员的态度、服务方式、问题处理技巧等，都应该要维持在一定的水准上，以免因表现方式与水准飘忽不定，而造成顾客的困扰与不满。观察知名连锁店如麦当劳、肯德基的服务人员，无论是从客人进门的"欢迎光临"到客人离去时的"谢谢光临"招呼语，或是递送物品、找零钱的基本动作等，都有相当一致的表现。这些都是公司方面力求员工稳定性的结果。

（2）响应热诚（responsiveness）：这是指服务人员主动协助顾客与迅速响应顾客要求的能力。当顾客提问、要求、埋怨时，服务人员的响应速度经常被用来判断服务人员的热心与诚意。反应太慢，往往给人热心不足、没有诚意等负面感觉，因而容易引起埋怨与纠纷。航空界偶有所闻的纠纷事件，起因之一就是乘客感觉到航空公司没有及时通知或迅速应对飞机的误点。相反地，快捷的响应往往会带来正面的品质形象。

（3）信赖感（assurance）：信赖感是指服务人员的言语行为是否可以令人相信与安心。对于涉及消费者钱财、健康、生命的服务业，信赖感尤其重要。服务的实际表现与成果以及服务人员的专业知识等，是信赖感的重要来源，如某家旅行社每次出团都言出必行，而且导游都表现出专业精神，信赖感就得以慢慢累积，服务品质形象也跟着提升。

（4）同理心（empathy）：这是指服务人员是否容易亲近、不摆架子、关怀他人等。同理心能激发亲和力，通常是通过眼神、笑容、谈吐、肢体语言等表现出来。服务人员越有同理心，顾客感受到的服务品质当然就越好。

4.2.4.3　服务过程

服务的过程应该讲求正确无误，也就是在最恰当的时刻将最恰当的服务送到最恰当的地方。没有按时完成服务、提供有瑕疵的服务、传递服务到错误的地方等，都是服务过程中的精确度出现问题，也为服务品质带来负面冲击。

另外，服务过程中难免会发生延误，因此对于延误以及因延误带来的顾客等待应如何处理，也是重要的服务品质管理工作。这方面的工作重点之一在于影响顾客的知觉时间（perceived time），也就是当顾客正在等待时，应尽力让顾客觉得时间过得很快，如餐厅让等候的顾客阅读报章杂志、欣赏水族箱内的鱼群等。另外，服务人员也应告知延误的情况，尤其是延误的时间，以便让消费者降低不确定感，并可调整行程等。

4.2.5 小结：服务品质到底是什么？

根据上述讨论，我们将服务品质定义为"消费者主观认知到的服务表现水准"。这个定义认为服务品质来自消费者的认知（cognition），即对某事物的解读、评估与判断。至于表现水准（performance levels）的意义是消费者会对服务做出程度高低、好坏优劣等判断。

这项定义并没有纳入 PZB 模式中期望与认知的缺口观念。原因之一是避免前面所提到的诸多衡量问题。另一个原因则是，如果期望与认知服务的差距真的构成消费者的服务品质观感，那么这也应该会反映在消费者对于服务水准的主观认知中，因此我们就不需多此一举衡量缺口。

应该提醒的是，服务品质也是个多构面的观念。但是，不同的服务业，构面之间的相对重要性有所不同（如对于餐厅，实体环境与服务人员可能同样重要，但对于高尔夫球场，实体环境应该比服务人员重要）；另外，个别构面之下的项目也因服务业而异（例如，实体环境对餐厅与旅馆都非常重要，但前者主要是在用餐环境，后者却可能包含住宿、用餐、休闲环境等）。

4.3 顾客满意度

4.3.1 顾客满意度的意义

顾客满意度（customer satisfaction）是指顾客因购买与消费而引发的愉悦或失望的程度。更具体地说，无论来自个别的或长期累积的交易经验，顾客往往对于某家企业或某个产品（不管是整体或各个层面，如服务态度、接待流程、产品表现）都会评头论足一番，并产生正面或负面的情绪（affect），而这些情绪反应就是满意度。现代企业普遍强调顾客知觉价值，就是为了创造顾客满意度。而顾客满意度之所以受到重视，是因为它会影响顾客忠诚度（customer loyalty）、口碑流传（word-of-mouth）、再购意愿（repurchase intention）等，并进而影响企业永续经营的基础。鉴于此，美国与欧洲甚至发展出全国性的、跨产业的顾客满意度指数，即 ACSI（American Customer Satisfaction Index）与 ECSI（European Customer Satisfaction Index），以利于企业进行相关调查，作为评估企业绩效与制定经营策略的参考。

值得注意的是，顾客满意度与顾客忠诚度的关系并非直线（即非等比例的关系）。当顾客感觉不满时，忠诚度极低；有点满意时，忠诚度会随着满意度逐渐增加，但大体而言还是处在低档；只有满意度达到某个强度时，忠诚度才会大幅攀升（见图 4-4）。鉴于此，为了能留住顾客，也为了建立坚固的市场地位，企业不应只是让顾客满意，而是追求能令顾客高度忠诚的顾客满意度。许多专家与机构不断提倡"卓越服务"，意义也在于此。

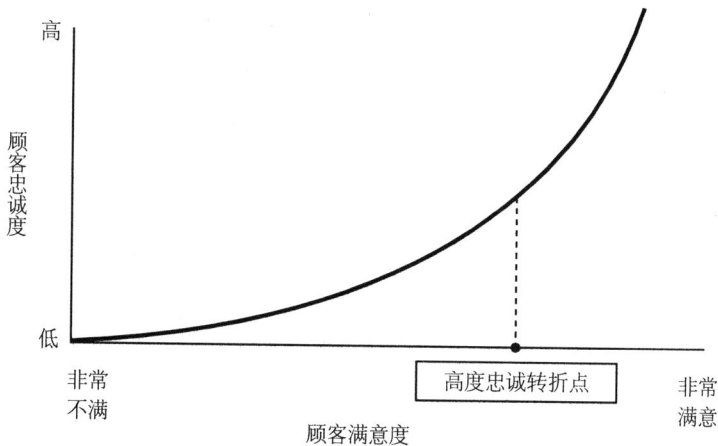

图 4-4　顾客满意度与顾客忠诚度的非线性关系

4.3.2　顾客满意度的形成

顾客满意度的形成可以用期望落差模式、归因理论及公平理论的观点来解释，分别说明如下（见表 4-4）。

4.3.2.1　期望落差模式的观点

学术界最常使用期望落差模式（expectation disconfirmation model）来解释顾客满意度的形成。根据期望落差模式，顾客满意度决定于产品表现与期望的比较结果。如果顾客觉得产品表现达到或超过期望（正向落差），则感到满意；相反地，如果表现低于期望（负向落差），则感到不满。

期望（expectation）可以分成三种：第一种是事先预测将得到什么，可称为预期（predictive expectation）；第二种则是渴望（desired expectation），即"我好想得到什么"；第三种是消费者经常会出现"以我付出的代价，我应该得到什么"的想法，即应得的期望（deserved expectation）。无论是哪一种期望，通常是来自消费者的产品使用经验、他人的转述、企业所提供的信息与承诺等。

表 4-4　顾客满意度的形成：三种不同的观点

模式或理论	满意度形成的方式	生活案例
期望落差模式	比较期望与产品表现：产品表现不如期望导致不满；产品表现达到或超越期望则带来满意	☹ 他们上菜的速度太慢了，还忘了淋上我交代的酱料，让我很不满 ☺ 他们的菜品比想象中好，甚至上菜时还念了一段漂亮的口诀，真赞

续表

模式或理论	满意度形成的方式	生活案例
归因理论	综合考虑产品表现的原因归属、可控制性、稳定性而形成满意度；若表现不佳的原因在于企业，且是可以掌控的、经常发生的，则不满	☹ 鱼不新鲜居然还拿来煮汤，而且发生不止一次，这餐厅的品质管理大有问题，真烂 ☹ 我刚才选的配料与酱料都不对，所以口味很怪，不关餐厅的事，算我倒霉 ☺ 这家餐厅的整个团队很强，还经常到国外研究新的菜品，他们做得真好
公平理论	比较本身与他人的"收获与投入的比率"，若本身的比率较小，则产生不满；若双方的比率相等，或本身的比率较大，则满意	☹ 辛辛苦苦赶来，居然说今天是特别日子要先订位，但刚才好像有人没订位却进去，好气人 ☺ 辛辛苦苦赶来，还好能够进得来，而且还可以买到优惠特餐；很多人都没这么好运，真高兴

为了避免顾客有不当的期望而造成误会，或期望过高而导致失望，企业应该小心进行顾客期望管理（customer expectation management），即针对所有和顾客接触的信息渠道（如网站、广告、包装、传单、产品说明书），置入能够塑造合理或正确期望的内容，如某些游乐园的排队队伍旁会有等待时间的提示、有些旅游团在出国前会事先说明旅程中某些辛苦与不便之处等。另外，企业也无须设定过低的期望水准，以免无法吸引消费者而招致无形损失。

另一种期望管理的方式是通过慎选顾客或有效搭配顾客与产品。例如，旅行业者可以针对顾客的职业和需求设计恰当的旅游行程，如建筑师参访团，专门造访美术馆、博物馆的艺术之旅，泡遍知名温泉的泡汤行程等。

期望落差模式不但简单易懂，而且也符合一般顾客满意度形成的实际情况，但是它同样落入 PZB 服务品质定义所带来的衡量问题。因此，大多数研究在衡量顾客满意度时，不理会产品表现与顾客期望的落差，而是直接询问因产品表现而出现的情绪反应。

4.3.2.2 归因理论的观点

归因理论（attribution theory）专门探讨人们如何为事件结果或行为表现寻求原因，以及这些原因如何影响一个人的情绪、态度和行为。根据该理论，消费者会用三个因素来解释企业或产品的表现：原因的归属、可控制性及稳定性。原因的归属（locus）是指谁该负起行为表现或事件结果的责任。例如，班机因为台风延误起飞时，如果旅客认为延误的原因不是由航空公司造成的，就不会对航空公司不满。可控制性（controllability）是指原因的发生是否可以掌控。例如，飞机虽因台风延后起飞，如果旅客认为航空公司未妥善安排乘客等待时的吃住和情绪问题，则有可能产生不满。稳定性（stability）是指原因的发生是一时的或经常性的，如某航空公司经常发生临时机械维修的问题，则容易造成乘客对航空公司的不满。综合来看，面对不理想的企业或产品表现，如果消费者认为原因的归属在于企业，而该原因是企业所能控制的，并且是经常发生的，消费者将容易产生不满。相反，当企业或产品的表现不错，消费者认为原因归属在于企业，而且原因是可控制的、经常性的，那么消费者将对企业高度满意。

归因理论应用在顾客满意度对营销人员最重要的意义在于企业该如何向顾客解释欠佳的表现。当消费者认为企业表现不佳确实是由外界引起，企业将原因的归属导向外界，应该可以被接受与原谅，如交通因素造成参观时间缩短。当消费者认为企业该负起责任，企业如果能提出有说服力的证据证明原因的归属不全在本身，或可降低消费者的不满；但若处理手法不当，反而被指责为逃避责任，负面冲击反而扩大。

无论消费者的归因性质是什么，企业都应该设法降低消费者"事情以后是否还会发生"的疑虑（以学术语言来说，就是降低"负面因素的稳定性"），尤其是当消费者认为事件缘由是企业可控制的时候，更应如此。应该提醒的是，解释问题不等于解决问题，许多企业在面对错误时，除了立即道歉，还会提出未来改善的方向，就是着眼于此。

4.3.2.3　公平理论的观点

公平理论（equity theory）的基本观点是，一个人不但关心本身的收获，也会比较本身与他人的"收获与投入的比率"。如果本身的比率小于对方，则感觉不合理，容易产生不满；如果双方的比率相等，或是本身的比率较大，则是合理，满意度也较高。例如，餐厅前千辛万苦排队的顾客，投入项目很大，相对于其他插队顾客投入少而收获多，容易心生不满。

根据公平理论，营销人员应该在消费群体中维持大致相同的收获与投入的比率。例如，飞机头等舱的乘客付出较多的票价，因此有专用的服务专柜与贵宾休息室，可以优先登机，享有较宽敞的座位与较细腻的服务等，而经济舱的乘客由于票价较低，因此在各方面享有的服务都比头等舱略逊一筹。这么做让头等舱与经济舱的乘客都觉得公平合理，因此可以在消费者当中维持一定的满意度。

4.3.3　顾客满意度的追踪

由于顾客满意度是重要的营销经营绩效之一，而且是企业永续经营的基础，因此如何追踪顾客满意度就成了重要的管理工作。以下介绍四种主要的顾客满意度追踪方式：

4.3.3.1　顾客满意度调查

最常见的顾客满意度追踪方式是顾客满意度调查（customer satisfaction survey）。这种方式通常是借由问卷定期衡量顾客的满意度，然后进行跨时间及跨部门（或属性）的比较。它也经常要求顾客提供基本资料、衡量顾客的再购意愿、请顾客提出改进建议等，以便更深入了解顾客的观感，并作为改善顾客满意度的参考。

顾客满意度调查应该调查哪些项目，因产品而异。重点是营销人员必须在事先掌握与顾客价值有关的项目，并注意这些项目在满意度指数上是否达到一定的水准。例如，除了服务人员与房间基本设施之外，温泉旅馆应留意温泉设施与品质、悠闲气氛等方面的满意度，而商务旅馆则应注意商务设备与相关服务等方面的满意度。

4.3.3.2 神秘访客

神秘访客（mystery shopper）是调查人员伴装成顾客，以了解服务人员的品质与销售现场的作业情况等，有时这种方式也可以通过电话来进行。例如，瓦城泰国料理餐厅在多年前即实行"神秘访客计划"，邀请热爱美食的忠实顾客在身份保密之下，到各分店检查环境是否清洁、餐点是否鲜美、气氛是否舒适、服务人员是否专业等；瓦城十余家分店一年内共经历近五百次的神秘访客评鉴，就是希望能保持高水平的服务品质与顾客满意度。另外，知名的米其林餐饮指南也是采取神秘访客的方式进行评鉴。

神秘访客的调查结果可能流于主观偏差，而且耗费的金钱与时间也相当可观，但是优点是可以直接观察到实际情况，甚至可以故意刁难以考验员工的反应。欧美企业（尤其是服务业）普遍上接纳神秘访客调查为一项专业；从事神秘访客业务的从业人员与机构甚至组成全球性的协会（Mystery Shopping Providers Association，MSPA）来推动相关业务。

餐旅 A 咖

鼎泰丰杨纪华，卖小笼包更卖完美

鼎泰丰原本是卖油的，由于生意不好，从 1972 年起转行卖起小笼包维生，没想到 21 年后被美国《纽约时报》评选为世界十大美食餐厅、2006 年《读者文摘》中文版入选中国台湾的十项之最、2006 年《纽约休闲杂志》评选中国台湾十大必旅游体验之处，更在 2010 年、2011 年连续跻身中国香港与中国澳门《米其林指南》的一星评鉴，各种好评让鼎泰丰成为中国台湾小笼包的代名词。

然而，生意出奇好的鼎泰丰，行事作风却出奇的低调，这是因为它有一个行事极为谨慎、将完美品质看得比赚钱还重要的老板——第二代经营者杨纪华。即使 20 多年来顾客以天天排队的盛况证明了鼎泰丰的成功，他却忍到 24 年后才首肯开了第二家店，而且不是在中国台湾，而是在凡事讲求细节的日本，但连追求完美出名的日本人都忍不住抱怨杨老板的标准真的是太高了！

同样地，许多带着员工专程来看鼎泰丰的中国大陆星级饭店总经理最常问他的也是：为什么包子店可以做成这样？

答案就是杨纪华从不认为自己卖的只是包子，因为他卖的是追求完美品质的文化。所以他才对成立分店格外谨慎，情愿小也要坚持完美。这点从杨老板一句"新竹的水质与台北不同，如果不能想办法把硬水变软水，锅炉会出问题，连泡茶也不香"便可看出。

　　为了追求完美，杨纪华定下鼎泰丰选材和生产的严格标准，如豆苗一斤只取五两；蟹粉取自重量 1 斤以上的活沙母，颜色太深、味道太浓者不用；中央厨房的猪肉屠宰室控制在 16℃ 以下，猪后腿肉随时插以温度计监控；直径低于 0.2 厘米的面条也是自制。此外，也借助中央厨房和机器的协助：2000 年成立中央厨房，2009 年砸下 3.6 亿元新台币扩增为 1400 坪，负责供应台北四店的原料，连炒饭都依照人数多寡做成各种尺寸的盐包，务求各店各盘吃起来都一个味；计算机、煎饺机固定以 220℃ 煎 7 分钟，将一排 12 个饺子煎得底部金黄而不焦黑；臭氧自动洗菜机只花 40 秒就能洗净 10 千克的青菜而且还自动沥干；煮面机精准控制面条在滚水中的时间，以达弹牙顺口。

　　如今鼎泰丰已经在中国台湾、日本、中国大陆、新加坡、印度尼西亚、韩国、美国、马来西亚、澳大利亚、泰国开立了 60 家分店，杨纪华在"5 克标准外皮、16 克馅料、完美 18 褶封口"的小笼包身上证明了追求完美的威力，小笼包的传奇正在持续撰写中。

4.3.3.3　顾客流失分析

　　顾客满意度会影响顾客的忠诚度与再次购买的意愿等，因此，顾客流失可以视为顾客满意度的重要指数。顾客流失分析（customer loss analysis）主要是定期检查顾客流失率、流失顾客的背景、流失原因、流失造成的影响等，以便检讨企业或产品的缺失，谋求改进之道。

4.3.3.4　申诉制度

　　申诉与建议制度（complaint and suggestion system）是企业用来持续搜集、了解与处理顾客心声的一套机制，分为两大部分：内部处理流程与意见搜集渠道。前者是指企业如何处理顾客的申诉与建议（即在什么情况之下，申诉或建议交由谁来负责审视、调查及决定处置方式，并如何回复投诉人或建议人等）；后者则是为消费者所设立的申诉或建议渠道，形式相当多元，包含公关部门、服务柜台、免付费电话、意见箱、电子信箱等。

　　从消费者的角度来看，企业是否对顾客有最起码的关心，往往可以从申诉与建议制度的建立与重视看出端倪。因此，这个制度普遍存在于现代化企业中。

4.4 顾客关系与顾客忠诚度的意义

4.4.1 顾客关系与关系营销

传统上,营销理念强调消费者需求的满足,注重 4P(即产品、定价、推广、通路与配销)的应用,以促成交易。产品利益普遍上被认为是促进购买及满足消费者最重要的因素之一。然而,学术界和实务界后来发现,企业和消费者之间的关系对持续的交易与消费者满足感也有举足轻重的影响。顾客关系(customer relationship)观念于是在 20 世纪 80 年代末期逐渐形成,并丰富了营销理念的内涵,甚至于 2004 年被纳入美国营销协会的营销定义中。

在顾客关系的相关议题中,关系营销无疑是最受瞩目的。关系营销(relationship marketing)重视顾客知觉价值与满意度,强调以多元化、个人化的沟通以及打动人心的服务,和个别消费者发展长期互惠的联络网络,以便拉近企业与消费者之间的距离,并持续维护与提升双方的关系。这个关系的发展是长期的,是超越任何一笔特定交易的。它同时也强调互惠原则。一方面,通过信息科技的协助,企业可以更快、更精确地掌握消费者的背景、交易记录、需求变化等,进而迅速确实地关注和满足消费者。另一方面,消费者也可以得到更全面的关注、更具有价值的产品等,从而提升消费者的福利。

关系营销的应用不限产业,但很显然,由于服务人员与顾客互动频繁,加上顾客对服务的多元及多变的需求,关系营销在服务业的应用如鱼得水,案例也比比皆是。例如,餐厅服务生熟记顾客名称、职务、用餐习惯、座位偏好等,并与顾客良好互动;旅行社将不同的旅游信息寄给有不同需求的顾客群;饭店提供优惠折扣给老主顾。

值得一提的是,常在学术界与实务界中出现的资料库营销(database marketing)、一对一营销(one-to-one marketing)、顾客关系管理(customer relationship management,CRM)等观念,定义与关系营销或有出入,但注重顾客关系的经营却是一致的。我们之所以如此重视顾客相关议题,不仅是因为深入了解消费者可以协助成交,更重要的是成交之后的满意度与顾客关系,以便企业能持续地创造并保有顾客,让企业永续经营。

4.4.2 顾客忠诚度与企业永续经营

为什么重视顾客关系与企业永续经营有关?答案就在于顾客忠诚度。

什么是顾客忠诚度?先看两段消费者发表在网络上的经验谈:

不管是自己还是亲友要到温哥华,我都会来这家饭店!来的次数多了,跟里面的员工也都有了熟识感、信任感,而且每次不用我交代,房间里自然就准备好我喜欢的鲜榨柠檬汁。住得次数越多，我越觉得，如果没什么特别理由，我何必到别处。而且我觉得，这么好的饭店要给它鼓励才对，而且要多帮忙宣传。

他们的团体旅游很普通呀！不能说烂，就是不够周密、细腻，要交代的事经常没讲清楚，搞得有些人团团转，甚至浪费大家的时间。有几次原本想跟领队说一下他们的缺点，但话到嘴边又吞回去，主要是想到我那么计较干什么，他们办得好一些坏一些，与我何干？结果我后来跟家人去加拿大时找另外一家××旅行社，虽然贵一点，但很满意。

以上的经验谈正好包含了顾客忠诚度（customer loyalty）的两大层面。其中一个是心理层面，即内心有多喜欢、信任某项产品（如上述例子的"信任感"、"与我何干"）；另一个则是行为层面，即重复购买的程度（如"我都会来这家"、"找另外一家"）。

顾客忠诚度的行为层面影响企业的留客率（customer retention rate），即在未来一段期间还会继续交易的新客户比率。图4–5显示留客率的重要性。A、B、C公司一开始有100名顾客，而且每一年都能够开发比前一年多20%的新顾客，但三家公司的留客率有所不同，分别是85%、90%、95%。结果，虽然留客率相差不远，但5年后、10年后三家公司的顾客人数却有天壤之别。

我们只要设身处地，就可以想象A公司在开业之后几年总有"没什么进展，老是原地踏步"的感觉，而且无法像B、C公司般可以享有较理想的规模经济（scale economy）与学习曲线（learning curve）效果（前者是指因为量大使得固定成本分摊而造成平均成本下降，后者则是指因经验累积而节省成本）。另外，由于顾客人数较少，A公司得到的口碑宣传与推荐机会也会在B、C公司之后。

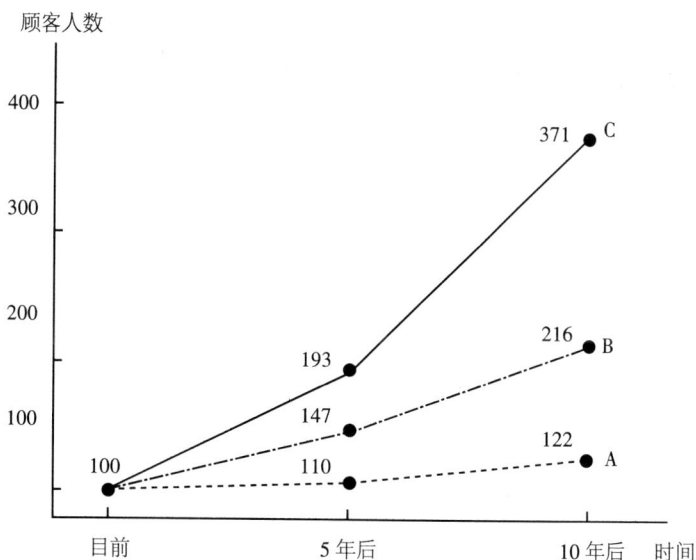

图4–5　留客率对长期顾客人数的影响

注：A、B、C每年都开发20%新顾客，但留客率分别为85%、90%、95%。顾客人数计算：$100 \times (1.2 \times 留客率)^n$，n代表年。

更重要的是，A公司的客户所创造的总体顾客终生价值（customer life value，CLV）也远不如B、C公司。顾客终生价值是指某位顾客终其一生所能带给企业的总净利。根据Dwyer（1989），其公式是$\Sigma[($预期销售毛利 – 预期成本$)/(1+r)^n]$（n是顾客对企业忠诚的年数；r是折现率），即在一定期间内，顾客带来的毛利减去相关成本的现值。缺乏来自忠诚顾客持续不断的"金援"极可能造成A公司在竞争上的致命伤。

当然，A公司可以设法解决上述困境。例如，设法开发更多新顾客、降低开发新顾客的成本、提高服务的附加价值与价格、试图增加顾客的购买频率或数量等。但是，基于许多产业中"开发新客户比留住旧客户需要花费多几倍的成本"的营销铁律，以及服务的创新行为容易被竞争者模仿等现象来看，以上的解决方式也是相当艰辛。总而言之，良好的顾客关系能提高顾客忠诚度与留客率，进而提升总体顾客终生价值，使得企业有更好的永续经营机会。以下提出建立顾客关系的一般做法（见图4-6），即选择顾客、强化顾客关系联结、防止顾客变心及补救服务缺失。其中选择顾客涉及目标市场营销，详见第6章，在此便不赘述。

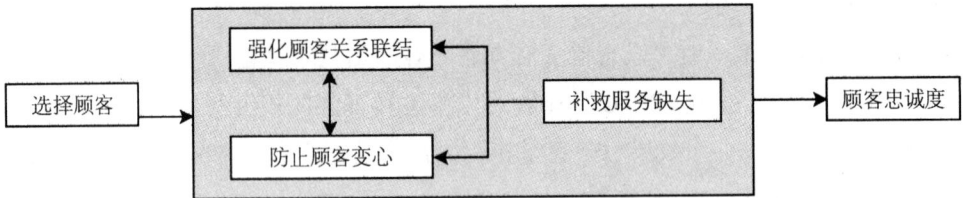

图4-6　建立顾客关系：简易架构

4.5　强化顾客关系联结

一旦决定目标市场，企业应该设法拉近与拉紧与目标市场的关系，也就是强化与顾客之间的关系联结（relationship bonds），主要的方法有四种（见表4-5），说明如下。

4.5.1　财务联结

财务联结（financial bonds）是指利用金钱诱因来强化顾客关系。积点优惠是近几年许多行业常用的方式，即消费超过一定的标准（如一年内飞行航程超过4万公里、累积消费达1万元、千元以上的消费达10次），就给予某种优惠（如赠送飞机票一张、回馈10%现金或赠送精美礼品）。

另一种方式则是提供套装组合或交叉销售，如航空公司提供机票、住宿、市区半日游、机场接送等组合，价格比个别购买的总价还要便宜，或是只要缴费成为饭店VIP会

表 4-5　顾客关系联结类型

关系联结类型	例子
财务联结 1.积点优惠 2.套装组合或交叉销售 3.稳定价格或低价保证	一年内住宿超过 10 次，之后免收服务费 每飞行 1 万公里，可享有 1 次免费机场接送或租车五折优待 VIP 顾客保障一年内不会受到涨价影响
社会联结 1.持续保持联系 2.具亲和力的服务 3.发展私人情谊 4.顾客之间发展友谊	定期打电话问候或持续寄 E-mail 分享好文章 医生毫无架子，真正关心并尊重病患 通过每周末的登山活动，发展成"山友"关系 健康中心会员之间越来越熟悉，经常相约逛街吃饭
客制化联结 1.发展一对一关系 2.大量客制化	餐馆依据年龄、体质与病史等为顾客设计年度养生计划 网站提供几种网页形式及信息选项，会员可设计个人首页
结构化联结 1.联合投资 2.共享程序或设施 3.整合信息系统	大专教科书出版社投资校园书店 电影院开放场地给高中生及大学生举办活动 旅行社为企业装置出差旅游与报账系统

资料来源：Zeithaml V.A. and Mary Jo Bitner. Services Marketing：Integrating Customer Focus Across the Firm（3rd ed.）[M]. Boston：McGraw-Hill, 2003：175.

员，即可在饭店内的商品专柜、桑拿浴、美容院及饭店所属集团内所有的商店，享有八折的优惠。这种方式通常涉及企业之间的策略联盟。如果套装组合与交叉销售所包含的产品能够密切互补，往往可以因为替顾客省下时间与金钱等而受欢迎。

还有一种财务联结方式是保障忠诚顾客最低价格，甚至未来一段时间内也不会受到涨价的影响。这么做主要是酬谢忠诚顾客为企业带来长期稳定的营收，或省下某些资源或支出（如缩短行政作业、减少开发新市场的支出）。

以上几种方法通常可以增进顾客的购买频率或数量，但是顾客的重复购买极可能是基于价格便宜，而非服务的价值，因此顾客的内心有多少忠诚，值得怀疑。另外，这些方法容易被竞争者模仿，在"一窝蜂"抢着做的局面下，不但企业失去独特性，消费者可能容易被宠坏，动辄"见钱思迁"，忠诚度破坏殆尽。因此，企业应该设法兼用以下几种方法，才能长期维系顾客关系。

4.5.2　社会联结

社会联结（social bonds）是通过人际互动来建立顾客关系。最简单的方式莫过于平时与顾客保持联络、嘘寒问暖。另外，在提供服务时打从心里关怀顾客，确实尊重对方为一个有尊严的个体，而不仅是个名字，甚至是号码，也有助于建立顾客关系。相对于财务联结，社会联结的方法比较费事，但竞争者却比较难以模仿。而且社会联结一旦成功建立，除非发生严重的服务缺失，或有不得已的理由，一般顾客通常不轻言退出该社会关系，就这个角度而言，社会联结比财务联结更能确保长期的顾客关系。

环游世界

一起来 Club Med，各玩各的

1950 年成立的地中海俱乐部（Club Med）遍布 30 国，拥有 80 多个据点，是全球十大连锁饭店之一。顾客一次付清的费用包含来回机票、机场接送、食宿、小费，更包含所有度假村提供的十几种海陆空活动与课程。在 Club Med 常看到大人慵懒地躺在泳池边享受日光浴，活力充沛的小朋友则在 GO（gentle organizer，友善的组织者，即服务人员）的带领下跑步、戏水、游玩，因为 Club Med 特别提供幼儿、儿童照顾的服务，让大人小孩各找乐子享受假期。

为了强化家庭旅游市场，Club Med 甚至在普吉岛等地建造儿童度假村，里头有针对 2 岁以下的宝宝、2~11 岁的小朋友，以及 11~17 岁的青少年精心设计的度假、活动空间；小朋友们在专属空间中尽情运动、游戏，并与全球的小朋友互动。而小朋友的爸妈也没闲着，在村内享受其他活动。总之，Club Med 让顾客付款之后，什么都不需担心，只要准时到达机场，接着充满欢乐的旅程将呈现在顾客面前，对顾客来说最大的好处就是仿佛请了管家一般，不必费心，只管全家人在这享受。

值得警惕的是，不少消费者存有"既然认识，就该算便宜一点"的心态，生活周遭也不时可以听到类似"就是因为认识，才会被坑"的抱怨。因此，如何兼用社会联结与财务联结是服务业者必须面对的课题。

4.5.3 客制化联结

客制化联结（customization bonds）是指顺应顾客的独特背景与需求等，提供量身定做的服务。其中，一对一服务是专门配合个别顾客，提供他们所需。像旅馆、餐厅、美容美发店等顾客造访频率较高的服务业，借由信息科技与服务人员的用心，也能够在一定的范围内做到一对一的服务。例如，有些旅馆从过去的经验中可以得知某位住宿旅客经常需要哪些文具、习惯什么饮料、早上爱看哪一份报纸等，因而可以提供个人化且贴心的服务。

客制化联结让顾客感受到更专注与特别的服务，而且一旦习惯了眼前的服务方式与成果，就不容易转换业者。但是，由于客制化需要比较深入的顾客信息，因此业者应该小心使用与保护这些信息，以免顾客感觉到隐私权被侵犯或个人资料被不当利用。

4.5.4 结构化联结

结构化联结（structural bonds）是指双方因共享资源或信息等而建立起彼此的关系，这在企业对企业（business to business，B2B）的交易中比较普遍。其中一种方式是联合投

资，常见到航空公司和旅行社、旅游当地的饭店业、交通运输业、餐厅策略联盟，共同开发新客户、一起分担营销成本。

另外，共享程序或设施、整合双方的信息系统等也是结构化联结的方式。例如，网络旅行社建立订单交易共享平台，让航空业、饭店业、租车业，甚至旅游地的娱乐业都能通过共享平台掌握最新顾客需求，完成交易。

4.6 防止顾客变心

服务业者费尽心力选择目标市场、强化顾客关系联结，无非是想让顾客满意，希望能长期留住带来营收的顾客。但事实上，让顾客满意无法保障忠诚度。只有在顾客极度满意时，忠诚度才能维持在高水平；如果只是稍微满意，甚至是满意，顾客还是很有可能会变心（见图4-7）。

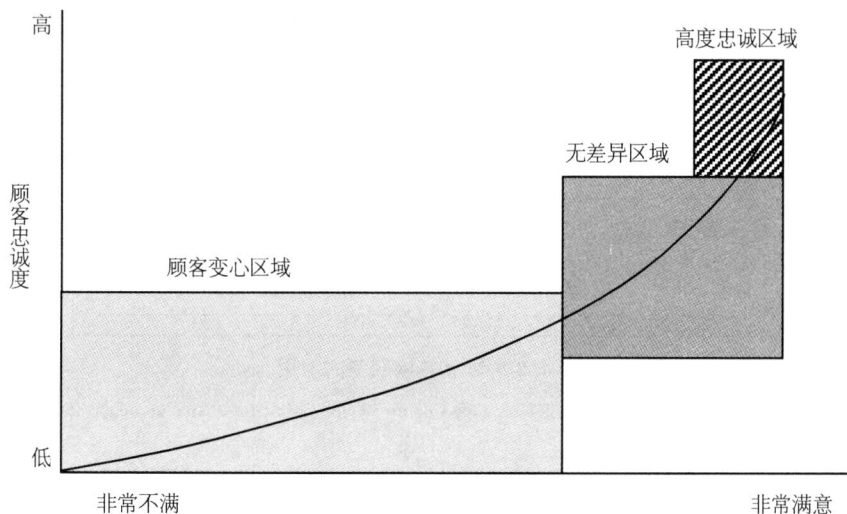

图4-7 顾客满意度与忠诚度形成的"变心—忠诚"区域

资料来源：Jones，T.O. and W.E. Sasser Jr. Why Satisfied Customers Defect［J］. Harvard Business Review，1995（11-12）：89-99.

图4-7与业界盛传的说法"留住顾客要十分努力，失去顾客只要一分疏失"不谋而合。也就是，业者花费九牛二虎之力加强顾客关系联结，才能拉拢顾客，但是只要稍有不慎，顾客稍微不满，即有可能掉头就走。因此，企业应该特别留意哪些因素容易造成顾客变心（customer defect）。

顾客变心最具体的表现就是服务转换（service switching）行为，即顾客抛弃原本的服务业者，另寻新的业者。Keaveney（1995）曾经研究超过500名消费者在45种不同服务业中的服务转换经验，结果发现八类会造成服务转换的因素，其中三类与服务缺失有关（核心服务的缺失、服务接触的缺失、对缺失的不当响应），另外三类则与服务价值的流失有关（定价不当、便利性不足、竞争者替代），再加上道德问题与非自愿转换两类（见图 4-8）。

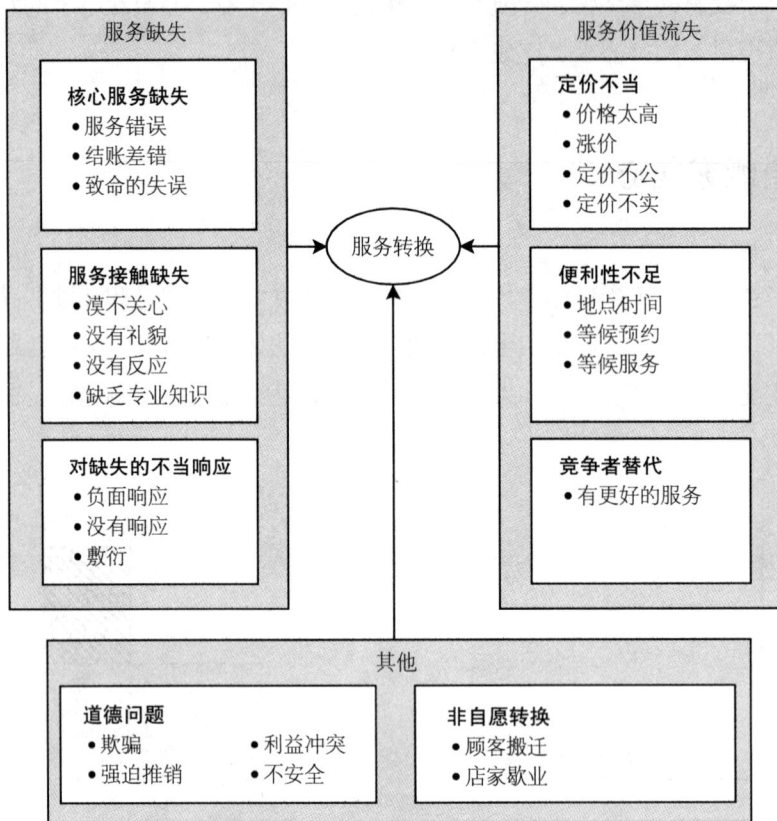

图 4-8　顾客转换服务的原因

资料来源：Keaveney，S.M. Customer Switching Behavior in Service Industries：An Exploratory Study〔J〕. Journal of Marketing，1995，59（4）：71-82.

　　Keaveney 发现多达 45%的消费者会因为单一的因素而转换服务，其他 55%的消费者则是要有两个或以上的因素出现才会转换。整体而言，造成转换最重要的因素是核心服务缺失，服务接触缺失与定价不当则是其次，接着是对缺失的不当响应与便利性不足等。由此可见，服务业者必须严格管理核心服务与服务接触、当心定价策略带给市场的观感、切实有礼地响应顾客有关服务缺失的投诉、提升服务便利性等，才能有效减少顾客变心与转换服务。

　　值得一提的是，除了图 4-8 的一般因素，某些服务业可能存在一些造成顾客转换服务的特殊因素。例如，本·拉登之死可能触动全球恐怖攻击活动，部分旅客避免搭乘成为攻击对象的英、美航空班机；"3·11"日本大地震造成的辐射外泄危机，使得常客却步。另外，旅行社的导游跳槽经常造成部分顾客跟着转换旅行社，如何防止这些特殊因素出现或是事后如何补救，是相关业者必须面对的管理课题。

4.7　补救服务缺失

服务缺失在所难免。一般而言，如果补救得当，发生缺失还不致造成顾客变心而转换服务；也就是服务补救（service recovery）是在缺失发生之后的最后防线，如果补救得令顾客满意，顾客关系还是得以维系。

一般而言，业者主动发现缺失并予以补救，比顾客抱怨后才补救还受到肯定。这意味着企业必须设计并执行一套发掘缺失的流程或方法，通常这涉及主动询问或从旁观察服务结果。前者如旅行社在旅游之后主动打电话询问旅游满意度；主题乐园在门口以抽奖活动鼓励游客填写意见调查。后者有餐厅指派服务生观察顾客用餐情况（如吃下第一口的表情、留意吃剩的饭菜；导游在带团中随时留意团员相互间聊天时提及对这次旅游的评价、抱怨或表情）。

不过，服务是否有缺失，企业与顾客可能有不同的观点，因此企业应该欢迎甚至是鼓励顾客投诉，以便能及早应对。妨碍顾客抱怨的因素，如抱怨机制或方式不明或烦琐、顾客对抱怨的作用悲观、顾客担心抱怨带来不愉快的经验等，都应该设法排除。例如，设置免费投诉电话或 E-mail、保证会立即以诚意处理顾客投诉、训练员工以良好的态度接受顾客抱怨、接受匿名投诉、以具体行动感谢顾客的建议等。

最重要的是，顾客通常希望抱怨能换来企业的正当响应，也就是下列三种"正当性"（见表4-6）：

（1）结果正当性（outcome fairness）：这是指顾客希望得到合理的补偿，包含重新提供服务（如更换房间、换另一杯饮料、再表演一次）或赔偿金钱、时间与精神等方面的损失（如退费、送礼、赠送折价券）。

（2）程序正当性（procedural fairness）：顾客也希望看到企业的补救程序或措施是有制度且是合理有效的，如服务人员能够马上通知负责人出面解决问题、企业能够利落地召开会议并很快做出补救决定等。

（3）互动正当性（interactive fairness）：这是指相关人员在处理服务补救时能够秉持良好的态度，如发自内心真诚地耐心聆听、面带微笑、话语轻柔、认真记录顾客抱怨等。

表 4-6　影响服务补救满意度的三种正当性

正当性类别	正当的案例	不正当的案例
结果正当性	"他们也承认放映机有问题，结果把电影票价全额退给观众" "厨师向我们道歉，除了重新做一道菜，还送了一张折扣券"	"老板居然说同样的片我可以再看一次，但就是不能退钱，真离谱" "厨师只是说声不好意思，也没想到补偿我们，太过分了"
程序正当性	"他们内部马上召开会议处理我的申诉，事后还特地登门道歉" "服务人员将我的意见反映给经理，经理马上就解决我的问题"	"他居然在电话里说了一个网址，要我上网申诉才肯正式处理" "服务人员居然说经理出国一星期，等他回来后我再来找他解决问题"
互动正当性	"这位客服小姐从头到尾都很有耐心，还笑容满面听我抱怨" "导游为了解决问题，跟我们耐心沟通半天，一刻都没停下来"	"这位客服小姐很敷衍，我跟她讲道理，她眼睛都不看我一眼" "导游碰到这么大的问题，还对我们训话，最后甚至不理我们"

资料来源：Tax，Stephen S. and Stephen W. Brown. Recovering and Learning from Service Failure[J]. Sloan Management Review，1988，40（Fall）：75-88.

课后习题

基础习题

1. 何谓顾客知觉价值？顾客知觉价值又包含了哪些组成要素？

2. 以 PZB 模式（或称缺口模式）说明一家旅游旅馆如何才能够让消费者满意。

3. 好的服务品质包含哪些组成要素？请举例一家你最喜欢的餐厅，并说明它如何创造令人满意的服务品质。

4. 何谓顾客满意度与顾客忠诚度？以旅行社为例，说明顾客满意度与顾客忠诚度是否一定成正比。

5. 何谓顾客终生价值？对旅游业有何重要性？

应用习题

1. 观察在学校中有哪一家餐厅特别受到学生好评，并试着访问五位同学对那家餐厅的评价，并归纳令他们满意的原因。

2. 请试着从你的生活经验中，回想及写出一次最糟糕的服务失误经验，并分析其原因与解决的方法。

05　顾客体验与体验营销

本章主题

　　你最常拿出照片回味的是哪次旅游？住过最满意的饭店是哪间？最想推荐哪间餐厅？主题乐园内的云霄飞车是否令你既兴奋又紧张？这些服务为何在你心中至今还闪闪发光，令你印象深刻？答案就在于"体验"。正如本章"遇见创意"专栏介绍的花博利用科技结合人文为游客带来如梦似幻的感受，留给游客一份深刻的记忆。

　　本章主要内容如下：

　　1. 体验营销的重要性与兴起：讨论体验营销对于旅游产业有何重要性，以及体验营销近来崛起的时代背景。

　　2. 体验的特性、决定因素与构面：分别说明体验的特性、决定要素及其五大构面。

　　3. 体验营销的特性：讨论体验营销与传统营销的差异、消费者的体验需求与决策过程、体验营销的类型，以及体验营销如何应用在旅游产业上。

遇见创意

用科技呢喃花语，用艺术赞叹生命

台北国际花卉博览会在 171 天缔造了 896 万多的人次，向世人展现了中国台湾能用高科技带来幸福的感动，被国际园艺者协会盛赞是过去 50 年来最好、未来 10 年内也很难超越的园艺博览会。其中梦想馆是唯一没有真实花草的场馆，却又缤纷得让人惊喜连连，难怪吸引逾 60 万人次参观。

先有技术后有创意的梦想馆是工研院先从 368 种技术中选定 5 种后，才开始构思如何做到"掌握观众情绪，创造天人共鸣"，共花了 2 年、2.8 亿元新台币完成的。从"RFID 无线射频辨识"的梦想手环开始，就注定这场科技声光大秀让人惊喜连连的地位，不但人人能创造专属的梦想之花，脱下手环后还可拿到一张印有自己的花朵与祈福的可以签诗的花梦小卡。

踏进梦想馆大厅，映入眼帘的就是由 34000 片纸叶片织成的森林隧道，簇拥着正中央那朵重达 3.5 吨、直径达 8 米，能在声光效果下展开长达 7 分钟、数十种开合的动力机械花，搭配由 150 个薄如蝉翼的纸喇叭所发出虫鸣鸟叫，让人自然放慢脚步、瞪大眼睛、竖起耳朵；在虚拟花园里则以"3D 立体裸眼显示技术"，让观众从 9 个视角细腻地看到中国台湾原生植物的动态立体影像，对着电视屏幕挥手，影像还会和人产生互动，极尽生动。

到了花瓣迷宫则让观众化身昆虫，应用"感测技术和电控液晶玻璃"，体验花朵和昆虫互利传递生命的过程，包括拍打雄蕊后看到自己的影子黏附很多可爱的花粉；拍打胚珠光球，让光球上端层叠的灯泡开始发亮，直到全部灯泡都点亮象征授粉完成，最后环绕的墙面开出满山遍野的动态花朵。而取名"融合"的三厅，则让观众置身 360 度互动环形剧场体验彩虹森林，借由"非接触式超宽频生理讯号感测技术"，对着小树大口深呼吸，小树就会蓬勃成长转眼成为大树；接着将手掌贴着树干上的蝶蛹，借由感应手心的脉搏，蝶蛹幻化为满天飞舞的美丽彩蝶。

梦想馆内的科技让中国台湾人很骄傲，不用真花真草就办到了人和大自然共鸣时的感动和谐，开启了高科技结合创意、人文和情感的新篇章。

引　言

以前，我们很难想象可以像明星一样到电影场景中身历其境，顶多只是到曾拍摄电影的自然风景区回味，如早期 007 电影《金枪客》因为在普吉岛拍摄而让这个南洋小岛被欧美旅客惊为天堂，成为旅游胜地。不过，现在电影相关部门或场景所在地的店家变聪明了，他们开始刻意保留电影场景的设计，吸引粉丝走出屏幕延伸到现实生活来亲临体验，将影视商机延伸到旅游商机。2011 年 5 月出刊的《商业周刊》在"戏下档，商机才正开始"的报道中就指出：

《海角七号》意外爆红，成功炒热恒春、垦丁的旅游景点，也让有关当局开始注意到用电影带动旅游的效益，并尝试用更积极的方式，在开拍前就先规划介入，《艋舺》就是最好的例子。随着《艋舺》票房突破 2.5 亿元新台币，沉寂已久的剥皮寮也跟着大红，从电影上映到 2010 年 10 月，共有 37 万人造访；华西街夜市的逛街人潮，在电影上映期间暴增三倍，部分商家业绩也增长七成；万华知名小吃"台南担仔面"更创下开店以来春节生意最好的纪录。一部《艋舺》就为万华地区创造高达 12 亿元新台币的旅游商机。

报道中也提出韩国利用影剧带动旅游的经验值得中国台湾参考：

以 2003 年的《大长今》为例，韩国 MBC 电视台在拍摄完毕后，保留剧中 1200 坪的村庄和宫殿，成立"大长今主题公园"，并在各景点设有中、英、韩、日语的专业导游，以吸引海外游客。《大长今》在全球 60 多个国家播出，六年内衍生的旅游、饮食等经济效益达 770 亿元新台币。另一部电视剧《冬季恋歌》，靠着裴勇俊的号召，在亚洲引爆旋风，剧中的南怡岛因而成为日本游客最爱的韩国景点之一，仅 2004 年就创造新台币 106 亿元的旅游收益。

当影剧情节和现实生活联结上的时候，观众就成功地再次"体验"看电影当时的感动，诚如政大广电系副教授陈儒修在报道中所说："观众希望借由重游电影场景来回味曾经有过的体验，从中获得喜悦和满足。"了解体验的观念才能让这条"从影剧情节走到现实生活"的路走得可以长久。

5.1 体验营销的重要性与兴起

5.1.1 体验营销对企业的重要性

从营销管理的角度来看，体验营销让企业得以提升顾客导向的观念与作为、增进服务的附加价值，以及强化市场竞争能力。企业为了让顾客满意，必须提供符合顾客需求与期望，甚至是超越顾客期望的服务。顾客期望与实际购买或使用服务的经验是否一致，是顾客能否满意的关键，进而影响顾客忠诚度。然而，消费者的期望与价值并非是一成不变的。正因为如此，许多人会蓦然间发现，曾几何时，过去熟悉的情景已不复存在，取而代之的是顺应新时代需求而生的服务。例如，越来越多餐厅、旅馆、百货公司等讲求艺术美学、气氛营造、人性化设计等，主因之一是企业界抓住并反映了消费者期望与价值的改变。是否了解顾客期望的改变，是现代企业生存的基本条件。体验营销的观念可以让业者审视本身的作为，是否跟得上顾客需求与期望的变化。由于服务业具有顾客涉入生产活动的特性，因此顾客的参与过程是传递顾客价值的关键；也就是顾客在购买与消费服务的过程中，付出时间、精神、体力等与服务人员互动，而在这互动过程中，企业应该设法了解顾客期望的变化，让顾客深刻体验到价值利益，如此一来才能提升顾客导向的作为。

例如，美国知名的艾维斯租车公司（Avis）在 1990 年初的顾客服务表现欠佳，于是痛下决心了解顾客的租车经验，结果发现顾客在租车时会因旅途的不确定性而产生焦虑与压力。因此，艾维斯在还车柜台设置了航班终端机，让顾客在还车时可以知道班机起飞时间与登机门。此外，为了方便顾客与公司或家人联系，还成立了通信中心，让顾客可以在中心内打电话、传真，甚至上网等。这些消除焦虑与压力的设计不但为顾客带来美好的经验，也逐渐提升顾客忠诚度，更让艾维斯的业绩在 2000 年初攀上高峰。

体验营销也可以为企业增进服务的附加价值。体验营销的基本精神在于超越产品或服务的基本功能（如餐厅的基本功能是提供舒适美味的用餐），让顾客的认知与内心在当下感受到强大的冲击，体现一段难以忘怀的经验；相对于只是提供基本功能的做法，体验营销较能创造更高的附加价值。正如体验营销领域的先驱 Schmitt 所做的对比：当咖啡被当成货物贩卖时，一千克卖几十元；当咖啡被包装为商品时，一杯就可以卖 25 元；当咖啡在一般的咖啡店中贩卖，一杯最少要 35 元；但如能让顾客体验咖啡的香醇与生活方式，一杯就可以卖到上百元。如星巴克的成功就在于将顾客的消费过程设计成一种与咖啡交会的体验，使顾客从中得到感动，为顾客提供前所未有的价值。

当体验营销能创造独特性，为市场青睐时，往往可以强化市场竞争力。例如，在桃竹苗等县市连成一线的桐花祭活动中，不少游客沉浸在五月雪纷飞的氛围里，并在导游人员说故事的气氛下被导入到历史文化的情境，甚至在油桐花下闲情茗茶；相较于许多县市千篇一律的大型文艺活动，桐花祭的独有特色让它在旅游市场中异军突起。同样地，位于阳明山的食养山房餐厅以"极简，禅风，自然"闻名，园内的屋舍、池塘、山涧融合成一幅水墨园林，厅内偌大的落地窗，让青山仿佛触手可及，许多人在这里无不敞开五感，与空间来一场心灵的对话；即使一餐要价上千元，食养山房依旧门庭若市，凭借的就是难以取代与忘怀的独特性。

从 20 世纪 70 年代起，旅游产业便开始重视顾客体验，且以创造不同的体验话题策划营销。最擅长创造顾客体验的便是主题乐园，如美国的迪士尼乐园、海洋世界、环球影城，它们总是提供不同的环境与主题故事供游客体验，让顾客所接触到的产品与服务是多元的、全方位的刺激所组合而成的体验，也因此促使游客不断回流。

换言之，旅游产品并非有形产品，提供的就是一种体验。一个旅游地或活动可能带给旅客最高体验，引发强烈情绪与感受，如兴奋、有趣、挑战、感动，甚至人生的改变。因此，旅游产业必须重视旅客体验，而运用体验营销能够创造更高的附加价值与独特性，更可以符合顾客的期待、需求与价值。

5.1.2　体验营销受到重视的时代背景

体验营销虽然早在数十年前就已经运用在旅游产业中，然而相关观念在学术界与实务界受到普遍重视，却是近几年的事。

由于随着旅游的大众化与全球产业的扩展，许多旅客尽管到不同的旅游景点，却可能到相同餐厅用餐或饭店住宿，旅游产品变得过于制式化或标准化，渐渐形成旅游产业的"麦当劳化"（McDonaldization），旅客已经失去前往的欲望或是对于真实感的追求。也就是，无论走到哪里都看到及吃到相同的东西，所有的商品都是可预想到的，毫无新鲜感。

现代旅客因此极欲寻求量身定做的个人化与独特性的旅游体验，社会学家称此种旅客为后现代旅客（post-tourist），而造就后现代旅客的时代背景，主要在于经济、科技与社会文化的发展与改变。

5.1.2.1　经济发展

发达国家的经济发展可以大致分为四个阶段：农业、工业、服务业与体验产业，每个阶段各有其特色（见表 5-1）。这些阶段的演进代表人们不断累积其财富；许多证据显示，财富增加不仅代表消费能力提升，还改变人们消费的方式。以晚餐为例，在农业经济时代，人们通常以自家的农畜产品为材料，烹调一顿晚餐；在工业经济时代，则是到商店购买食材回家料理；到了服务业经济时代，越来越多的人选择到餐厅用餐；发展到体验产业经济时代，人们注意的不仅是餐厅的餐点，还重视餐厅的环境与用餐的感受。

表 5-1　各种经济形态

经济时代	农业	工业	服务业	体验产业
营销标的物	货物	商品	服务	体验
供应的本质	可取代的	有形的	无形的	可记忆的
基本属性	自然的	标准化的	客制化的	个人的

资料来源：PineII, B. Joseph and James H. Gilmore. Welcome to the Experience Economy[J]. Harvard Business Review, 1998, 76 (4): 97-105.

上述晚餐的例子说明，当经济发展到一定的水准时，人们会从必要性的消费，转向较为奢侈的消费。所谓奢侈，包含物质与精神两大层面；精神上的奢侈是指注重消费经验是否带来乐趣、创造感动、值得回忆等。也就是，对于已经拥有足够商品的消费者而言，他们不再自问"到底还要买什么"，取而代之的是"我很想尝试但还没有机会尝试的是什么"。以上价值变迁的现象，也符合心理学家马斯洛的需求层级理论（hierarchy of needs theory），即人们在满足较低层次的生理需求之后，会逐渐地希望得到安全、社会接纳、自尊与成就感等，也就是从生理、社会到心理、心灵的层面。就在这种经济发展、财富增加、消费者价值改变的情况下，体验营销得以蓬勃发展。

5.1.2.2　科技发展

近几十年来的科技迅速发展，使得产品加速创新，产品生命周期逐渐缩短，许多产品上市不久便马上落伍；同时，由于数字科技的发展，许多商品的焦点或诉求从硬件走向软件、从实体走向虚拟。因此，消费者开始追求使用产品的乐趣、创意、新鲜感等，使得产品的实体逐渐地不如心理层面的附加价值重要，这种新的时代推力使得体验营销有抬头的机会。

另外，创造顾客体验往往需要应用科学技术，科技若没有发展到一定的程度，许多梦想将难以实现。例如，2007 年 3 月开幕、轰动国际旅游市场的天空步道（Skywalk）是由大峡谷谷壁向外延伸建造的，悬空在距谷底的科罗拉多河上方 1158 米半空中（比起 508 米的台北 101 大楼多出一倍）；步道底部以钢梁支撑，桥面是强化透明玻璃，桥墩是深入岩壁 14 米的 94 根钢柱，不仅能够承受时速高达 160 公里的强风，耐得住里氏规模 8 级的地震，也可支撑 71 架满载 747 客机的重量。如果没有先进的工程技术，游客将无法享受走在深谷上空的惊悚快感。

许多展演也必须借助科技。例如，2010 年上海世博会的台湾馆就是利用科技展现中国台湾的人文风情。在馆内的全天域球幕剧场，有 12 台大型投影机同步投射影像到直径 12 米的圆球形屏幕上，屏幕后方放置 8 台高功率音箱，创造环绕音响；参观者站在贯穿球体的天桥观影，仿佛置身实景；天桥出入口及两侧则装置喷水管线等特效设备，根据影片内容同步出现喷水或香味等，形成 4D 效果。如果没有高超的科学技术，台湾馆势必无法撼动每一位访客。

仿真高尔夫球练习器、多媒体教学设备、动感立体电影馆等现代科技产品也都用来创造顾客体验。值得提醒的是，科学技术往往只是扮演辅助的角色，相关人员借由科技表现出什么内容以及如何表现等，才是能否创造顾客感动的关键所在。

5.1.2.3　社会文化发展

体验营销的发展也和乐活、慢食、慢活等新兴的生活态度有关。美国社会学家 Paul Ray 于 1998 年创立"乐活"（LOHAS，源自于 lifestyles of health and sustainability）一词，主要是指注重健康与环境责任的消费态度。前者包含健康的饮食与生活、身心的探索与个人成长等，后者则是强调生态永续的精神，如重视再生能源或是有机、可回收的产品等。

另外，有鉴于全球化的快餐与工业化食品，让人们逐渐失去自主的味觉以及对传统美味的判别能力，源自于意大利的"慢食"观念逐渐在全球受到重视。慢食（slow food）是指珍惜传统、细尝食材、用感情体会食物、感激农民的耕耘、欣赏厨师手艺的用膳态度。这项观念后来逐渐发展成"慢活"的生活观，慢活并非懒散、拖延、没效率等，而是强调专注、用心地去体会、完成或享受饮食、运动、医疗、工作、休闲等各种生活层面。

这些新兴的生活观带动了细细品味的消费行为，也为餐饮、休闲、旅游、健康等行业带来了创造顾客体验的契机，不少以乐活、慢食、慢活等为诉求的服务也纷纷推出（顺带一提：很不幸的是，有些业者和消费者误用乐活等观念，如在"乐活旅游"中大啃油腻腻的炸鸡腿，在超低温空调中盖棉被睡觉，这都是违背乐活的健康与环保概念）。

另外，年轻一代在较为富裕的环境中成长，比上一代更懂得消费与享乐，加上他们自小沉浸在影音文化中，受到各式漫画、动画、电视、电影、音乐等的耳濡目染，因此在购买与消费的过程中，比上一代更注重乐趣、感官刺激等。这也给体验营销提供了有利的环境。

5.2　体验的特性、决定要素与构面

5.2.1　体验的特性

体验营销对旅游产品是相当重要的工具，到底何谓旅客体验？旅客体验可以归纳出三种要素：非凡性、主观性、互动性。

5.2.1.1　非凡性：与平日不同的快乐感

当我们决定旅游时，总是希望看到或体验到不一样的感觉，也期望获得快乐体验。快乐的体验常能让人完全投入，集中注意力，且过滤掉所有不相关的知觉，进入一种所谓畅快（flow）的状态。例如，到花莲秀姑峦溪泛舟时，尽管水流湍急、蜿蜒曲折，但会让人在惊叫连连当中感到刺激与兴奋。

环游世界

全城狂欢、丰收幸福的清迈水灯节

水灯节是泰国的年度大节，虽然各地都会庆祝，但第二大城市清迈的盛大三夜庆典，就是能让参加过的人上瘾，唯有年年都去才能解瘾。

在这充满祝福和祈愿的节庆里，整个清迈都沉浸在闲适、欢乐、感恩、虔诚和狂欢的气氛中。各种小吃都出来了，为的是让人们享受尝遍美食的快乐；各色摇曳流苏的灯笼也都高挂门楣、树梢、街头，仿佛悠然的古城在今晚重返了青春的艳丽；所有庙宇都灯火通明，佛祖的慈眼中仿佛也漾着笑意，正聆听善男信女的虔诚许愿；而所有的小沙弥也都出来体会这人间难得的热闹；人人都虔诚仰头送上许愿的天灯，也都蹲在河边轻推感恩的水灯。于是，数以万计的天灯从城市的各个角落，带着施放者的心愿缓缓升起，竟能彻夜未停，让星星都为之黯淡；各式各样以鲜花制成的水灯，小心翼翼地保护着被许以感恩的烛光随波荡漾，点点波光华丽无比，天上、水上交相映照人们的爱和希望。

在清迈，水灯节没有局限特定地点，夜幕低垂，只要看得到天空的地方就有天灯，只要有水的地方就有水灯，只要有空气的地方就有欢乐的气息。不管当地人或旅客，当献上天灯、推出水灯之际，每个人都只是位平凡表达感恩和祈愿的善良的人，难怪每年总吸引世界各国慕名而来的大量游客来此丰收幸福。

畅快体验是一种暂时性忘我且全神贯注的感觉，也是人们为什么愿意继续再从事同样活动的重要原因。畅快在各种形式的休闲娱乐如音乐、下棋、跳舞、篮球、作曲及攀岩中都能够感受到，最常发生在当技巧及挑战都达到最高点的时候。

5.2.1.2　主观性：每人存在差异性

体验是存乎个人心中的，因个人的情感、生理、智能或精神层级而异，因此某一旅客的快乐体验可能对于另一旅客是无聊或是不愉快的。例如，有些旅客在参观某个景点之后，反映是"还好"、"过得去"、"就走马看花嘛"、"总算是来过了，以后不用再来"。相反地，有些旅客却觉得"工作太紧绷，早就该休闲，现在果然来对了，连空气闻起来都那么的舒缓放松"、"怎么一星期这么快，感觉我才刚刚到"、"不自觉也入境随俗地在发梢插上一朵花，想象自己也是当地人"。甚至有人在面对美景而感动的一瞬间，写道：

那天

我们并肩在银白沙滩前

迎接第一道降临的日光

在层层叠叠的绿色泼墨画中

将我们的身体和心灵借由大自然

献给了上天

依偎看日出

携手待迟暮

然后你的心在我寂寞的右心房清唱

我的心在你失落的右心房舞动

再然后

我们和我们的左右心房

都醉了

很显然，对于同一事物每人的体验都不相同，且体验是有深浅之分的，从非常平淡到超乎想象的境界。深刻的体验涉及感觉、情绪、思考、行动，甚至可以超越现实，与任何人事物产生关联，而这种主观性的联结也形成最后旅客对于旅游地或产品的认知与感觉。

5.2.1.3 互动性：必须亲身参与

体验是诱发的而非自发的，是由旅客与旅游地或旅游产品间的互动或一系列互动而引发的一种反应。也就是，体验开始于顾客与产品间的互动，一旦有互动产生，反应才会发生，而互动的结果是一种感觉，一种情感，也有可能是一种想法。所以服务业者应致力营造正面的互动，才能带来正面反应，进而获得正向的认知价值。由于顾客的亲身参与，体验中的某部分展现出高度因"互动情境"而异的特色。所谓读万卷书不如行万里路，旅客到一个陌生的国家或地区与当地人和事物有所互动，才能真实地体验到当地的文化，也才能感受自己国家或地区与当地的差异性。

5.2.2 体验的决定因素

体验的形成与外在刺激、消费者的体验动机以及预期体验等有关。图 5-1 综合这几项要点，并说明如下。

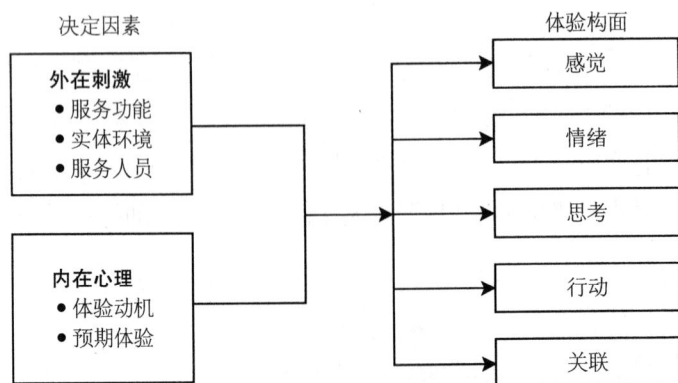

图 5-1 顾客体验：决定因素与构面

顾客体验有两大决定因素：外在刺激与内在心理。外在刺激包含服务功能、实体环境与服务人员，这三者可称为体验媒介。服务功能（service functions）是指某项服务应该发挥的基本效用或利益，如高铁准时行驶、餐厅提供美味的餐点、饭店有舒适且安全的客房、旅行社能妥善安排旅程等。这项因素通常是诉诸顾客的理性思考，而且是形成美好体验的最低标准。也就是如果服务不能正常发挥功能，顾客将无法拥有美好的体验。

实体环境（physical environment）是塑造顾客体验的"舞台情境"，包含服务场所的空间大小与格局、设施、景观、装潢、灯光、声响、味道等。服务人员（service personnel）则是指影响顾客体验的员工相关因素，如穿着、眼神、笑容、谈吐、用字、反应、音调、音量、手势等。相较于服务功能，实体环境与服务人员一般是诉诸大脑的潜意识层面，而且对于情绪的影响较深（本书第9章将讨论旅游实体环境与服务人员）。

顾客体验的另一个决定因素是顾客内在心理，包含体验动机（experience motivation）与预期体验（expected experience）。前者是指什么力量驱使消费者去体验，即"为什么体验"；后者是指消费者在进入体验的情境之前，对于体验抱着什么期待，即"想体验什么"。很显然，体验动机会影响预期体验，而这两者对顾客体验（即感觉、情绪、思考等）都会造成影响。

例如，某位游客如果打算暂时逃离中国台湾的工作与生活压力，想去巴厘岛借酒浇愁（体验动机），他可能预期在巴厘岛海滩边的酒吧享受浓烈的酒精、热闹的音乐、舞姿快速扭摆造成的视觉快感等（预期体验）；而到了岛上，他极可能对于庙宇、传统音乐与艺术等方面的感受有限。相反地，想去感受宗教情怀与人文艺术者对于当地的庙宇、蜡染、木雕等通常会有深刻的体验，但是对酒吧等喧哗场所却无动于衷。

以上讨论显示，为了塑造顾客体验，企业必须仔细规划服务功能、实体环境、服务人员等因素，同时也必须考虑消费者的体验动机与预期体验所带来的影响。

5.2.3　体验的构面

体验营销的先驱学者史密特（Bernd H. Schmitt）综合生物学、心理学、社会学等，提出顾客体验的五大构面：感觉、情绪、思考、行动、关联。以下分别说明这些构面的意义（见表5–2），并举例说明顾客体验的决定因素如何影响这些构面。

表5–2　顾客体验的五大构面

体验构面	意义	例子
感觉	经由视觉、听觉、味觉、嗅觉、触觉所形成的知觉	"神韵"艺术团以东方乐曲（听觉），搭配华丽的服装、场景以及时而婀娜多姿、时而热血阳刚的舞蹈（视觉），展现艺术的力与美

体验构面	意义	例子
情绪	因体验媒介而引发的心情或感情，如快乐、骄傲、窝心等	观众随着表演内容与形式的变化，内心时而沉静祥和，时而热血奔腾
思考	对于某个人或事物形成一套想法或价值判断	观众认为"神韵的表演传达的是慈悲、平和与人性，是超越民族、地域、历史和文化，是超越一切的"
行动	产生特定的行为模式，选择某种生活形态，或与他人互动	观众随着舞蹈，时而热泪盈眶、忘情鼓掌；时而轻松自然地随音乐应和、摇摆
关联	与理想中的自我、某个角色、群体或文化价值产生联系	有观众认为"这不只是场表演，更是一种对和谐、知足和感恩的思想和生活方式的指引"，并决定今后多对社会付出人道关怀。

5.2.3.1 感觉

感觉（sense）是由视觉、听觉、味觉、嗅觉、触觉等知觉系统所塑造而成的；有了感觉，才能带来情绪、思考等其他体验构面，因此它在顾客体验的形成中是扮演火车头的角色。

消费者通过知觉系统接触到服务实体环境与服务人员等，从而感觉到企业的风格，并形成对该企业的整体印象。例如，在纽约麦迪逊大道上、位于纽约公共图书馆附近的 Library Hotel，不但藏书数千册，更特别的是将每一层楼根据"杜威十进制图书分类法"分为社会科学、语言、数理、科技、艺术、文学、历史、通识、哲学与宗教等；每个房间还以图书类别命名，如五楼（数理楼）的 500.003 号房为"动物学"、八楼（文学楼）的 800.005 号房为"童话"、九楼（历史楼）的 900.004 号房为"亚洲历史"等，房内并提供属于该类别的书籍。这些实体设计加上文质彬彬的服务人员，使得旅客感觉到强烈的人文与书香气息。

环游世界

千年古镇的恬静古朴

"生活的压力逼我们无时无刻地努力，想尽办法证明自己。但在这里，这一切都不需要。"某位同里的游客，如此赞叹。

同里，是一座位于江苏省吴江市的江南古镇，在太湖之畔，古运河之东，具有一千多年的历史。这里除了明清建筑多、名人多，水与桥也特别多，因此形成"家家临水，户户通舟"的景象。同里共有各朝代的古桥 40 多座，桥两旁有不少茶楼依傍着水边，捞河水沉淀后沏茶使用，人们多会聚集于茶楼闲适喝茶。

同里的居民不到 6 万，游客也不如附近的古镇（如周庄）多，因此多了几分恬静古朴的味道。大早起来，在"小桥，流水，人家"中漫步，可以看到水上人家在刷马桶、洗衣服，看院落中的煤炉烟雾袅绕；到了中午，这里一片宁静，整座小镇仿佛在暖暖的阳光中沉睡。难怪有人说："同里的姿态永远是淡然的、内敛的，内敛得如同'同里'这两个汉字，将世间的万物都暗藏其间。"

5.2.3.2　情绪

情绪（feel）是指内在的感性反应，包含心情、情感等。避免痛苦、寻求欢乐是人的本性，因此如何避免负面的情绪、引发正面的情绪是塑造顾客体验的重要课题；负面的情绪包含生气、不满、焦虑、悲伤、恐惧、羞愧、嫉妒、孤独等，而正面的情绪则有浪漫、疼爱、宁静、满意、乐观、欢欣、兴奋等。

例如某位旅客曾经如此赞美 Library Hotel："在这个石头建造的都会中，Library Hotel 犹如一颗闪亮的钻石。他们如清风般地温柔呵护，让人感动得想长住于此。最难忘的是午后到阅览室小饮一杯，搭配精致点心，闲情逸致地看书，啊！人生如此，夫复何求？"显然地，这位旅客经历了相当正面的情绪反应。

对于某些服务业或在特定的服务情境下，刻意营造负面情绪反而可以诱发正面情绪。例如，参观纳粹博物馆可能让观众悲伤、愤慨等，却因此带来珍惜生命、积极奋斗的正向感。

5.2.3.3　思考

服务情境中的外在刺激与内在心理因素往往促使消费者"思考"（think），即对特定服务或相关的人或事物形成一套想法或价值判断。企业当然希望能获得消费者的正面评价，尤其是希望在一些重要的服务属性上能够被认为是超越竞争者的，甚至是独一无二的。

例如，以下是部分 Library Hotel 房客的想法："这绝对是爱书人来到纽约的第一选择。这里不但可以放松身心，更可以助长智能；这里不但有专业亲切的服务，更有千百年来的智者相伴。"

"这可能是世界上唯一一间可以让你拥抱群书入眠的旅馆；这家旅馆的创意未必领先同业，但在落实人文内涵上却是前无古人，令人惊艳！"

"你对其他旅馆的记忆会逐渐模糊，唯有对 Library Hotel 的记忆永保新鲜。"很显然，类似这些想法或价值判断是绝大多数企业梦寐以求的。

5.2.3.4　行动

消费者受到服务情境的影响，可能出现特定的行为模式，甚至在接受服务之后，会选择某种生活形态或与某些人互动等，这些现象统称行动（act）。当然，这些行动或多或少表现甚至强化消费者的感觉、情绪与思考。

例如，某些 Library Hotel 的房客受到馆内怡人布置与书香气息的影响，宁愿多待在房间与阅览室内阅读，减少户外的活动，而与服务人员互动时也多了几许淑女或绅士的风度；某些旅客回家之后，不但强化了原有的阅读习惯，甚至仿效起 Library Hotel，将客厅、卧室等布置得书香四溢；有些人则是上网抒发住在这家旅馆的美好经验，并极力推荐给其他旅客。

5.2.3.5　关联

关联（relate）是指与理想中的自我、某个角色、群体或文化价值等产生联系。关联可能以感觉、情绪、思考或行动的形式出现，然而，和这些体验构面不同的是，关联涉及更广泛的社会文化环境或现象，而且对于消费者也具备更深刻的意义。

例如，某位中国台湾旅客住进 Library Hotel 后，感受到"俯首皆书"的氛围和多元阅读的壮阔天地，在感动之际不禁感慨中国台湾大多数的父母、教师、学生将教科书与考试参考书捧为万物之首，其他的书籍则是丧志玩物，长久下来，这块土地的校园内外，"我思故我在"荡然无存，"我考故我在"弥漫八方；这位旅客甚至许下愿望，回到中国台湾后和一些关心教育的朋友合作，参考 Library Hotel 的概念，将阅读、书本、服务业等结合起来，让更多中国台湾民众感受到阅读的美好体验。

上述旅客想到的不是只有业者或现实中的自我，而是延伸到更大的范围，这就是关联的重要特色。就好像有人到了台北西门町，联想到将来可以结合美、日流行文化与服饰等而自行创业，或是想到将西门町打造成来台背包族的居住与玩乐天堂等。

5.3　体验营销的特性

我们在上一节说明了顾客体验的决定因素与构面。这一节将以上述内容为基础，以服务业为例，分四小节讨论体验营销的特性。首先概略地说明体验营销与传统营销的差异，其次探讨消费者的体验需求与决策过程，再次说明体验营销的类型，最后则提醒实施体验营销的注意要点。

餐旅 A 咖

平凡声音说出绝凡故事的阮安祖

穿梭各地的旅人，眼睛欣赏着美景，双手抚过别出心裁的装饰，鼻间充斥着淡淡熏香，舌尖品尝着佳肴美食。视觉、触觉、嗅觉与味觉丰富了旅人的身心，又再一次完成感官记忆之旅。

但面团的甩打、冰激凌的叫卖、市场的吆喝等地道声音隐藏在人声鼎沸中，而未被发现，旅人未能听见地道的声音，以及在声音背后的故事。

那些诉说自己故事的声音渐渐地被寻着，来自美国的阮安祖穿梭在中国台湾的大街小巷，寻寻觅觅声音的故事，在广播节目里播送"声音的明信片"，让听众感受声音，立即在脑海里联想到中国台湾的某人或某事。像是中国台湾街头冰激凌的"叭噗"声，当下会浮出冰激凌推车的影像，令人不禁会心一笑。

中国台湾的声音有专属自己的样貌，在外国人的耳中，总是有不一样的认识。手里拿着麦克风的阮安祖踏入龙山寺，一边录着签与签桶碰撞摇晃的声音，以及掷筊碰撞石地的声音，一边观察人们祈求的神情，可能为的是工作、感情或家庭问题而殷切地寻求出路，签与掷筊的声音取代无法当众说出口的欲望，悄悄暗示众神及虔诚地等待答案。

离开寺庙，搭着捷运的阮安祖不小心睡着了，随着捷运开门声响起，似曾相识的声音仿若置身美国，恍惚间，阮安祖有种身处异乡的亲切感。转出捷运站，敲着硬邦邦节奏的声音传入耳朵，映入眼帘的是一车麻糬摊，好奇的阮安祖不只是录下麻糬的敲打声，还录下麻糬被嘴巴咀嚼的声音等。

漫步在中国台湾各地，裁缝机车线声、锉冰声、超商自动门的开关声、公园退休男女的闲聊声、面茶摊的吹哨声等，渐渐收进阮安祖的麦克风里，成为一个个独具特色的明信片故事。对中国台湾声音充满感情的他，感性地说："嘿！有时候，声音就是这么短暂，也很好啊，提醒我就是这么短暂。其实生命就是这样。你可以再录一次，但永远不是原来的那次了。"

5.3.1　体验营销与传统营销的差异

简单地说，体验营销（experience marketing）是"经由激发消费者的感觉（包含视觉、听觉、味觉、嗅觉及触觉）、情绪、思考与行动，以促使他们产生购买或使用产品的动机，同时设法使他们在购买或使用产品过后留下深刻记忆"的营销方式。根据学者 Schmitt，体验营销与传统营销在某些观点上有所不同；通过两者的比较，我们可以更快速了解体验营销（见表5-3）。

表5-3　传统营销与体验营销的比较

比较项目	传统营销	体验营销
营销重点	专注于产品的属性与效益	重视顾客的体验
产品分类方式	以产品属性及效益来分类产品	以消费情境来分类产品

比较项目	传统营销	体验营销
对顾客的假设	顾客是理性决策者	顾客是理性与感性并重
营销研究方法	量化的、口语的	方法与工具是多元且有歧义的

资料来源：Schmitt, Bernd H. Experiential Marketing: How to Get Customers to Sense, Feel, Think, Act and Relate to Your Company and Brand ［M］. NewYork, NY: FreePress, 1999.

5.3.1.1　营销重点

传统上的营销活动专注于表现与宣传产品的属性与效益，也就是产品的特性及其发挥的功用。例如，饭店服务的属性包含客房大小、馆内设备与性能、服务区域与路线等，效益则是提供客房的方便与舒适、贴心的服务等；餐厅的属性包含菜单设计、用餐环境、真材实料等，效益则是高雅的用餐环境、精致美味的餐点等。

然而，体验营销的重点是顾客的体验，也就是重视顾客在整个购买与消费历程中，甚至是消费之后的感觉、情绪、思考、行动与关联等反应。例如，旅行社的旅程安排可能着重在降低旅途的不确定性、减少工作与生活的疲劳、舒缓大都市里的压迫感；咖啡屋可能强调偷闲享受生活片刻、感受巴黎左岸的氛围、与朋友聚会的喜悦等。

5.3.1.2　产品分类

在传统营销的世界里，产品的分类方式及其衍生出来的竞争者界定，通常是以产品属性及其效益为出发点。例如，火车被归类在公共运输业，而竞争对手则是高铁、公车、捷运等；餐厅则是属于餐饮业，所有的提供餐饮服务的业者是理所当然的竞争者。

相反地，体验营销是以消费情境来分类产品的。例如，坐上火车的外地游客往往对沿线的人群、商店、景物等感到好奇，因此对他们而言，火车成了移动的导览工具或信息站；对于刚下班、累了整天的上班族而言，上了火车便巴不得闭目养神，火车仿佛成了"摇篮"。至于SPA休闲会馆，不少客户在现场体会放松的心境，为接下来的忙碌储备能量，有些人则是为了享受被人服务的尊贵感。

产品分类方式不同，竞争者界定或策略上的意义就有所不同。例如，SPA休闲会馆若被视为"让人享受服务的尊贵感"的场所，饭店、休闲度假村、餐厅等都是竞争对手。

5.3.1.3　对顾客的假设

传统营销将顾客视为理性决策者，购买决策过程相当机械化。也就是顾客在察觉购买需求后，会多方搜集信息，然后评估各个购买方案的特性与重要性，并根据评估结果来购买。

体验营销却认为顾客兼具理性与感性。顾客虽然经常进行理性选择，但在购买过程中也常常受到感性的影响，或是追求感性的体验。例如，游览车司机憨厚亲切的态度、车内淡淡的玉兰花香、洁净无瑕的心灵音乐等，往往比车内设备或是否提早一分钟抵达目的地还重要；同样地，对于许多年轻人，餐厅的价格固然重要，但是店内活泼、前卫、创意的气氛也受到相当的重视。

5.3.1.4 营销研究方法

过去的营销研究方法比较偏重量化或口语化研究。前者是指所搜集的资料或研究成果必须以数据呈现；后者则是以个人深度访谈、焦点团体等方式进行，通过消费者的口头回答来搜集资料。

体验营销则是强调更多元的资料搜集方法。除了接受前述的量化与口语化研究，也不排斥质性的、非口语化的方法，如观察一群顾客在商店内的表情、肢体、人际互动等。

5.3.2 消费者的体验需求与决策过程

越来越多消费者正在从急速膨胀的物质生活中清醒，开始重视用"心"消费，因而期待在购买与消费的过程中能够追求感觉、纾解情绪、挑战创意、激发潜在的右脑反应。具体而言，消费者期待服务的各种元素（包含服务的内涵、服务实体环境、服务人员、程序、成果）能够凸显个人信念与独特性、撩动思念或怀旧思绪、提升美感与灵性、激起梦想与热情、表达关怀与感恩或是带来友谊与情感等。

以上提及的体验需求通常都难以言喻，然而一旦经历过深刻的体验，内心深处某些埋藏许久的感觉被层层掀开之后，许多消费者的感觉往往就借由语言文字、肢体动作、尖叫呐喊或是泪水汗水等而挣脱枷锁，显形于外。以下例子是消费者深受感动后的真实写照：

某位到北京紫禁城参观的民众说道："没想到自己真的可以走进明清帝王曾经生活的地方，好似自己也感觉到少年康熙被鳌拜逼宫时，门外双方人马的厮杀险境和门内康熙命运悬于一刻的紧绷；雍正面对兄弟攻讦和整治贪吏时，独自站在雪地上的孤独沧桑，以及乾隆盛世时太和殿前文武百官在天尚未亮前便聚集朝拜的浩大声势，耳边仿佛也听到喊得震天响的'吾皇，万岁，万岁，万万岁'。感慨历史此时不再只是历史，而像一幕你我人生的剧本。"

某位纸风车剧团的观众在网络上写道："我全家度过了一个无比感动的夜晚！看到台上结合剧场和马戏的专业创意表演，好像进入奇幻的世界里，我内心激动得几度红了眼眶，手掌更是狂拍而忘了疼痛。回家路上，小孩们叽叽喳喳地谈论着今晚的演出，我知道，艺术的种子已经撒在他们的心田。"

显然地，以上的体验难以在事先清楚描述，消费者的内心、认知、行为等必须经历相当大的冲击之后，才能表达相关的感受；当然，某些情境甚至会令人感动得说不出来或是笔墨难以形容。既然体验需求是难以言喻的，那么传统营销学里"消费者理性决策过程"的观念就无法套用在体验营销的情境中。这是因为理性决策假设消费者相当了解本身的需求，或是在搜集相关信息后，能够在几个方案中针对重点比较而做出合理的抉择。

因此，有学者提出了符合体验营销观点的消费者决策模式（见图5-2）。根据该模式，消费者在做出购买决策之前会产生消费愿景（consumption vision），也就是脑海中会呈现出一幅有视觉景象的故事，故事中有主角（消费者本身）、情节及场景等。例如，"下个月毕业就要去加拿大温哥华游学，有点刺激又紧张啊！我想象英语老师跟我讲话，一定鸡同鸭讲，我出现三条线，他出现四条线……听说各地学生都要介绍本地文化，什么是中国台湾文化？到时丢脸丢到外国去，真惭愧"、"好期待今年的曼谷自助行，又可以在腰际围上一条沙龙，逢人便说'Sawadeca'，在炎热的大街上抱着一棵椰子用吸管满足吸吮甘甜消暑的椰子汁，坐在路边摊大快朵颐右一盘海南鸡饭左一盘猪脚饭，还有金光闪闪叹为观止的皇宫和逛不完的美食、衣服、银饰和家具"。

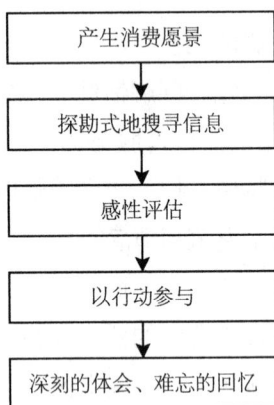

图5-2　体验营销观点下的消费者决策模式

资料来源：Phillips, Diane M., Jerry C.Olson, and Hans Baumgartner. Consumption Visionsin Consumer Decision Making [A]//F. Kardes & M. Sujan. Advances in Consumer Research [M]. Provo, UT: Association for Consumer Research, 1995：280-284.

接下来，消费者的资讯搜集活动是探勘式的，而且在评估资讯时是感性多于理性。也就是消费者并非像上超级市场般事先列举购物清单，每买一项就划掉一项。相反地，消费者在搜集信息时是相当有弹性的、兴致勃勃的，甚至尽力突破各种限制，以实现愿景。例如，得知影展的各场次放映时间与相关活动后，设法排除工作加班与私人约会等因素的干扰，甚至考虑成为影展义工，以便可以免费观赏电影及近身接触导演与演员来宾等；计划到温哥华游学者除了搜集相关学校的资料（如学杂费、课程、师资），还搜集加拿大的历史、地理与文化等资料，并想象如何在白雪皑皑中庆祝在国外的第一个圣诞节。

最后，消费者按照他们想象的故事景象实地演出，以行动参与他们所建构的愿景，并尽力从中得到深刻的体会、难忘的回忆等。消费者甚至很少回顾或评估整个购买过程，只觉得拥有或经历过了就胜过一切。

5.3.3　体验营销的类型

针对消费者的体验需求，企业该如何规划与表现体验营销活动？要回答这个问题，必须正确认识"消费者到底要什么"。有关这一点，近年来多位学者专家提出了幻想、乐趣、感受、娱乐、艺术、休闲、文化、故事、浪漫、怀旧等概念来描述消费者所需，说法不一，不过也显示了消费者体验需求的多元性。

有关消费者体验需求及其对应的体验营销类型，Holbrook 提出的分类可以说是目前为止较为完整的。他将体验营销分成四大类，之下又分别拥有三种形态（见表5-4），举例如下：

表 5-4　体验营销的类型

Experience （体验）	Entertainment （娱乐）	Exhibitionism （表现欲）	Evangelizing （佳讯分享）
Escapism （逃避现实）	Esthetics （美学）	Enthuse （热忱）	Educate （教育）
Emotions （情感）	Excitement （兴奋）	Express （表达）	Evince （证明）
Enjoyment （享乐）	Ecstasy （出神入化）	Expose （展露）	Endorse （认可）

资料来源：Holbrook, Morris B. The Millennial Consumer in The Texts of Our Times：Experience and Entertainment[J]. Journal of Macromarketing, 2000, 20 (2)：178-192.

（1）体验（experience）：包含逃避现实、情感、享乐等，最典型的例子有游乐园、赌场、购物中心等所提供的服务。

（2）娱乐（entertainment）：包含美学、兴奋、出神入化等，例子有宏伟的帕提农神庙、落基山脉的美景等。

（3）表现欲（exhibitionism）：可以让消费者表现热忱、表达或展露自我的服务都算此类，如自助式的韩国烧烤店、团体旅游中安插一两天的自由行也是满足顾客自我规划和自我炫耀的服务设计。

（4）佳讯分享（evangelizing）：包含教育服务、证明或认可某个人或事物的活动，包含游学、义工旅游、国际会议等。

应该提醒的是，任何特定服务有可能兼具以上的类别。例如，一家酒吧的内部设计、灯光与音乐可能让人觉得出神入化而兴奋，同时带来逃避现实的感觉；某间餐厅可能以稀有珍材及养生有机为诉求，教育消费者，希望消费者认可新的用膳哲学，而这项诉求可能吸引某些顾客带着亲朋好友上门，以标榜自己的健康观念。

5.3.4 体验营销的注意要点

本章在结束之前，提醒几点成功实施体验营销时必须注意的要点。

第一，良好的服务品质是体验营销成功的关键，不容忽视。任何服务都有一般与独特的品质要素。前者是指普遍受到消费者重视、不分服务种类的品质要素，如环境卫生、服务人员的态度、正确的服务流程等；后者则是专门属于某个服务种类或企业的要素，如自助餐厅的餐饮多元化、网络咖啡店的计算机连线速度等。无论是一般或独特的要素，只要有一项的表现不被接受，极可能就造成"一颗老鼠屎坏了一锅粥"的效果，让体验的效果大打折扣。

第二，重视体验的精致化与一致性。体验的营造必须精致、一致与清晰，才能保障成功。也就是，体验的主题必须精细设计、清楚聚焦、明确表达以让消费者清楚了解及感受。不一致或不清楚的主题诉求，将会使消费者觉得混乱而无法受到感动。例如，迪士尼乐园严禁扮演卡通的工作人员在公共场合拿下装扮，就是为了避免唐老鸭的肥胖身体连接工作人员的头，而让游客的美好幻想破灭。

第三，设身处地为顾客着想。设身处地为顾客着想，事先想象顾客的整个体验过程。旅客体验的好坏受到许多因素影响，如经营者所提供的外在环境条件、资源内容、活动项目、经营管理以及游客个人的背景、价值观、期望水准等因素。但是，在体验过程中真正重要的是顾客的感觉。设身处地为顾客着想，设想整个服务过程，想象顾客与员工相处的每个片刻，哪个步骤应该增加时程？什么时候最能造成旅客的注意力不集中？旅客对旅游地的意象是什么，应该如何加强？每项设想周到的小动作都是创造完美体验的重点。

第四，重视体验的持续性。重视体验的持续效应，愉快的事分段享受，痛苦的事一次解决。学者研究发现，延长欢乐、减少痛苦的服务原则将可能创造完美体验。例如，迪士尼乐园让顾客搭乘游乐设施的时间缩短，主要是让很多人可以搭乘，这也增加了分割愉快的效果，让人觉得在乐园的时间又长又丰富。从顾客的观点来看，虽然每次只有90秒但可以玩两次，感觉比一次玩3分钟更久。因此，企业应该将愉快的经验分割成多次阶段，而将不愉快的经验一次解决，且让结束时更有力，因为顾客的深刻回忆大都是在结束时。例如，邮轮每天晚上活动结束前，以摸彩、比赛、表演等创造高潮，航程结束前举行船长晚宴。

第五，与顾客共创体验。任何一种体验，不论是否有所计划，只要是能够使顾客参与且受到顾客支持的都将会是有趣的。为顾客事前计划每一个不平凡的体验，倒不如让他们自己建构自己的体验或与其他人一起建构体验。因此，产品应该能够保留一些未完成的空间，而这些空间将带领消费者进入一些独特的体验模式。例如，有一种餐厅只提供食材和厨具，让顾客自己决定怎么煮、煮多少。

第六，利用创意不断推陈出新。任何成功的体验营销必须有不断的新创意，营造新的体验，否则无法永续经营。例如，有些企业可能需要运用创造力来结合故事与服务，并且把故事讲得精彩，以营造难忘的消费体验。例如，许多动物园从动物的生活百态或突发事件中找到故事的灵感，利用故事及其新闻价值来让到访的游客有更深刻的体会。

第七，企业应该考虑结合相关的服务或与其他企业策略联盟，以创造体验营销的经济效益，如最近受到瞩目的医疗旅游就是结合两种服务的概念而兴起的。其他的例子还有外语游学课程结合当地的文艺节目欣赏、汽车经销商与民宿业者合作推出户外赏星活动等。

课后习题

基础习题

1. 所谓的体验经济时代是处在什么样的时代背景之下？

2. 体验营销对于旅游业有何重要性？又如何应用在旅游业中？

3. 体验营销与传统营销有哪些差异？

4. 以餐厅为例，说明顾客体验的两大决定要素（外在刺激与内在心理）。

5. 体验营销包含哪五大构面？试以主题乐园为例说明。

应用习题

1. 请试着从网络上的旅游部落格中搜集你最喜欢的某个旅游地的顾客体验，并试着从其中分析该旅游地带给旅客在外在刺激与内在心理上的体验有哪些。

2. 请到餐厅用餐时，利用你的五官去感受那家餐厅带给你的体验，将感受与想法记录下来，然后分别归类成书本中提到的顾客体验的五项构面，并比较那家餐厅给你最深刻的体验是什么。

第三篇
选择市场
Selecting Market

06　旅游市场区隔、目标市场、定位

本章主题

　　本章的"遇见创意"专栏提到的 W Hotel，在中国台湾竞争激烈的旅馆市场中快速崛起，原因之一就是业者慎选目标市场，强调定位，并且以设施、装潢、气氛等强化定位。许多实务案例一再证明，进入适当的目标市场、确立正确的定位，等于开始踏上成功的路途。如果再配合恰当的产品、定价、通路与推广等策略，即成功在望。本章就是要讨论在营销管理中非常重要的三个观念：市场区隔、目标市场与定位。内容如下：

　　1. 目标市场营销：首先叙述市场异质性造成目标市场营销的现象，并概略介绍目标市场营销的做法。

　　2. 市场区隔：分别说明消费者市场的区隔变量，以及如何评估市场区隔。

　　3. 目标市场：讨论三种目标市场选择的做法及所考虑的因素。

遇见创意

时尚饭店或是夜店 W Hotel 摇身一变

坐落在台北信义区精华地段的 W Hotel 于 2011 年 2 月 14 日情人节正式在台北这个充满活力的城市与大家见面，许多中国台湾民众对它的认识是来自于艺人范范（范玮琪）与黑人（陈建州）众星云集的婚宴，其实台北 W Hotel 已是 W 酒店全球第 39 家饭店。

创立于 1998 年的 W Hotel，起源自纽约 49 街和莱辛顿大道（Lexington），是饭店业中的亮眼新星，也是时下年轻人所谓的"潮牌"。除了一般饭店注重的特色精致美食、舒适客房、优美景观，W Hotel 结合了许多趣味的设计与命名，如称作 WET（湿淋淋）的游泳池、SWEAT（汗流浃背）的健身房以及 WIRED（不断线）的 24 小时商务中心，都带给客人消费感官更多的乐趣体验。

W Hotel 也颠覆了你我对饭店温馨如家、柔和明亮的刻板印象，标榜着"流行时尚"、"前卫设计"、"潮流音乐"的 W Hotel，一到夜晚，饭店大厅即摇身变为时尚夜店，充满了热情、活力、娱乐等各种青春时髦的元素，吸引各大城市中热爱时尚、享受奢华的年轻都会男女。

此外，W Hotel 更指定专业音乐制作人（迈克安杰罗，Michealangelo L'Acqua）及时尚总监（艾曼达·罗斯，Amanda Ross）替饭店打造专属音乐、整体的风格与配件，W Hotel 虽然是一家饭店，但是它对于音乐及时尚元素的重视，都超越你我对于一家饭店应有的需求与想象。打出独特时尚定位的 W Hotel 究竟能否突破顾客对饭店固有的认知而获得好评呢？ 2010 年底，W Hotel 订房系统一上线，短短一天内涌入的订单即将 2011 年 2 月下旬至 3 月初的房间全数订满，看来 W Hotel 将在台北这个喜爱尝鲜的城市刮起不小的风潮。从台北 W Hotel 大门外可看到特别打造的链条设计，链条两端紧密连接的是 W Hotel 所带来的无限惊喜与台北这座城市独特的生活风格，W Hotel 期望能在全球各地充满风格、活力的城市，注入 W 独特的魅力元素之余，也能打造专属于当地的特色风情，如此一来才能让当地的顾客更尽情自在地拥抱更多的"W 乐子"。

引 言

你上次逛动物园是多久以前？千篇一律的动物园形式是不是已经让你提不起

劲？不论到哪一区，你和动物之间都是有铁笼子、铁栏杆作梗？总之，动物就是离你离得远远的；你看不清楚它们，它们也威胁不到你，虽然相安无事但就是少了点什么。

如果少了点的东西是让游客身为食物链一员的真实感呢？那保证会终生难忘。澳大利亚墨尔本的威力比野生动物园（Werribee Open Range Zoo）的卖点就是这个！它的定位就是要游客身历其境感受动物的野性和凶猛，让人类体验一下被当成动物食物的恐惧，但同时这一切都在安全下进行。看看以下《联合报》的介绍，你会不会有胆尝试逛逛？

自 2006 年开始，威力比野生动物园就利用透明的强化玻璃盖了大型的"隐形"狮笼，将 2 只母狮放在笼中，以方便笼外的游客近距离观察狮子的活动。上个月，园方再把 2 只雄狮放入笼中，让游客的体验更加震撼。

此外，园方还巧妙设置了一辆吉普车，让强力玻璃恰好在挡风玻璃处隔开笼内与笼外，并用引擎盖上的肉吸引它们贴近，让坐在吉普车上的游客近距离观赏。

到威力比野生动物园参观的普莱斯太太表示："那真让人吃惊。你甚至看不到玻璃就在那里。"她的丈夫则说："我确定，这些狮子一定以为我们的孩子是它们的点心……小孩子还试着要伸手去摸这些狮子，我从未如此接近这么吓人的动物。"另一名游客萨金特强调："若非它们像那样在你面前盯着你，你不会了解它们到底有多大。同时，这让人感到既害怕、兴奋，又轻松愉快。"

都是让人类观察动物的动物园，一旦针对爱冒险的游客，并改变看动物的角度和方式就能带给游客全新的体验，就能塑造出其他动物园不能给游客的体验，而这就是目标市场与定位的重要。

6.1　目标市场营销

6.1.1　市场异质性与目标市场营销

我们先到市面上巡视一番。街上这端的第一间餐厅卖的是印度咖喱，里头的摆设装饰尽是南亚的绚丽色彩，店内洋溢着阵阵的辛辣味；隔邻的意大利餐厅，内部所见都是意大利的三色国旗，所闻尽是西红柿、吉士的淡淡酸味；最后一间则是蒙古烤肉餐厅，墙上挂着野马奔腾大草原的巨幅画作，空气中弥漫着烧烤的香味。街上另一端有两家旅馆，其中一家外观豪华，门口的电子广告牌不断闪烁"15 种异国风情任你挑"，另一家则打出"商务人士的歇脚处"的口号，风格典雅朴实。

市面上的多元色彩举目皆是，这都是来自于企业的目标市场营销（target marketing），也就是企业根据某些购买者特性将广大的市场分类，然后决定针对哪一群购买者提供什么产品利益或特色。企业之所以要采取目标市场营销，是因为市场异质性（market hetero-geneity）的关系，即市场上的购买者具有多样化的需求。有三种现象带动了市场异质性。第一，每个人的消费习性总是会和有些人不同，如有的人在周末外食时偏好意大利面食，有的人却偏爱港式饮茶、日式料理等。第二，每个人偶尔会出现主要消费习性之外的消费行为，如某商务人士出差台北通常都住国宾饭店，但是偶尔会因为好奇和国宾客满等原因，而改住其他旅馆。第三，有些人对于某些产品缺乏品牌忠诚度，如购买珍珠奶茶时并不刻意指定品牌。

由于企业创新、传播媒体迅速发展、营销刺激源源不断，加上消费者的可支配所得增加，市场异质性有扩大的趋势。因此，任何一项产品已经不太可能被所有的消费者接受，企业因而有必要针对某个或某些消费者群体来提供他们的所需。

另外，企业很难有庞大的资源大小通吃市场上的每一位消费者，因此衡量本身的资源以服务部分的市场，不但可以避免"乱枪打鸟式"地浪费有限资源，也可以因为对部分市场专注而提升专业（例如，更了解市场需求并提供更合适的营销组合），从而提升营销管理的效率与效果。以上的因素都显示出目标市场营销的合理性与必要性。

6.1.2　目标市场营销的做法

执行目标市场营销必须划分市场区隔（segmentation）、选择目标市场（targeting）、确立定位（positioning），简称 STP（见图 6-1）。

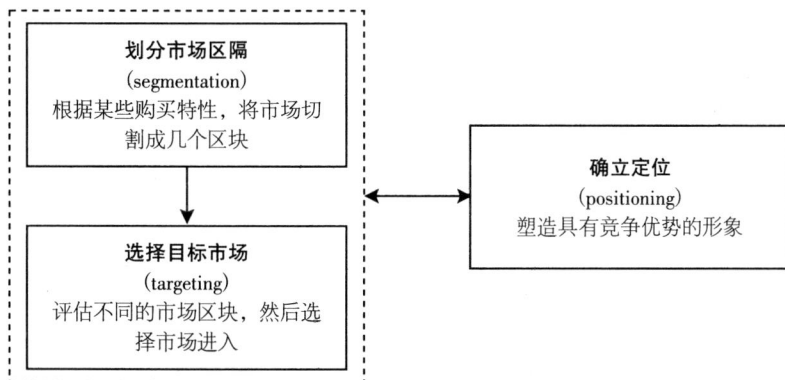

图 6-1　目标市场营销的做法：STP

企业所面对的市场相当庞大，因此有必要根据某些购买者特性将市场划分成几个区块。例如，国外游学的消费者可根据年龄划分为小学生、中学生与大学生等，或根据游学目的分为语言、技术、文艺游学团等；旅馆的消费者可以划分为家庭旅客、商务旅客、团体旅客等区块。

企业接着评估本身的资源与不同市场区块的情况，选择其中一个或一些区块作为目标市场。例如，台北亚都丽致大饭店考虑到本身的房间数较其他五星级饭店少，因此不和其他五星级饭店一样，将主要市场锁定在团体旅客，反而将目标市场锁定在欧美商务型旅客，要将亚都丽致打造成欧美商务旅客在亚洲的另一个家。

同时，企业必须确立定位，也就是塑造与传达能吸引目标市场、有别于竞争对手的形象，以获得目标市场的青睐。例如，皇家国际运通将本身定位为结合精致文化与时尚美学的旅行社，巴黎的定位为浪漫与时尚之都等；全球最大市值的新加坡航空始终以客为尊，因此定位为提供从不打折的顶级服务、最新的客舱娱乐以及全球最年轻的机队。

环游世界

地球上合法的事，"黑卡"都能搞定

信用卡界有一张传说中的"卡王"：全卡以钛金属手工制作，重15克，是一般塑料卡三倍重，因卡面为黑色，又称为"黑卡"。这张卡就是美国运通顶级的 Centurion 卡（百夫长卡），号称任何在地球上合法的事，只要你付费，它使命必达，因此又被称为"圆梦梦幻卡"。

美国运通在2010年8月才引进中国台湾，是继日本、中国香港、澳大利亚、新加坡后，第5个亚澳市场，全球排名第18位。伴随没有优惠抵免的16万年费、消费额度无上限但每月必须一次缴清、年收入至少要650万元以上等严苛条件，黑卡提供的"基本"好处当然也够顶级，包括全球首创"个人旅游秘书"、"专属生活顾问"一对一服务；11个国际机场及九大中国城市免费机场通关礼遇、专人协助代办登机手续、多家航空公司的商务舱和头等舱票价优惠；各大饭店房间升级；全球顶级俱乐部入场资格；米其林星级餐厅优先订位（一般人要提早半年订）；F1一级方程式赛车、美国网球公开赛、温布尔登网球公开赛等优先购票和预订最佳席位等礼遇；不限次数免费机场接送；购物两周内买贵退差价；在中国台湾还享有90天购物（意外损害、遭窃）保障等。不过黑卡可不是有钱就能申请，目前仅对顶层的运通白金卡会员发出邀请，第一波全台仅几百位受邀。黑卡号称"没有办不到的事"，包括在一天内找到包机将中国台湾会员全家六口安全撤出动乱的埃及（花费300万元新台币）；刷卡1788万元买一台蓝宝基尼限量版跑车；某中国香港会员为了帮助女儿写"沙子质地"的自然作业，而向美国运通要求希望能派人去死海捞把沙子回中国香港，让女儿拿死

海的沙子对照中国香港浅水湾沙子的质地；一位中国香港会员在意大利偏僻村落举行婚礼时，要求能在当地放长假的 8 月找到能表演中国传统舞狮表演的意大利人。

其实大多数的持卡人不是为了刁难美国运通而办卡，而是享受"黑卡"带来的顶级尊容和奢华，因为这张卡就像是"上流社会的身份证"。

许多人常有一个疑问：目标市场与定位，孰先孰后？在实务上，这两者都可能是目标市场营销的起点。有些企业已经拥有既有的客户，或是对某些群体特别了解，因此会先确定目标市场及其需求，然后才寻找产品定位。例如，某家开业多年的餐厅已经有一批老主顾，他们可以针对这些老主顾开发新产品、为新产品定位。

另外，有些企业在原料、技术或流程上创新，而取得新产品发展的机会，因此会先思考新产品的定位问题，再研究市场区隔与目标市场。例如，鼎泰丰的师傅以精湛的 18 褶捏馅手法，造就小笼包的美味，确立"小笼包专门店"的定位，但没有明确的市场区隔。一直到进入大陆扩店后，面对知名包子店的竞争，才开始走向金字塔端，锁定高档消费的市场区隔。

有许多旅游景点也因为坚持发展当地特性，而形成区隔与目标市场。例如，被称为最快乐穷国的不丹，为了保护当地的自然与人文传统，政府采取限量的游客管制政策，但这种政策却刚好符合高级饭店典雅隐秘的宗旨，2001 年开放外资饭店后，在七年内便吸引印度尼西亚阿曼（Aman）、新加坡 Como 与印度 Taj 三大饭店集团，耗费前所未有的资金、人力与工程，以不破坏当地自然人文的方式设立低调奢华的精品饭店，不丹也因此吸引了许多追求心灵宁静与注重隐私的顶级游客。

重要的是，无论哪一方是思考的起点，这两个观念是互有关联的。当我们在选择目标市场时，也应当连带地思考定位；或是在为产品定位时，也应该考虑目标市场的选择。唯有在两者之间不断地来回摆荡思考，目标市场营销的决策才会更周密。

6.2 市场区隔

6.2.1 消费者市场的区隔变量

区隔变量（segmentation variables）是划分市场所使用的判别标准。消费者市场的区隔变量可以分为四大类：地理、人口统计、心理统计及行为（见表 6-1）。

表 6-1　消费者市场区隔变数

区隔变数	解释/举例
地理变数 气候 城镇规模与人口密度 区域	依据四季变化、温湿度、风向、雨量等所形成的区隔，如热带、温带、寒带等 依据城镇规模及人口密度的区隔，如大都会、小镇、乡村等 依据地理区块划分，如北部、中部、南部、中部与东部地区
人口统计变数 性别 年龄 所得 职业 教育 家庭生命周期	将市场分为男、女两大类 如儿童、少年、青年、中年与老年市场 如月收入 1 万元以下、1 万~3 万元、3 万~5 万元等 如白领、蓝领，或工商业、学生、主妇等 如高中以下、高中、大专、研究所以上等 如单身、结婚无小孩、结婚有小孩等
心理统计变数 人格特质 生活形态 价值观	以一个人的性格区隔，如自信、服从、退缩、敏感等 综合消费者的活动、兴趣与意见等来区分市场，如家居生活、户外冒险、自然恬静等 以消费者根深蒂固的信念、判断是非对错的观念来划分市场，如节俭型、务实型、挥霍型等
行为变数 追求利益 时机 使用率 反应层级	以消费者想从产品得到什么好处来划分市场，如洁牙、防蛀、除味等 以使用产品时的时刻、节庆、社会情境、某种心理或生理状态等来划分，如上午场、下午场、午夜场等 根据购买频率与数量来划分市场，如从未购买、小量购买、大量购买等 如将消费者分为知晓、了解、兴趣、有意愿购买等市场

6.2.1.1　地理变量

地理变量（geographic variables）包含气候、地形、城镇规模、人口密度、区域等。采用地理变量的主要原因是这些变量所隐含的自然环境（如四季变化、温度）与人文环境（如经济条件、文化习俗、交通建设）会造成产品需求上的差异。在国际营销上，地理区隔的应用相当重要。以下举部分地理变数为例：

（1）气候：四季变化、温湿度、风向、雨量等会影响消费者的居住环境、饮食习惯、衣物与用品的使用习性等。例如，中国南方雨量丰富，适合种植水稻，因此居民多以大米及其制品为主食（如米饭、米糕、米团、米粉），北方则因雨水稀少，适合种植耐旱的小麦，因此居民以小麦制品为主食（如面条、馒头、大饼），因此放眼中国餐饮市场，业者可以以气候来区隔市场。

（2）城镇规模与人口密度：城镇规模及人口密度经常被当作市场规模与购买力的指标之一，同时规模越大（即人口越多）及密度越高，通常代表越有可能带来规模经济（scale economy，即销售量增加使得单位营销成本下降），因此许多产品的营销策略规划都以这项变量来区隔市场。有许多产品只出现在大城市或人口稠密的地方，着眼于这个变量就是原因之一。

（3）区域：区域是指七大洲、个别国家或一个国家（地区）内的不同地区等。例如，亚洲可分为东亚、南亚、西亚、东南亚等；大陆内销市场可划分成华东、华南、华中、华北、西南和东北等区域。不少连锁餐饮业将中国台湾市场分为北、中、南、东部，也是一种以区域为区隔变量的做法。

6.2.1.2 人口统计变量

人口统计变量（demographic variables）是用来了解人们的基本背景，如性别、年龄、所得、职业、教育、家庭生命周期、宗教、族裔等。由于一个人的人口统计背景相当清楚明确，营销人员很容易辨认、猜测或经由询问得知，加上它们与产品需求密切相关，因此人口统计变数是非常普遍的区隔变数。以下举部分人口统计变量为例：

（1）性别：男女在生理与心理上不同，因此会引发不同的需求。很明显，衣物、鞋子与个人用品（如手表、眼镜、香水）可以区分成男女两大市场。在旅游市场上，有些企业以性别区隔市场，于是出现贵妇血拼旅游团、整形美容旅游团等，餐厅和酒吧特别在某一天推出 lady's night，旅馆推出仕女楼层等。

（2）年龄：与生理及智力成熟度有关的产品，都可以使用年龄为区隔变量。例如，电视公司针对不同年龄层制作节目；游学团可分为儿童、青少年与成年游学团等。

（3）所得：同一产品类当中常会有不同的价位，原因之一就是企业以所得区隔市场。例如，在中国台湾的旅馆住宿费可以从新台币百余元到十多万元（台北圆山饭店的总统套房）。另外，以所得区隔市场时，相关的不只是消费者的可支配所得，还有因信用扩张所带来的购买力提升，如许多人以承担循环利息、之后逐月还款的方式来购买昂贵的商品。

（4）教育：与艺术、学识、高科技等有关的产品消费需要较复杂的、抽象的信息处理，因此，这类产品经常会使用教育程度作为市场区隔变量。例如，艺术电影通常只在大学内或台北一两家电影院播放，就是为了锁定教育程度较高者；航空公司或旅行社推出的自由行活动，主要是针对教育与外语程度较高的消费者。

（5）家庭生命周期：家庭生命周期与家庭规模、家庭成员的年龄结构等有关，因此经常成为房屋、汽车、家庭用品与耐久财的区隔变量。在旅游市场中，旅馆提供小套房、家庭套房等不同坪数与床数的房间，就是以家庭生命周期为区隔变量的结果。

6.2.1.3 心理统计变量

具有相同人口统计变量的消费者经常会出现截然不同的消费行为，如两位都是 20 岁的女生，同样在台北的小康家庭中长大，一起念大学、一块工读，但在课余休闲时，其中一人总爱呼朋引伴唱歌去，另一位却独自神游在巴哈的音乐国度里。她们的差异，极可能是和人格特质、生活形态、价值观与动机等有关。我们把这几个变量统称为心理统计变量（psychographic variables，又称心理描绘变量）。由于越来越多消费者借由商品表达"我就是这样的人"，因此，营销人员日益重视心理统计变量。

（1）人格特质：人格特质是指一个人在面对外界环境时，所表现出来的独特且持续的思考、情绪与行为模式，俗称个性或性格。我们常以自信心、进取心、服从性、适应性、自主性、敏感性等来描述一个人的内在特质，而这些特质也经常用来附着在品牌的形象上，以创造个性化商品来吸引有类似人格特质的消费者。

（2）生活形态：生活形态是指一个人的活动、兴趣与意见的综合表现，因此，与这三个构面相关的商品或服务就适合以生活形态来区隔市场。例如，旅行社所推出的北海道泡汤旅游、亚马逊探险之旅、中国香港采购团等，都是属于生活形态的区隔。

（3）价值观：价值观（values）是一套根深蒂固的信念，专门引导一个人判断事物的是非优劣（如"节俭是美德"、"花钱享受是应该的"），它经常左右消费者行为，也使得营销人员以消费者价值观区隔市场。例如，对于"跟父母同住，照顾他们是应该的"这一观点有些人完全同意，有些则是"同住可以，照顾再说"，也有"照顾OK，同住免谈"，甚至也有"都免了"，根据这些不同的价值观，银发族的居住市场可以划分为适合三代同堂的大坪数房屋、提供优质服务的银发族社区、养老院等。

6.2.1.4　行为变量

相对于心理统计变量的内在与深层特点，行为变量（behavioral variables）比较外显，它包含追求的利益、时机、使用率等。

（1）追求的利益：这项变量促使营销人员从"消费者使用产品之后，得到什么好处，增进什么效益"的角度来区隔市场。以背包客的自助旅行为例，他们所追求的利益可能有经济利益（省下昂贵的住宿费）、自我发展利益（增长见闻、休闲放松）、人际关系利益（与其他背包客及他国民众相处）、自我实现利益（考验自身应变能力、显示个人品位）等。相关旅馆与旅行社了解了这些不同的利益，不仅可协助市场区隔，还对企业的营销策略规划深具参考价值。

（2）时机：这是指消费者购买或使用产品时的时刻、节庆、社会情境、某种心理或生理状态等。例如，电影院的早、午、晚场；餐饮、花卉与礼品业者所重视的情人节、母亲节、父亲节、农历新年；外烩服务业者的喜宴、尾牙；需要音乐陪伴的不同心情，如忧郁、孤寂、烦躁。不同的购买与使用时机通常需要不同的产品属性、价格或广告诉求等，因此是一个可以用来协助营销策略规划的区隔变量。

（3）使用率：根据购买频率与数量，企业可以将消费者区隔成潜在、首次、轻度、中度与重度使用者等，并个别应对。应对方式之一是强化重度使用者的服务，因为根据80/20法则，80%的营业来自20%的顾客，而流失这群顾客将招致严重损失。当然，企业也可以设法提供诱因来提升其他区隔的使用率，如电信业者推出的网内互打与特定时段优惠的方式。

6.2.2　市场区隔的评估

营销人员将市场加以区隔之后，在进入下一个阶段（选择目标市场）之前，应该要评估所区隔出来的市场到底好不好或有没有用。市场区隔的评估有区块间的异质性、可衡量性、足量性、可接近性、可实践性五项标准。

6.2.2.1　区块间的异质性

如果两个被划分出来的区块在需求上相同，那就失去了市场区隔的基本精神。换句话说，我们是在市场异质性的前提下才进行市场区隔，因此理所当然地要求不同的区块有不同的需求，即区隔间的异质性（between-segment heterogeneity）。例如，将旅游市场划分成喜欢看书的男性、喜欢看书的女性、不喜欢看书的男性、不喜欢看书的女性，应该就没有什么意义，因为我们很难想象这四个区块对于旅游的需求有何不同，以及这种区分对营销策略有何帮助。

为了让区块间的异质性更具有营销策略上的意义（如发展新定位、推出新产品、采用更有力的广告诉求），营销人员通常会使用多个变量来区隔市场。例如，根据旅客支出水准将旅馆市场分成高价、中价、低价，固然具有异质性，但却过于肤浅。如果考虑旅游目的将市场划分为商业旅游与家庭旅游，则可将旅馆市场分成六类：高价/商业旅游、中价/商业旅游、低价/商业旅游、高价/家庭旅游、中价/家庭旅游和低价/家庭旅游。如此一来，营销人员对于每个区块内的需求就有更深入的了解，因此对营销策略的拟定就比较具有意义。

6.2.2.2　可衡量性

可衡量性（measurability）是指我们能够辨认区块内的消费者，并可以衡量区块的规模与购买力等。这项评估标准是为了让营销策略有较明确的对象，并让资源可以做出更合理的分配。例如，到了某个风景区之后，有会感动掉泪与不会掉泪的游客；由于我们很难知道谁在看了风景后会掉眼泪，这种划分方式就缺乏了衡量性，也因此使得我们在选择市场或制定策略时，缺乏依据与方向。

在各类消费者市场的区隔变量中，人口统计变量的可衡量性最好，其他的较不理想。因此，在实务上，就算人口统计变量不是最主要的区隔变量，它也经常被用来辅助营销人员辨认与衡量市场。例如，对于"热衷野外探险"市场，我们可能使用类似"大多数是20~30岁"、"专科以上学历"、"单身男性"的描述，以便让我们更容易辨认与衡量这个市场。

6.2.2.3　足量性

可想而知，市场区隔应该要产生一些规模够大的、有销售潜力的区块，免得企业进入规模太小的市场而无法生存发展。当然，足量性（substantiality）应该从个别企业的角度考虑，对某大企业而言是微不足道的市场，对中小企业却可能是规模恰好的市场。另外，在评估足量性时，企业要考虑的不只是目前的市场规模，更要考虑市场未来的成长率。

餐旅 A 咖

致力于创造非比寻常的沈方正

礁溪老爷酒店总经理沈方正非常忙碌，但他每天都过得无比精彩。他的每一天是如何非比寻常？他又是如何办到的？

鸡甫初啼，沈方正已踏出饭店房门，前往各地渔港及早市，为饭店寻觅最新鲜的食材。日正当中，品尝着大厨刚开发的新餐点，他正思考着如何摆盘与配色才能兼顾味觉及视觉，让顾客沉醉在料理的美好中。夕阳西下，他亲身带领着员工巡视饭店，大至饭店整体规划，小至房间内的灯管更换，将任何可能让顾客不满意的细枝末节一一排除。沈方正的每日都为了让顾客更满意，让礁溪老爷独步中国台湾，无人能及。

回溯至饭店的经营哲学，沈方正认为服务是贩卖美好的时间过程，可以通过体验、气氛及服务缔造出无法超越的竞争优势。正因此特殊经营理念，发展出严谨的服务态度，让礁溪老爷酒店从竞争激烈的饭店业脱颖而出，而成为休闲饭店的龙头。种下服务的种子，以自身的生活美学及热情灌溉，辅以用心作为肥料，沈方正让礁溪老爷不只是个饭店，更是一间洋溢着人文气息的艺术馆。不定时推出文艺主题沙龙、爵士音乐会、文艺讲座、传统剧团表演，让新顾客体验礁溪老爷的独特性，也使老顾客对饭店持续地保有热度。

沈方正的生活近乎被工作所填塞，但他跳脱时间的限制，每一天都用崭新的眼光看世界。从生活中不断地挖掘乐趣，将工作视为玩乐，陶醉于饭店每天上演的动人故事及顾客满意的笑颜，这些都是沈方正保持热情的动力来源，他希望可以为世界创造更多美好的笑容。

此外，日理万机的沈方正稍有闲暇，便会踏上小车乘风而去，穿越礁溪的山林田野，让自己的身心接受大自然的洗礼，注入生活中最美好的养分。沈方正为自己创造出非比寻常的一天，时时刻刻都为顾客做好准备工作，用心接待顾客，也造就了顾客非比寻常的一天。

6.2.2.4 可接近性

可接近性（accessibility）是指营销人员能否通过某种媒体、地点或渠道，接触到区块内的消费者，以便和这些消费者沟通，促使交易的发生。市场区隔的一个重要目的就是针对某个或某些分割出来的市场，提供合适的商品或服务，因此可接近性自然就成为市场区隔的重要评估条件。市场难以接近的原因有潜在购买者过于分散或遥远，企业资源有限、力不从心；由于安全顾虑、社会眼光与压力等原因，潜在购买者刻意隐藏身份或拒绝回应（如私渡客、某些高级住宅的住户、社会名流）；碍于法令或社会规范等因素，企业不得接近，如上课中的学生、监狱内的犯人等。

6.2.2.5 可实践性

除了能够接近市场，营销人员也希望该市场具备可实践性（actionability），也就是能够发展有效的策略来影响潜在消费者。可实践性通常与企业本身的能力与资源有关，如由于语言与文化的隔阂，有些企业就觉得针对外籍劳工的营销策略难以实践。

6.3 目标市场

面对市场区隔所产生的不同区块，营销人员必须选择某一个或某一些区块作为目标市场（targetmarket）。目标市场的选择必须考虑三大因素：市场情况（如规模、成长率、风险等）、竞争者（如家数、规模、竞争策略）、企业本身（如目标、资源、优势）。一般而言，一个市场的成长率越高或有购买力的顾客越多，则该市场越有吸引力。但是，市场吸引力越大，越有可能造成众多竞争者投入，尤其是在获利前景看好的市场，竞争尤为激烈，而这将不利于资源缺乏或后来进入的企业。因此，企业在权衡市场与竞争这两个因素时，也需要考虑本身的目标、资源与优势等，以选择比较理想的目标市场。

目标市场的选择有三种方式：无差异营销、差异营销和集中营销，说明如下（见图 6-2）。

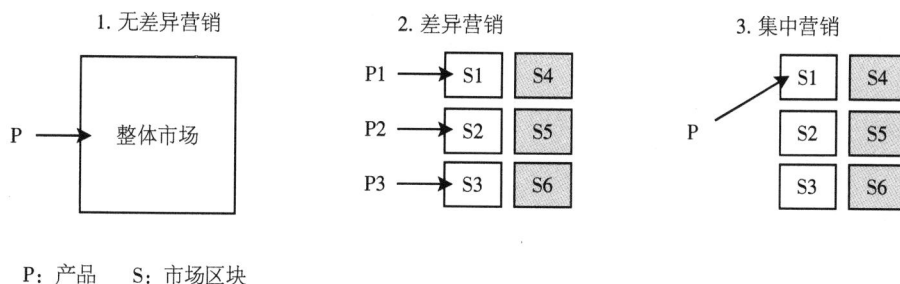

P：产品　　S：市场区块

图 6-2　目标市场选择的方式

6.3.1　无差异营销

无差异营销（undifferentiated marketing）摒弃市场区隔的观念，只提供一种产品给所有的消费者。这种策略强调人们需求的共同性，而不是差异性，因此无差异营销所针对的市场称为大众市场（mass market）。

某些公共资源就是采用无差异营销。例如，自来水公司或电力公司只提供一种自来水、电力给所有的使用者；与旅游市场有关的公共运输，如铁路、捷运等，一般而言也是属于无差异营销。消费者对于这些产品的需求没有很大的差异，因此企业把市场看成是单一的。然而，随着经济自由化，在现代的市场上要找到无差异营销的案例，是越来越困难的。例如，台铁推出怀旧列车、太鲁阁列车、邮轮式列车等，逐渐接纳差异或集中营销。

无差异营销的最大好处在于可以标准化和大量生产，并经由规模经济降低营销成本。不过，面对越来越异质的市场以及许多企业纷纷采用差异或集中营销，无差异营销的企业很容易四面环敌。

6.3.2 差异营销

在差异营销（differentiated marketing）策略下，企业设计不同的产品及其对应的营销组合，进入两个或以上的市场。差异营销的案例非常多，如不少旅行社同时经营欧洲线、美洲线、中国线等，有些甚至针对同一个旅游国推出血拼团、美食团、文化古迹团等，以服务有不同国家偏好或不同旅游需求的消费者。

差异营销的效用在于能够针对不同的市场需求，推出不同的产品，因此相对于无差异营销而言，比较能够激起市场的响应。然而，这也因此增加企业的成本，包含产品研发、销售、管理等成本。事实上，某些实施差异营销多年的企业后来发现市场差异化太细、产品或品牌太多而导致成本过度负担，因而裁减产品以提高收益。

6.3.3 集中营销

当企业的资源有限，无法在主要市场与其他竞争者抗衡时，可以集中全力争取一个其他企业看不上眼的、不想进入的次要市场。这种"弱水三千，只取一瓢"的目标市场选择方式，称为集中营销（concentrated marketing），而所选择的市场则称为利基市场（niche market）。

集中营销的例子有：在海外旅行团市场中，员工为数不多的一阳旅行社，多年来秉持瑞士旅游专家的形象，锁定金字塔顶端的、想到瑞士深度旅行的游客；巨大公司于2009年成立捷安特旅行社，锁定自行车爱好者，推出"完全单车旅游"；台北 W 饭店利用前卫设计与创新风尚，锁定追求精致品位与重视时尚生活的社会精英；光点电影院选择播放具有另类、原创观点与多元文化的影片，让电影艺术爱好者或那些想暂时脱离好莱坞热潮的电影爱好者，有一个与众不同的选择。

采取集中营销策略的企业比较能够掌握某个特定市场的需求，而这种专注往往带来专业化经营或专家形象，以及学习曲线（learning curve）效果（即同一件事做得越多，越有效率，如打字越打越快）。但是，集中营销也有风险。如果利基市场的需求突然转变，企业将顿失赖以生存的根基。例如，前述一阳旅行社如果碰到瑞士或欧洲发生瘟疫流行、恐怖袭击事件等，业务将马上陷入危机。另外，如果其他企业眼红也进入同一市场竞争，将会导致市场利润下降。

6.4　定位

6.4.1　定位的意义

一听到或看到知名品牌的名称，我们的脑海马上出现鲜明的形象：圆山饭店是"最具中国风味的旅馆"；台北故宫是"全世界典藏中国文物最多的博物馆之一"；麦当劳代表"年轻"、"欢乐"、"干净"、"效率"；剑湖山世界是"全方位的休闲娱乐王国"。我们之所以能够不假思索地联想到这些品牌的特质，就是定位所带来的结果。

建立定位（positioning）是指"在消费者脑海中，为某个品牌或企业建立有别于竞争者的形象"的过程，而这程序的结果，即消费者所感受到的相对于竞争者的形象，称为定位（position）。

当营销人员为目标市场推出产品时，不能假设该市场内全无竞争，就算这是针对利基市场的独特产品，也是如此。为了应对竞争，必须争取目标市场的注意与认同，因此有必要清楚地告知市场"我和其他品牌或替代品有什么不同，我好在哪里"，也就是企业应该要差异化（differentiation），否则定位将窒碍难行。因此，差异化是定位最重要的前提。

另外，定位的结果不是由营销人员认定，而是以消费者的主观认知来判断。例如，某家旅馆以"给商旅人士回家的温暖"为定位，然而房客却普遍上觉得房间设计太简约、前卫，难以感受家的温暖，显然该旅馆的定位是失败的。因此，营销人员应该摆脱本位主义，必须从目标市场的感受来判断定位的结果。

虽然定位必须持续一段时间，以便消费者能建立深刻的印象，但它并非是一成不变的。在大环境、竞争情势、消费者需求的变化下，任何品牌都可能需要复位（repositioning）。例如，7-ELEVEn为了凸显它的营业时间不同于其他朝九晚五的商店，以7点到11点的营业时间为定位；而当延长营业时间也变成其他店的常态时，再加上市场上出现夜间购物的需求，7-ELEVEn变为24小时全天候服务；在中国台湾，当24小时成为众多便利商店的营业模式后，7-ELEVEn改以提供熟食（如茶叶蛋、关东煮、热馒头和包子等）为定位；当几乎每一家便利商店都跟进时，7-ELEVEn另以"方便的好邻居"为定位，推出资源回收、代收各类费用等服务；当竞争对手都纷纷跟进成为好邻居时（还记得"全家就是你家"的口号？家人显然比邻居还更亲近），7-ELEVEn则通过宅急便，发行旅游刊物，贩卖各地名产，进驻车站、高速公路休息站、旅游区等，全面掌握物流与人流（物品及民众的流动），定位改为民众生活不可或缺的服务中心。

6.4.2 定位的重要性

定位是营销管理中非常重要的观念，原因如下：

（1）占据目标顾客的脑海版图：科技倍速发展造成新产品迅速推出与信息爆炸，加上消费者记忆空间有限，因此，如何快速地、长久地在目标顾客的脑海中占有一席之地，是产品成败的关键。而好的定位可以避免产品印象被边缘化，协助产品占据消费者的脑海版图，并增加被购买的机会。

（2）协助口碑流传，扩大市场基础：经由良好的定位所带来的产品鲜明形象，有助于消费者在向外谈起使用经验时找到着力点，并带来生动的描述。如此一来，将带动产品探询与试用的概率，进而扩大市场基础。

（3）作为营销策略规划的基础：产品的诉求、广告设计、价位或销售渠道等营销组合决策，都必须配合定位才能有效突出产品的整体形象，因此，定位扮演了营销策略规划的火车头角色。有些学术界与企业界人士相信"定位的选择，就是策略的选择"，也说明了定位在营销策略规划上的重要性。

6.4.3 定位基础

营销人员普遍上以品牌的四大构面——属性（attributes）、功能（functions）、利益（benefits）、个性（personalities），简称AFBP——作为定位基础。除此之外，也有品牌采用使用者及竞争者为定位基础。分别说明如下：

（1）属性与功能：不同的产品类各有不同的属性，有些属性是具体的特质（如旅馆的建材、面积、颜色、价格、所在地），有些则比较无形（如旅馆的美感、保证、服务速度），同时，个别属性各有其功能（如旅馆的面积带来空间感、价格代表等级）。属性与功能有密切的关联，因此常被结合用来定位品牌，案例有某些位于市中心的旅馆以"交通方便，生活机能充分"为定位，位于市郊者则以"远离都市，环境单纯"为诉求；有些游览车以"拥有飞机头等舱座椅"作为定位。

环游世界

新奇、刺激、顶级的旅游

1958 年，年仅 20 多岁的亚瑟塔克（Arthur Tauck）接下他父亲经营多年的小旅行社，通过创新经营，如今塔克世界探索旅行社（Tauck World Discovery）拥有 150 位正职专业领队，成功带领超过百万旅客出游，逐渐赢得"美国旅游界龙头"的称号。

塔克的旅游以新奇、刺激、顶级知名。例如，带游客到加拿大偏僻的冰河区深达几百米的地洞探险，这种地方几无人迹，丢个石头到地洞里可能要大半天才会听到石头坠地的回音，想象用直升机将人垂吊在这种地洞里有多刺激。原先塔克怀疑是否有人接受这种玩法，没想到塔克旗下百余种这类新奇刺激的探险旅游，居然让数以万计的游客大排长龙，许多行程要等候好几年。

此外，顶级是塔克的另一特色。如搭乘商务舱、住景观最佳的旅馆，甚至推出一个人也能参加的特别行程。旅途中各种费用几乎全包，在旅馆内餐厅可任意点餐，甚至餐后不必另付小费，只要在账单上签 Tauck Tours 即可。

（2）利益与用途：这项基础传达产品可以解决什么问题，或带来什么功用。例如，旅馆的"一夜好眠，精神奕奕"、旅行社的"到迪士尼圆梦"、航空公司的"直飞欧洲各大城市，不用转机折腾"、餐馆的"请客最有面子"等，都是属于利益定位。

（3）品牌个性：在较昂贵、涉入程度较高或可以用来彰显个人品位或地位的产品中，使用品牌个性来定位的手法相当普遍，如 Prada 的崇尚极简与冷静内敛、Gucci 的都会摩登气质等。在旅游市场，有些高级旅馆或餐厅强调"高级尊贵，无与伦比"或"雅致休闲，慢活享受"等，就是以品牌个性为定位。

（4）使用者：以使用者为定位的手法强调，哪一类型的人最适合或最应该使用某个品牌。例如，台新银行玫瑰卡不断传达"认真的女人最美丽"，以"玫瑰卡最适合认真生活与工作的女性"为定位；亚马逊探险团的"只录取挑战自我限能的人"；航空公司头等舱的"给事业成功者"，都是以使用者为定位。品牌个性定位往往和使用者定位几乎同步，也就是，品牌个性的定位几乎也在暗示"想表现××个性的人，最适合用这个品牌"。

（5）竞争者：与竞争者针锋相对也是一种定位的方式，一些暗示性质的或指名道姓的比较性广告，带有这种定位目的。在美国有三个非常经典的案例：1963 年，租车公司 Avis 喊出"我们第二名，我们更努力"（We're No. 2. We try harder）的口号，这种坦白、谦虚却又不服气的态度马上受到市场欢迎，业绩因此大幅攀升；1967 年，七喜汽水（7-

Up) 以"非可乐"（uncola）为定位，市场反应热烈，从此奠定了七喜是可乐替代品的地位；1984年，温迪汉堡（Wendy's）提出"牛肉在哪里"（Where's the beef）的口号，以暗指竞争对手牛肉量不足的手法来自抬身价。

6.4.4 定位的选择

企业在选择定位时，最重要的工作是分析竞争者在目标市场中的定位，也就是，了解各个竞争品牌在消费者的产品知觉图中所占据的位置。产品知觉图（product perceptual map）存在于消费者的脑海中，是用来表示对各个品牌的不同印象。我们以图6-3进一步说明。产品知觉图有两大要素：定位基础与品牌。在图6-3中，目标市场是以气氛及咖啡口味为基础来比较七个品牌的定位。综合而言，目标市场感觉A、B、F的咖啡口味比较醇正，而前两家的气氛比较朴实简约，F则稍微华丽浪漫；C、E、G、H的咖啡口味较普通，而后两者是所有品牌中最华丽浪漫的。

产品知觉图显示两种定位选择方案：直接面对竞争、寻求空档避开竞争。关于前者，营销人员可以将产品定位在任一竞争品牌的位置上或附近，如定位在A与B附近，强调醇正的咖啡风味与朴实简约的气氛；这种选择的前提是企业有足够的条件与资源挑战有类似定位的竞争者，以及市场规模还可容纳其他的企业。营销人员的另一个选择是利用知觉图上的空档来定位，如选择图6-3的右上角，强调在华丽浪漫的气氛中享受醇正的咖啡。除了从既有的知觉图上选择定位，其实有不少企业另辟消费者或其他企业未曾注意但却重要的定位基础，而创造一个全新的市场空间，许多知名的案例都是以此改变市场游戏规则。例如，1982年请孙越代言的麦斯威尔咖啡，以"值得和好朋友分享的好东西"（广告口号为"好东西和好朋友分享"）为定位，成功地将友情与分享的观念带入咖啡的定位；太阳剧团至今已在全球逾120个城市造成轰动，更被誉为"一生一定要看一次的表演"，当初太阳剧团只是加拿大的街头杂耍团，却因为一再的创新，融合巴洛克与歌剧风格，展现特技的优柔线条与力道，把通俗大众化的演出提升到顶级的艺术作品，该团曾自豪地说："我们重新发明了马戏团。"从上述例子可以了解，针对现有品牌，并通过消费者调查而获得的产品知觉图，固然可以协助营销人员选择定位，但同时也可能造成思考上的框框，局限了其他的定位方案。因此，营销人员应该在既有的产品知觉图之外，探究是否有其他更好的定位。而营销人员能否敏锐地察觉环境趋势与社会脉动，潜入消费者的内心去感受、了解他们的深层需求，是成功定位的重要条件。

值得一提的是，营销人员在选择定位时，可以尝试重新界定消费者比较各品牌的基准或范围，以取得较深刻的定位或在较小的范围内取得较有利的地位。"亚洲评价最优的航空公司"、"东亚最新最大的巨蛋球场"等，都是类似的手法。

定位的选择可能形形色色，而判断其中的好坏有下列要点：

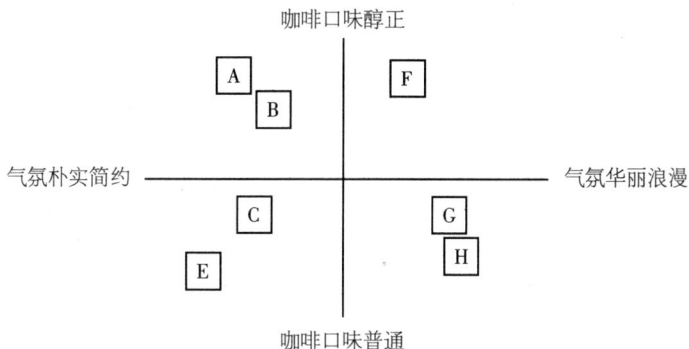

图6-3　咖啡连锁店的产品知觉图

（1）竞争差异性：定位应该要清楚地表达和竞争者的差异所在，差异性越大越能吸引目标市场的注意，并建立鲜明与深刻的印象。因此，如果绝大多数消费者对于目前旅馆的服务态度都很满意时，"良好的服务态度"就不是旅馆理想的定位；"我们的餐厅让你吃饱"也不是一个好的定位，因为几乎所有的餐厅都应该让顾客吃饱。同时，差异所在越难被竞争者模仿、超越，则该定位越好。

（2）市场接受度：前面提到的竞争差异性是否被目标市场认可，或认为是有必要的或重要的，也是定位优劣的判断标准之一。"总经理是硕士的旅行社"就不是理想的定位，因为市场不太关心总经理的学位。

（3）本身条件的配合：一个定位除了需要具备竞争差异性与市场接受度，还需要符合企业的目标与策略，并有恰当与足够的资源配合，以维持长久的竞争力。

课后习题

基础习题

1. 执行目标市场营销有哪些步骤？这些步骤之间有什么关系？

2. 以国外旅游为例，说明以下区隔变量：人口统计、心理统计以及行为变量。

3. 市场区隔的评估有哪些标准？

4. 请说明何谓"定位"，如果你是故宫博物院的营销主管，你会如何进行定位？

应用习题

1. 从报纸杂志中取得三份饭店广告，分别针对这些广告中的产品分析其定位，并评论这些定位的表现方式是否理想。

2. 以某个你所熟悉或有兴趣的旅游产品为例，试图找出某个被忽略的但似乎有商机的目标市场，并为该目标市场发展产品定位。

07　旅游营销研究

本章主题

从本章"遇见创意"专栏中，读者可以发现台铁在面对高铁的威胁下，通过消费者调查后才能掌握市场需求，发展出强调"慢活"的服务。旅游业主管时时刻刻都在处理信息，每天早上阅读报纸里的产业动态、定期召开业务会议、不时走入市场探听消费者心声、实施顾客满意度调查，这些动作都是为了搜集营销信息。业者为什么重视营销信息，和营销信息息息相关的营销研究又是什么，营销研究应该遵循什么步骤，这些都是本章所要讨论的。本章的结构与内容如下：

1. 营销资料与营销信息：首先解释资料与信息的不同，接着讨论营销信息的重要性以及营销资料的来源。

2. 营销研究基本概念：先区分非正式与正式的营销研究，然后说明营销研究对企业的功能。

3. 营销研究的过程：说明营销研究的五大步骤，包含界定研究问题、决定研究范围与目标、设计研究方法、搜集整理分析资料、报告研究结论。

遇见创意

以慢制快创商机

高铁通车后，缩短出发点与目的地的距离，为乘客减少搭乘的时间，也替旅客创造一个个轻松的"小旅行"。在市场预估高铁通车将减少中国台湾铁路（以下简称台铁）近16亿元的营收下，拥有百年历史的台铁，如何应对高铁的挑战，找出自己的生存之基？

首先，台铁进行大幅度的改点，进行改点的策略有两个，一个是与高铁接驳，另一个则是增加北中南通勤区间车密度，提供通勤族更便利的服务，班次增加，疏散高峰时刻的拥挤人潮，让顾客有更好的通勤品质。

其次，台铁通过旅客意向调查发现，有二成到五成旅客愿意选择速度较慢但票价相对便宜的台铁。在初步分析旅客的需求后，台铁即推出台中—花莲的北半环岛列车，旅途中提供中国台湾各地的名产供旅客品尝以及卡拉OK的欢唱包厢与贴心附加腰垫的舒适座位，营造一个欢愉、放松、惬意的空间，让本来的车途劳顿转瞬变成美好的旅途体验。

再次，台铁更推出"台铁邮轮"，让原本来匆匆、去匆匆的火车在沿途景点停靠一段时间，让游客能下车到黄金海岸看海、散散步、喝杯咖啡，或者骑脚踏车游草岭隧道。为了让游客悠闲欣赏花海、田园风光以及观山看海景，部分路段还会放慢速度行驶，让旅客细细品味沿途的美丽景色。

最后，台铁近年更是不断地尝试与各地旅游节庆、庙会，甚至结合社会团体举办各式各样的包车活动，如你可以包下几节车厢当作礼车，台铁还会协助布置、营造气氛，将火车化身为结婚的场地，在行进中的火车上接受大家的祝福与喝彩，给自己的婚礼也给参与的亲友留下特别的经历。

台铁凭借市场调查，设计满足各种需求的企划，推出与高铁截然不同的产品。高铁顾名思义讲求的是速度快、效率高；然而台铁却反其道而行，提供与教育顾客"慢活"的旅游态度。

引　言

在国内外机场，常见有人操着流利的多国语言，身戴识别证，随机访问旅客，以搜集第一手旅游情报。除了这种"面对面"的方式，打探顾客想法和评价的方式还包括"上旅游网络"。例如，"背包客栈"是许多自助旅行者造访的网站，里面汇集了很多出发前的疑问和热心的经验分享，由于彼此不认识且未涉及商业利益，网友的回复对旅游业者有相当大的参考价值。以下列的 Q&A 为例：

jiuann99：看过旅游景点介绍，发现苏杭的景点很类似，都是水乡、庭园、小镇，是否玩到后来会觉得雷同？请教玩家上海除了搭配苏杭之外还有别的玩法吗？

kuohua313：苏州的重点是几座园林，杭州可不是喔！所以其实并不很类似。而且苏州算是个水乡都市（老城区有多条水道包围），而杭州并不是。杭州主要是湖（西湖）、山（有一些塔和阁）、钱塘江潮等。至于水乡，上海、江苏和浙江一带的确有很多这样的小镇，所以挑两三个比较有差异的去看看也就行了。

onM：苏州是看园林；杭州是看西湖和小山。苏州有园林、苏州博物馆（著名华裔建筑师贝聿铭设计）、虎丘等。杭州则主要围绕西湖的景点，岳飞庙等。上海附近的水乡有周庄、同里、乌镇、朱家角、西塘等，周庄名气大，但假日人太多，西塘人比较少，可能更适合水乡的环境。

从网友的发问和回复，相关业者其实可从中得知"还没玩的旅客预期什么"以及"去过的旅客评价如何"，包括他们对什么有兴趣，对什么担心，一般他们会花多长时间停留，什么景点在一般旅客心中必去，什么地方或餐厅被骂……有心的业者可从中了解旅客以提供预期或创新的服务，或补救不好的形象。

看这些网友的一问多答，就好像听隔壁陌生人聊天一样有趣。这种资料好好整理分析，是隐藏了很多宝藏的。

7.1　营销资料与营销信息

7.1.1　资料与信息的差异

首先我们应该区分资料（data）与信息（information）的不同。资料是一堆比较原始的、零散的、对决策协助有限的数据或文字。例如，信用卡签账单上记载某位顾客在什么时候在哪间商店花了多少钱购买了什么等；业务员的日报表中记录客户访问行程、成交的金额、所遇到的重要或特殊状况等。每一张信用卡签账单及业务员日报表都提供了"资料"，然而，这些资料却十分琐碎，我们无法从中全盘地、深入地了解某个状况，因此对于管理与决策的帮助不大。

资料经过一番汇整、分析、整理之后，变得比较精简，而且在管理上比较具有参考价值，因而成为"信息"。例如，信用卡签账单上的资料可以转换成"顾客平日与周末假日的购买形态有何异同"；将业务员日报表加以综合、分析后可以得到"业务员的学习经历、客户访问行程的安排方式等和业务绩效有何关联"等信息。这类信息协助管理人员在短时间内大致了解某个状况，并协助决策，因此比起资料更具有效率与效果。

本章将以营销资料代表较为原始的、片段的营销数据或文字，营销信息则是经过分析、整理的，可协助营销决策的数据或文字。

7.1.2　营销信息的重要性

日常生活中有无数你我都可能忽视，但有众多企业却急于想了解的"玄机"。当你在餐厅翻阅菜单时，你会注意到哪些图片与文字？你对各式菜肴有何评价？当你看到爷爷奶奶在餐桌上谈笑风生，或面无表情地看着八点档时，可曾想过他们的内心底层所关心的、所担忧的？当你看到高铁在中国台湾西部快速穿梭，可想到这当中隐含的商机？以上有关餐厅的问题，餐厅业者在拟定与设计菜单时，或在训练服务生如何与顾客应对时，会大感兴趣。至于爷爷奶奶的内心世界，养生馆、保健食品、银发族各类用品的企业都想一窥究竟。高铁的商机更是包含许多，尤其是旅游与旅馆业者所乐于探索的。

为什么相关厂商急于想理解这些"玄机"？答案就在于决策。

营销策略规划涉及决策（decision-making），而决策的主要特性之一是取舍。例如，某饭店集团计划在台北市新盖旅馆，他们需要决定这家新旅馆要设立在中山区、大安区或信义区，是要针对商务旅客或家庭旅客，整体设计要表现东方或西方风格，应该定价在中价位或高价位。

在这取与舍的过程中，决策者往往因面对不确定性（uncertainty）与风险（risk）而举棋不定。不确定性是指无法捉摸某种状况的面貌或趋势，如不确定"未来几年，不同区域的生活机能与交通动线有何变化"、"商务与家庭旅客对不同的设计风格有何评价"等。而风险则是指决策错误所可能带来的金钱、商誉等方面的损失。

因此，在营销规划的过程中，管理人员经常需要信息，以便降低不确定性、提高决策的正确性、减少风险。信息就如黑夜中的路灯，不能确保行人可以安全抵达目的地，但它至少可以让行人稍微了解四周环境，知道身处何处而不会茫然。同样地，信息不能保证决策绝对正确，然而，它为管理人员提供了一个参考与指引。其实，在目前的商场上，信息不只是决策的参考依据，它更是一种策略资产与竞争工具。

7.1.3　营销资料的来源

营销资料有三大来源：内部记录、营销情报与营销研究。企业的内部记录（internal records）主要有订单、销售记录、顾客资料等。业界已普遍采用电脑化作业来处理这些资料，如订单与销售管理系统一般都会记载订单与交易日期、产品品项、规格、数量、售价、应收账款、顾客信用额度等，并且可以进行各种销售分析，如毛利分析、顾客数分析、销售时段分析、产品畅销与滞销情况分析等。这些分析有助于许多营销管理决策。

另一个重要的内部记录是顾客资料。有些公司不但建立顾客数据库（customer database），还利用资料采矿（data mining）技术尽量挖宝。资料采矿是指通过统计分析方法，发掘隐藏在庞大资料中的重要现象，以供决策参考，如依据顾客的某些特性将顾客分门别类，然后根据不同类别顾客的交易历史资料，推测他们未来的购买趋势等。

营销情报（marketing intelligence）主要来自企业外部的既有资料，如书刊、杂志、新闻报道、广告商或信息供货商的调查结果等。另外，各层级单位的定期调查或施政报告提供了许多层面的信息，其中与营销最密切相关的是经贸单位的各类数据。由于中国台湾有关当局的电子化脚步快速，大多数的资料已经可以轻易在网络上取得。

许多媒体与研究机构的电子数据库（electronic database）也涵盖了丰富的营销情报，如中国台湾的通讯社的"剪报资料计算机查询"、联合报系的 udndata、外贸协会的"商情数据库"、食品工业发展研究所的"食品市场数据库"等。电子数据库最大的好处是可以快速查询、实时储存与打印、检索等。

顾客、经销商、供货商、同行（包括竞争者）等也可以提供重要的营销情报。因此，企业应该让采购人员、业务人员、服务人员等明确"搜集外界各类营销情报，并回馈到企业内部"也是他们的职责之一。至于竞争者的情报，可以借由与竞争者的员工、经销商、供应商等交谈，购买他们的产品，派员参加他们的商展或公开活动等方式取得。

不管是内部记录还是营销情报都是既有的资料，企业只要知道资料所在之处，花一些时间、精神，甚至金钱等，即可获得。然而，有时企业所需资料不见得是现有的，因而必须投入较多的资源，按照一定的方法与步骤来搜集资料，于是，营销研究被派上用场。下一节将讨论营销研究的基本概念，让读者了解营销研究的整体面貌。本章最后一节则详加说明营销研究的每个步骤。

7.2 营销研究基本概念

7.2.1 营销研究的意义

以程序的严谨程度来看，营销研究（marketing research）可以分成两类："非正式的"与"正式的"。非正式的营销研究在事前没有精心的设计，过程比较便捷省事，甚至是随性、想到就做的。例如，利用直觉判断顾客群的需求，从与同行闲聊中探听竞争对手的动向等；在服务现场了解客户对服务品质的观感与要求。这种非正式的营销研究相当普遍，可以说是业界日常的研究方法。

正式的营销研究对程序与方法的要求较严格，它是"针对特定营销状况或问题，以一定的程序来搜集、分析、整理有关资料，并将分析结果与建议提供给信息使用者的过程"。所谓一定的程序是指以下几个步骤：首先是清楚界定所要研究的营销情况，其次是决定研究的范围与目标，设计研究方法以及搜集与分析资料等，最后则是将研究结果与建议提供给信息使用者。

为什么需要将营销研究划分成几个步骤呢？主要有两个原因。第一，将研究过程切割成几个步骤比较容易估算与配置整个过程的时间、成本与人力等资源。第二，研究过程中有不少活动（如问卷设计、抽样、资料搜集、资料分析）会影响研究成果的品质（如是否忽略了重要的因素、是否能反映真实情况），而将研究过程分类比较能有效地辨认每个步骤可能出错之处，因此有助于控制研究品质。

比起非正式的营销研究，正式的营销研究有自身的特点。由于正式的营销研究要求一定的程序，因此比较耗费金钱、时间与人力；同时，在某些急需做决策的情况下，它可能缓不济急。然而，正式的研究在整个作业流程中较为严谨（也就是，前后顺序有合理的安排）；推理过程较为讲求证据；对于研究结果，较注重精确度的评估与衡量。此外，正式的营销研究尽量排除个人的偏见，交代研究方法的缺点与限制，清楚说明研究方法以便其他人可以"重复验证"，因此，它比较"客观"。

7.2.2 营销研究的功能

营销研究可以用来提供许多营销管理领域的信息。从表 7-1 可以看出，营销研究的范围非常广泛，涵盖市场、消费者行为、产品、价格、通路、推广活动等。显然地，营销研究的结果成为营销管理与决策的重要参考。

另外，我们也可以从"信息用途"的角度来了解营销研究的功能。营销研究可以用来协助规划、解决问题以及进行控制。从表 7-2 的例子可以看出，在协助规划方面，营销研究的重点在于辨别与界定营销机会与问题；在协助解决问题方面，则是关注营销组合的长、短期决策；至于在进行控制方面，营销研究的责任是发掘现况、了解目标与实际情况的差距等。

环游世界

寂寞星球，自助旅行者的圣经

1970 年，大学刚毕业的英国人 Tony Wheeler 和新婚太太 Maureen Wheeler 买了一

辆破车，决定用一年的时间横贯欧亚大陆。旅程结束时，他们来到女方的祖国澳大利亚。由于在日后的生活中，许多人向他们探听旅途的信息，他们决定编写一本导览来帮助背包客。1973年，他们完成了《便宜走亚洲》（Across Asiaon the Cheap），在澳大利亚大为畅销，从此开启了寂寞星球（Lonely Planet）的出版事业，全世界的背包客也有了一本"圣经"。

如今，寂寞星球旗下有350名作者，已经出版了超过650个主题，以8种语言遍及100多个国家和地区，年销售量超过600万本，占英文旅游指南销售量的1/4。除了书籍出版，寂寞星球也制作旅游相关的电视节目。2011年初，英国BBC公司买下了寂寞星球的所有股份。

表7-1　营销研究的领域

营销环境、市场与公司研究	定价
•营销总体环境分析 •产业/市场特性与趋势 •市场占有率分析 •内部员工研究（士气、沟通等）	•成本分析与利润分析 •价格弹性分析 •需求分析（销售潜力、销售预测） •竞争性定价分析
消费者行为	通路与配销
•品牌知名度、偏好、态度 •产品满意度 •购买动机、意愿与行为 •市场区隔与消费行为	•工厂/仓库地点研究 •通路绩效研究 •通路涵盖地区研究 •出口和国际市场研究
产品	推广
•产品概念发展与测试 •品牌名称与测试 •试销 •现有产品测试 •包装设计 •竞争者产品研究	•媒体研究 •文案研究 •广告效果 •公关活动与公共形象 •销售人员管理与绩效 •促销活动

表7-2　营销研究的三大用途

规划
（1）谁购买我们的产品？他们住在哪儿？有多少收入？这些人的人数是多少？ （2）我们的产品市场正逐渐扩大或萎缩？有哪些有潜力的市场是我们还未接触到的？ （3）产品的配销通路是否有在改变？是否有新的通路机构正在形成？
解决问题 （1）产品： 　•在几个产品设计中，哪一个最有可能成功？ 　•我们应该使用哪一种包装？ （2）价格： 　•我们的产品应该卖多少价钱？ 　•当生产成本下降时，我们是否应该调降价格或尝试研发高品质的产品？ （3）通路： 　•我们的产品应销售到哪里？由谁来销售？ 　•为了推展产品，我们应该提供何种诱因给经销商？

续表

（4）推广： 　●推广方面的花费应该多少？这些费用应该如何分配在产品和地区上？ 　●我们应该使用何种媒体组合（报纸、杂志、广播、电视）？	

控制
（1）在整个市场、每个地区、各类消费者中，我们的市场占有率各为多少？
（2）顾客满意我们的产品吗？我们的服务成绩如何？有很多退货吗？
（3）社会大众如何看待我们？经销商对我们的评价是什么？

7.3　营销研究的过程

营销研究的过程可依序分成五大步骤：界定营销情况、决定研究范围与目标、设计研究方法、搜集整理分析资料以及报告研究成果（见图7-1）。

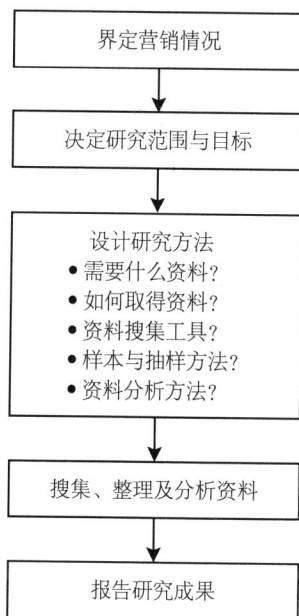

图 7-1　营销研究过程

7.3.1　界定营销情况

企业执行营销研究的动机通常是为了了解某个营销情况（marketing situation），以便能进行营销策略规划、解决某些问题或了解营销活动的效果。为了能符合信息使用者的需要以及确实掌握研究方向，研究人员首先应该弄清楚"决策人员想了解哪些营销情况"。营销情况的种类很多（参考上一节的内容），以旅行社及旅馆业为例：

（1）业者想了解某个旅游路线的竞争者，包括其旅游天数、吃住水准、价位、广告策略、促销与优惠方案等。这是有关竞争者的研究。

（2）在规划一个新的旅程之前，业者想了解可能接受这个旅程的消费者是谁，包含他们的性别、年龄、职业、教育水准、生活形态等。这是针对潜在市场的研究。

（3）在旅游行程结束之后，业者想了解顾客在旅程中是否有任何问题，有什么满意或不满意之处、对公司和旅程有何建议等。这是属于顾客满意度的研究。

（4）某旅馆正在研拟形象改造策略，对于旅馆的设施与装潢、服务项目等有几个改进方案；业者想了解主要顾客对这些方案有何看法。这是有关发展新产品与服务的研究。

（5）某旅馆想了解过去三年来，顾客从哪些旅行社、网站及其他信息渠道得知旅馆信息并决定订房。这是关于销售通路的研究。

营销情况的界定必须慎重，以免营销研究只是触及问题的表面，甚至是与管理决策完全无关的课题。例如，某家旅行业者近几年来的业绩不振，新上任的总经理认为主要原因在竞争者，因而指示研究"竞争者产品与销售策略"。然而，实际上业绩滑落的关键是公司过去几年的领队与导游流动频繁，服务品质不稳定，致使公司形象大受影响。很显然，这名总经理指示的营销研究偏离了问题的核心。由此可见，在界定营销情况的阶段，为了让研究的方向符合决策需要，营销研究人员应当与决策者及相关人员有良好的沟通，对于营销情况有相当程度的了解，事先评估信息对营销管理与决策有何效益等。

7.3.2 决定研究范围与目标

营销情况的界定指出了研究的大方向，但为了能更具体地进行研究，研究的范围与目标需要确定。研究范围涉及哪些因素，视研究动机与信息需要而定，它可能包括地点（如研究哪些销售区域）、时间（如调查过去几年的市场表现，研究未来几年的消费趋势）、研究对象的类别（如探讨青少年或中年消费者）等。

范围确定后，下一步是清楚地描述研究目标，也就是"想从研究中获取哪些具体的信息"。一项研究可能有几个大目标，每个大目标之下又可分为几个比较细小但更具体的目标。例如，某家美式快餐店的调查有三大目标：①了解顾客对于美式快餐的认知；②了解顾客对于美式快餐的购买行为；③了解顾客对于该速食店的满意度。对于第三个目标，则可以再细分为几个满意度构面：用餐环境、洗手间、服务人员、食品、饮料等。研究目标越清楚具体，越有利于研究方法的设计（如决定资料的来源、问卷设计、抽样）。

根据研究目标的特性，营销研究可以分成探索性、叙述性及因果性研究。以下简略介绍这三种类型的研究，至于不同类型所涉及的研究方法，下一节有较详细的说明。

探索性研究（exploratory research）主要用于了解一个全新的、陌生的营销情况，也就是，将原本是一片模糊的营销情况刻画出基本轮廓。如我们原本对某座森林一无所知，但经过一番探险后，就能大致掌握林中的山丘、湖泊、小溪的位置图。

假设我们对外籍新娘在中国台湾的消费习性、对于某个新产品会招致什么市场反应等一无所知，那么针对这些情况所做的研究就是探索性研究。相对于其他类型，探索性研究的方法比较有弹性，如采用面对面深度访问，访问时多利用开放式的问题（例如，对甲产品有什么看法，对我们最满意的地方是什么），而抽样方法比较不讲究等。另外，探索性研究的结果往往有助于叙述性或因果性研究的进行，如确认所拟定的问卷题目与选项是否周详、是否要进一步研究两个变量或观念之间的关系等。

叙述性研究（descriptive research）通常是用来了解某个群体（如消费者、业务员、竞争者）的特点，或是了解他们的看法、态度与行为等。例如，某个网站的会员有什么特征（包含年龄、职业、教育程度以及收入水准等）？台中市的老饕对于市区内五星级餐厅的价格、地点方便性、餐厅气氛、饮食风味及服务态度有何评价？叙述性研究是在我们大致了解某个情况的基本轮廓后，需要更进一步全面地、具体地描述该情况所执行的研究，就如我们对森林的样貌有大概的了解后，再设法精确衡量湖泊的面积，了解湖内的自然生态等。叙述性研究往往用来推论（也就是，从样本来了解事实的真相），因此它需要的样本数比探索性研究大，也比较讲求抽样方法。问卷调查法是这类研究最普遍采用的资料搜集方法。

因果性研究（causal research）主要是找出自变量（independent variable）的变化对因变量（dependent variable）的变化造成多少影响。在执行因果性研究之前，我们通常会基于生活经验、观察或理论，而合理怀疑两个变量之间存有某种程度的因果关系，因此，通过研究希望能更精确地衡量因对果的影响力到底有多大。例如，价格每调涨（或调降）100元，对营业额的影响有多大？每增加（或减少）10万元的广告支出，对来客数有何影响？用王力宏或周杰伦当产品代言人，对消费者产品喜好度有何差别？实验法是因果性研究中主要的资料搜集方法。

餐旅 A 咖

黄源明带你"漫步在云端"欣赏阿里山

如果想要在阿里山上被满山的樱花包围、体验樱花雨般的浪漫，我们就要知道以下的问题：何时是樱花开得最美的时节？行家才知的赏樱路线在哪？何时何地可以观赏到气象万千的云海，以免兴冲冲上山却失之交臂？哪个景点最能代表阿里山秋季的枫红之美？这些疑问都可以在弹指之间找到对的人得到满意的答复。

"漫步在云端"这个号称中国台湾最高的阿里山网站，自1996年架设网站起到现在已经超过120万浏览人次，因为站长长年居住在阿里山，因此能随时更新最新的相关信息，天气、气温、日出时间预测、各种风景专业照片以及各种食衣住行的解答，都可以在网站上得到经验传授。1996年，因为台风造成阿里山区断水断电，当时网站成为唯一对外联系的工具；当1997年阿里山降下难得的大雪时，外界的第一手消息也是从网站得知。

更令人惊奇的是，整个网站从无到有，都出自站长一人之手——俗称山顶黑狗兄的黄源明，一位来自香林小学的老师。他从1987年任职起便深深被阿里山丰富的美所吸引，靠着这份喜爱和坚持，花费大量的时间、精力和金钱之后，逐渐建构起今日网站的规模，从以前用相机写日记到现在用网站为中国台湾记录阿里山的点点滴滴，终于获得社会大众广大的回响，因而得到教育单位的注意和补助，网站的存放历经中正大学、嘉义县教育网络中心到终于可以回到香林小学，现在是乡土教材的标杆、阿里山数据库的权威。然而黄源明始终坚持网站属非商业性质的学术路线，而他只是小学教师，不是旅游产业界出身，也不是官方单位人员，更不是阿里山森林游乐区的业者。不管网站有多红，他依然秉持首页上的那段话：阿里山本来就很美，而我，只是将它呈现出来。

诚如站长所言："我比本地人更爱这里的景物，如果因为网络而让偏远居民不受环境限制也能享有科技带来的方便，或许对缩短城乡差距会有些帮助，也让热爱自然的网友对阿里山有更深入的认识。"也因为越接近阿里山，越发现其丰富多元的资源，所以网站的报道主题正朝着生态保育传承的方向努力，黄源明拒绝商业化，坚持以本土观点引导网友深入阿里山的自然之美。

7.3.3 设计研究方法

研究方法（research methodology）是根据研究目标，规划从什么地方取得资料、如何搜集与分析资料、如何选择样本等。要点如下：

7.3.3.1 决定资料的类别与来源

资料可以分成两类：初级资料（又称原始资料，primary data）与次级资料（又称二手资料，secondary data）。初级资料并非现有的，它是为了特定的研究目标，通过调查、实验、观察等方法搜集而来的资料。相反地，次级资料是既有的资料，分成内部与外部两类。内部次级资料是指企业本身现有的资料，如营业记录、顾客资料、业务员报告等。外部次级资料主要有报纸杂志、商业调查报告、产业公会出版物、政府出版品及统计资料等，即前文提到的营销情报。

由于次级资料是现成的，时间与成本的节省是它最主要的优点。而且，就算次级资料不能完全符合研究目标的需要，它也可能提供重要的背景资料或是研究方法上的参考。例如，假设某旅行社想调查公司导游与顾客之间的关系经营对顾客满意度有何影响，虽然内外部次级资料无法提供确实的答案，但某些硕士论文中附录的顾客关系经营问卷，对该公司在设计问卷时却有相当大的参考价值。

然而，相关性、可靠性与时效性是次级资料的缺点。某笔次级资料牵涉的地区、研究对象、衡量单位、研究方法等，可能与特定的研究目标有所出入，而导致相关性不足的问题。例如，从中国台湾经济主管部门出版的《主要国家经济统计指标》中，我们可以得到泰国的各类经济统计数字，但对于想获得泰国南部回教徒的国民所得、生产力等信息的研究人员而言，这些数字却有相关性不足的遗憾。另外，次级资料的来源、研究方法等如果没有交代清楚，甚至是出版单位基于本身的利益，可能会选择性公布，甚至扭曲信息，因而使得资料的可靠性令人怀疑。最后，对于想了解现状的营销人员而言，有些年代较为久远的次级资料不具有时效性，因而限制了资料的用途。

7.3.3.2　决定如何取得资料

次级资料可以从公司内外部取得，而至于初级资料，企业必须基于本身对信息的需要，通过资料搜集方法来取得。这些方法主要有调查法、实验法、观察法以及深度访问法，分别说明如下。

调查法（survey）常被称为"问卷调查"，它是利用邮寄、电话或人员，以问卷来搜集资料的方法（见表7-3）。调查法所搜集的资料包括受访者的动机（如为什么每年到东欧自助旅行）、认知或意见（如对于东欧的旅游设施与服务，感觉品质如何以及有何改进之处）、行为（如每次东欧之旅的日数与花费等是多少）以及背景资料（如年龄、职业、收入）等。大多数的叙述性研究采用调查法来搜集资料。

表 7-3　三种调查法的比较

比较项目	邮寄调查	电话调查	人员调查
单位成本	最低	低—中等	高
回收时间	最慢	快	中等
处理复杂问题的能力	差	中等	佳
样本控制	差	中等—佳	中等—佳
信息量	少	少—中等	多
信息正确性	低	低—中等	中等—高

（1）邮寄调查（mail survey）：通常是将问卷寄到受访者的住宅或工作场所，有时则是将问卷夹带在产品内，或刊登在平面媒体上由填答人填写后寄回。它适用在地理范围广大、回收时间比较不紧迫、问题少且简单的情况下。相对于其他两种调查方法，邮寄调查的单位成本较低，而且也比较适合涉及个人隐私的调查。但是，由于无法直接面对受访人，受访人填答意愿不高，因此，不少邮寄调查会尽力设计美观的问卷、提供奖励（如免费样品、折价券、定期获得产品信息）等，以促进受访者填答问卷的动机，进而提高回收率。另外，邮寄调查的样本控制也不理想，如一份应该由公司总经理填答的问卷，可能由助理人员代答，而不利于信息正确性。

（2）电话调查（telephone interview）：是由调查人员打电话到受访者家中或工作地点，并由调查人员代为填答问卷。由于电话普及，这种方法可以涵盖广大的区域，并可接触不同背景的受访者。它的其他优点有访问时间有弹性（即可以在任何时段打电话，视受访者的方便与作息而定）、可快速搜集资料、可以调查受访者当时的行为（如正在收看哪个电视台）。然而，电话访问对于个人的生活与隐私却带来干扰。另外，对于一些敏感问题，如薪资收入、婚姻状况等，受访者可能不愿回答或回答不实。

（3）人员调查（personal interview）：这是在受访者家中、工作场所或特定地点（如车站、游乐区出口、超级市场的停车场）等，用面对面的访问方式。这种方法的样本控制相当不错，如针对都会青少年的调查，可以选择在西门町等处进行访问；有关老农的研究，可以选择在农会或地方庙口利用人员访问搜集资料。另外，人员访问能够让受访者接触产品或广告（如观看广告短片），并能够处理复杂的、需要当面沟通澄清的问题，这是其他两种调查法是不可能做到的。可是，由于需要负担访问人的训练费用、差旅费等，人员访问的单位成本相当高。而且，人员访问可能产生访问人效果（interviewer effect），即受访者的答案会受到访问人的年龄、穿着、言行等影响，而降低了资料正确性。

实验法（experimentation）的主要特点在于操纵某个变量（自变量）（independent variable），以便了解它对另一个变量（因变量）（dependent variable）的影响。例如，某家专门针对女性上班族的商务旅馆正在计划一份广告文宣，而广告代言人有两个选择：林志玲或利菁。研究人员可以设计两份广告文宣分别以林志玲及利菁为代言人，并分别请两组由女性上班族组成的受试者观看广告，以衡量"广告代言人"（自变量）对"说服力"（因变量）的影响。

以上的例子显示实验法主要用在因果性研究上。为了能确实衡量自变量的效果，实验法相当重视对实验情况的控制，也就是，研究人员通常设法创造一个适合的情境，或是审慎选取样本，以便尽可能避免自变量之外的因素干扰到因变量的变化。在上面的第一个例子中，两组受试者所经历的实验场所环境（如硬件设备、温湿度、光线）、所听到的指示、观看广告文宣的时间长度等都应该一致；同时，两组所看到的广告文宣只有"代言人"有所不同，文宣上的其他部分（如文字、图案、色彩）都须一致。如此一来，才能确保"代言人"之外的因素不会干扰了实验的结果，也让研究人员能够真正地衡量到"代言人"的效果。

观察法（observation）是利用观测人员或电子设备观看并记录行为或事物的研究方法。例如，观察青少年在游乐园内与同伴如何互动、如何选择各式游乐设施（行为的观察）、阅读旅馆的网站内容（事物的观察）。在某些情况下，观察法比其他的资料搜集方法更为精确，有时甚至是唯一的方法，如计算某个十字路口的汽车流量、了解游乐区内男女游客的比例。

观察法不能用来推断被观察者的动机、认知等。例如，某位顾客在旅馆柜台比较了甲、乙两种房型，最后决定购买乙。他选择乙的主要原因可能是最近失恋，想抛弃以往常选用的甲来试图调整心情；也有可能是因为他觉得乙的房价较为合理。总之，可能的动机很多，光凭观察无法得知正确的答案。

环游世界

每一颗星都珍贵

每年 3 月第一个星期三，有一家卖轮胎的法国公司总能紧紧揪住全球顶尖餐厅、大厨、饕客、媒体的心，让他们迫不及待翻开《米其林餐饮评鉴》(Michelin Guide)的红色书皮，看看谁是最新出炉的料理界之王。每颗"米其林星星"的背后代表经过严格反复的评鉴和对高级餐厅的佳肴美酒和服务的赞赏，因为这本红书的百年历史和不可撼动的权威，让每颗星的价值足以为获奖的餐厅带来 20%~25% 的营业额，也是所有顶级大厨一生追求的最高荣誉。

到底这本红色小册凭什么左右餐厅声望和厨师荣辱，在料理评论界打遍天下无敌手？这是因为米其林谨守客观中立的原则，杜绝广告，以严格评鉴制度和自费方式建立权威。每年派出大量评鉴员以秘密访客的身份，依照品质、烹饪和调味技巧、菜肴个性、金钱价值、服务和料理稳定度等标准，评鉴成立五年以上的餐厅，在试吃 24 小时之内做出评鉴且重复数次之后，再由其他评鉴员反复评鉴。一、二星餐厅每年会被评鉴 15 次以上，三星餐厅更多次。即使名列星级，也会因为一点瑕疵而被降星。另外，米其林也相当重视评鉴员的区域轮调，既防身份曝光也杜绝受贿勾结，以达客观。因此三星餐厅不只是精湛厨艺，更代表在多年多人观察评鉴后，堪称全面完美的典范。

当初创办人在创刊时曾说："本册子起于本世纪初，必将和本世纪共存！"看来不但做到了而且更跨进了新世纪。

深度访问（indepth interview）和调查法中的人员访问一样，都是面对面的访问方式，但两者在调查成果的深度上有所不同。调查法的问题比较简单，多采用封闭式的问题（即答案选项早已确定，如选择题），而且访问过程机械化，依序一问一答直到最后一题，因此所获得的资料较为片面。然而，深度访问是采用开放式的问题（即没有任何答案选项的问题），由受访人自由发挥。访问人通常只准备问题的大纲，访问时通常会追问原因、要求受访人进一步解释或厘清等，如"你为什么选择来三合院露营"、"关于在三合院露营对你的人生有所启发，是什么时候，或在什么情况之下领悟到的"、"你是否曾想过，你刚才的说法很难被亲朋好友认同"。由于不断地追问，每一次深度访问所花费的时间可能从数十分钟到数小时不等，而访问人也需要一定的沟通技巧，不过它所获得的资料却相当丰富并具有深度。

深度访问有两种：个人深度访问（individual indepth interview）（即一对一的访问）以及焦点小组访问（focus group interview），也就是，由一名主持人同时访问一群人（通常是8~12人）。关于后者，主持人的沟通、带领思考与讨论、人际关系的能力等是访问成败的重要因素。深度访问经常用来了解消费者的动机、复杂的购买与消费行为，以及对现有及新开发产品的看法等。它是探索性研究中的主要方法。值得一提的是，调查与实验法属于量化研究（quantitative research），而观察与深度访问则是质性研究（qualitative research），也就是，不是经由统计或其他数量方法来产生结果的研究。一般而言，量化研究的样本数较大，方法比较容易复制，应用范围广泛；但是，对于动机、被访人的内心世界、复杂的行为等，它却有深度不足的缺点。至于质性研究，如果研究人员有观察入微的能力与良好的访问技巧，它往往能够带来具有深度的结果；然而，研究人员在资料搜集与分析过程中可能存有偏见，而且这种方法比较难以复制，而减少了不断验证的机会。

7.3.3.3　设计资料搜集工具

问卷（questionnaire）是相当普遍的资料搜集工具，在调查法、实验法，甚至观察法中都会派上用场。问卷是与受访人沟通的桥梁，也是记录原始资料之所在，因此，问卷设计必须相当慎重，以免影响研究品质。问卷设计的要点有：

（1）问哪些问题：问卷设计人员应该根据研究目标，列举所需资讯，然后决定问卷中要包含什么问题。假设研究目标之一是"了解顾客搭乘国光号的动机，及其动机与人口统计变量的相关性"，那么，问卷中就应包含人口统计变量的问题（搜集年龄、性别、居住地、职业等资料）以及询问动机的问题（当然，动机的选项应该完整，以供选择）。如果从一个问题所得到的资料无助于了解研究目标，它就是多余的，不应在问卷中出现。

（2）问题的字句表达：问卷中所有的用字与句子应该简单明了，避免艰涩难懂或过度学术的用语，也不应有多重意义及引导的作用。例如，"您今年的奖金期望值是多少"对许多人而言过于深奥，大可改成"您预计今年有多少奖金"；"您会不会去大直（中国台湾地名）"则有多重意义，因为"会不会去"可以代表"懂不懂得去"或者"是否要去"；

"您是否满意被很多人诟病的甲乙风景区"则引导受访人对甲乙不满，也不恰当。另外，在设计问题内容时，应该注意受访者能否回答、愿不愿意回答、回答时是否很费工夫等，以免问卷回收率以及答案的有效性受到影响。

（3）问题的格式：问题的格式有封闭式（close-ended）与开放式（open-ended）两种。前者包含是非题及选择题，比较容易填答，可是，必须注意答案选项是否周全或选项之间是否重叠。例如，针对阿里山游客的调查，如果在"居住县市"问题中没有"外岛"或"其他县市"的选项，则选项就不够周全；如果在选项中同时有"绿岛"和"外岛"，则犯了重叠的错误。开放式的问题没有提示答案，由受访者自由响应，因此比较费时费神。在电话与人员访问中，开放式问题让受访者畅所欲言，同时由访问人快速记录答案，受访人响应的意愿较高。但在邮寄调查中，由于受访者必须自行填写答案，回答的意愿因此不高。另外，开放式问题也有答案记录、整理与分析上的不便。

（4）问题的排列：问题排列的主要原则是，属于同一个主题的问题应该归纳在一起，而且整体的组织架构应该清楚合理，例如，先问某个品牌的购买经验之后，再问购买后的推荐行为，而不是颠倒顺序。另外，一些难以回答的、关于隐私的问题应该尽量放在后面，以免受访者一开始就拒绝回答，而影响问卷回收率。

（5）问卷的美工排版：问卷通常无须缤纷俏丽，但应精心排版、层次分明。字体太小太大、句子拥挤不堪、排版乱无章法等，不但令受访人感觉不受尊重而降低填答意愿，研究人员在整理与输入资料时，也容易出现差错。

（6）问卷的预先测试：为了确保问卷的品质，问卷应该要预先测试，以发现错别字、语意模糊、选项不全等潜在问题。问卷的测试应该采用两个途径：由样本群体中选择几位受访人填答问卷，并了解他们在填答过程中是否有任何疑问，以及请相关领域的专家学者或有经验的研究人员指正。

深度访问的资料搜集工具称为访问大纲（见表7-4）。访问大纲中列举的题目，应配合研究目标的需要。另外，在每个题目之下，通常会列举与该题目相关的观念、现象或受访人可能的响应；这主要是为了方便访问人在访问过程中检查"一些可能相关的观念或现象是否已经被提及"，并协助访问人带动思考或讨论。深度访问的大纲在文字表达、格式、排版上，不像问卷般讲究，只要能被访问人接受，并能协助访问过程即可。

表7-4 深度访谈大纲：以国外自助旅行为例

浅谈国外自助旅行的经验
①第一次国外自助旅行是在什么时候？去哪些地方？
②之后又在什么时候，去了哪些地方？
国外自助旅行的动机
①第一次国外自助旅行的"导火线"是什么？或受到什么刺激？
②为什么之后还想不断出国自助旅行？与生活、工作、人生等是否相关？

国外自助旅行的认知
①你如何看待或形容自己的国外自助旅行？
②国外自助旅行给你带来什么好处？
③国外自助旅行为你带来什么困扰、问题或不便？
④你对每一次国外自助旅行有什么期许？
⑤有想过要放弃到国外自助旅行吗？为什么？
⑥家人、同事、朋友等如何看待你的国外自助旅行？
国外自助旅行的困难与解决
①从规划到成行，你碰到最大的困难是什么？
②遇到这些困难的主要原因是什么？
③面对这些困难，你如何应对？

资料搜集工具到底设计得好不好，可以用效度与信度来观察。效度（validity）是指"我们是不是真正衡量到我们想要衡量的东西"。例如，假设我们用"你过去一周花了多少小时看综艺节目"来衡量"顾客对综艺节目的满意度"（也就是，看得越多，代表满意度越高），效度可能就会被质疑，因为就综艺节目而言，观赏时间和节目满意度之间可能并无关联；这就有如我们想要用一把尺来衡量体重，效度当然有问题。

信度（reliability）是指研究结果的一致性、稳定性。例如，如果我们用某个磅秤量体重，在 30 秒之内得到三次结果分别是 65 公斤、61 公斤、67 公斤，该磅秤的信度显然很低。因此，一个信度不错的资料搜集工具，能让我们在一段时间内反复针对某个或某群人衡量，也能得到类似的结果，也就是具有相当大的稳定性。

7.3.3.4 决定样本与抽样方法

任何营销研究都是想了解特定群体或事物的某种现象，在研究方法的术语中，这个特定群体或事物称为母体（population）。对于大多数的营销研究，母体是特定的消费者，当然，也可以是经销商、供货商、竞争者、业务人员、媒体广告等。例如，在"花东成年居民的休闲活动调查"中，母体可以设定为年龄超过 20 岁的花东县民。

一般而言，母体的组成分子相当多，因此，有必要选择其中的一小部分——样本（sample）——来进行研究，以便利用研究结果来推论母体的真实情况，而选择样本的过程，则称为抽样（sampling）。为了正确推论，样本应该要有代表性。所谓代表性（representative），是看样本的某些特性是否符合母体的特性。例如，假设花东县民中的男女分布分别是 54% 及 46%、未婚及已婚分别是 35% 及 65% 等，则有代表性的样本应该尽量符合上述的分布。如果样本不能代表母体，则会产生抽样误差（sampling error）。

抽样方法有两类：概率抽样（probability sampling）及非概率抽样（nonprobability sampling）。在概率抽样中，样本被抽中的概率可以算得出来；相反地，在非概率抽样中，样本被抽中的概率不得而知。无论是采用哪种方法，研究人员都必须决定一个样本数。样本数太小，则难以代表母体，抽样误差变大。但是，样本越大，不但成本较高，在资料的记录、输入、分析等过程中也容易出现差错而发生非抽样误差（nonsampling error）。

7.3.3.5　决定资料分析方法

在设计研究方法的最后阶段，研究人员应该根据研究目标及资料的特性，决定利用什么方法来分析资料。文字的资料（如深度访问所得到的资料），通常是依靠研究人员的直觉、学识与经验来分析的，但有时也可以将文字编码（如用 A 代表快乐、B 代表哀伤等）并汇整后，利用统计方法予以分析。至于数字的资料，则是利用统计方法来进行分析。

7.3.3.6　撰写营销研究项目企划

到这个阶段为止，研究的范围、目标、方法等都已确定。在采取行动搜集资料之前，研究人员有时需要呈现营销研究项目企划（marketing research project proposal）给主管或业主，以便获得批准。项目企划的内容因研究而异，但在架构上大同小异。表 7-5 提出了一份高度浓缩的营销研究专案企划给读者参考。

表 7-5　营销研究专案企划："浓缩"范本

企划名称："难忘民宿"顾客满意度调查	
研究背景	难忘民宿已经成立三年，为了加强顾客服务，在日益竞争的市场中继续发展，决定进行顾客满意度调查，从顾客的眼光来评鉴企业
研究目标	调查顾客对难忘民宿的服务环境与人员的满意度及改进意见
研究方法	研究对象将锁定公司的主力顾客群"新婚夫妇"；从过去一年的顾客中，选取 200 名作为访问对象，原则上男女各半。采用电话访问法，访问时间为每晚六点到九点（星期日则是下午一点开始）；由两名研究人员负责访问，预计十天内完成资料搜集。问卷内容包含受访者人口统计变量以及两个满意度构面（服务环境、人员）。每个满意度构面之下有若干相关的项目，全部以五点尺度衡量；满意度结果以平均值呈现，并将与人口统计变量做交叉比对。问卷包括一道开放式问题，让受访者提出难忘民宿应该改进的服务项目
研究重要性	研究结果将呈现给难忘民宿的总经理；主管可依据研究结果，找出改进与提升服务品质的方向
研究费用	包含人员、文具、印刷等费用，共 10 万元
时间进度	建立访问名单 2 天、搜集资料 10 天、整理与分析资料 3 天、撰写报告 5 天

7.3.4　搜集、整理及分析资料

这是研究过程中的执行阶段。研究人员依照研究方法的设计搜集资料。资料搜集之后必须经过一番整理，如剔除严重漏答或乱答的问卷，以便筛选出有效问卷。有效问卷中的资料通常会输入计算机中储存，并进行分析。

7.3.5　报告研究成果

研究过程的最后一个步骤是报告研究的成果。无论是书面或口头报告，报告人必须注意这份报告的读者或听众是谁。层级越高者，越注重研究成果对管理实务的贡献，比较不注重研究方法的细节。好的研究报告，应该是"据实以告"，从研究背景、目标、方法到研究限制，都应该秉持诚实原则撰写，如此才能给决策带来最大的参考价值。当然，在表

达方式上，架构应该清楚，表达应该流畅，排版应该美观，这不但是为了方便阅读，更是一种礼貌。

课后习题

基础习题

1. 营销研究包含哪些步骤？这些步骤之间有何关联？

2. 何谓调查法？调查法有哪些种类？各类调查法的优缺点是什么？

3. 在探索性研究中，我们常用何种资料搜集法？为什么？

4. 试比较初级资料和次级资料的优缺点。

5. 量化研究与质性研究对于营销企划有什么功用与盲点？

应用习题

1. 以校内学生为样本，利用调查方法了解同学们的户外休闲行为。

2. 到某家餐厅进行观察，并撰写观察结果报告，以协助该餐厅的营销管理。

第四篇
发展营销策略
Developing Marketing Strategies

08 旅游产品和服务

从本章的"遇见创意"专栏可以发现，除了山水、博物馆、庙宇、古迹、百货公司等地点，"工厂"也是一种旅游资源。其实，旅游的形态是很多元的。这些多元的旅游产品与服务有什么意义与特性呢？这就是本章的重点。本章架构如下：

1. 产品的形式与内涵：从五个层面来分析产品的内涵。

2. 产品组合与产品线：描述企业如何有条理地销售多项产品，并讨论多项产品的相关决策。

3. 品牌：品牌是相当重要的产品属性，因此本节将以较多篇幅讨论品牌的意义、功能与决策等观念。

4. 产品生命周期：讨论旅游产品的生命历程以及相关应对策略。

5. 服务的特性：说明服务的内涵和四大特性，以及这些特性在营销与管理上的意义。

遇见创意

把工厂变好玩

　　周末假期不甘心窝在家里当"阿宅"吗？不想逛街购物杀时间、不想到热门旅游景点人挤人？想要来点有趣、新奇又能学到知识的新型旅游吗？那就来一趟"旅游工厂"吧！听到"工厂"两个硬生生的字，先不要恐惧，因为"工厂"已经脱离生产制造、高温闷热环境的代名词，摇身一变成为大开眼界、寓教于乐的"旅游工厂"。

　　"旅游工厂"在其他国家和地区早已行之有年，德国 BMW 汽车博物馆、北海道白色恋人工厂、英国 Wedgwood 瓷器、德国海尼根啤酒等，都是闻名国际的旅游工厂。近来中国台湾也掀起一股"旅游工厂"热潮，诉说着中国台湾传统产业亟欲转型的渴望。传统产业外移、歇业，留下一处处废弃的厂房，于是设法让老旧、没有生产价值的厂房，借由生产流程的再现、专业活泼的导览、精心规划的体验活动，为没有生命力的废弃厂房注入一股新的能量，变成现代人旅游与学习的场域。

　　过年一口接一口吃着的牛轧糖，你是否好奇它是如何制成的？为什么祭拜要奉上牛轧糖呢？这些答案都能在土城的牛轧糖博物馆找到。"传统工厂要知道转型才有前途。"大黑松小俩口总经理丘义荣说道。在牛轧糖博物馆里，可以看到牛轧糖与喜饼的生产、包装过程，自己 DIY 做牛轧糖，甚至还能获得传统婚宴习俗的知识，知道什么是订婚的八道步骤、男女双方各该准备哪 12 种礼品等。

　　气球总是给人欢愉、快乐的感觉，但你可知道曾是全球气球生产重地的中国台湾，如今气球生产工厂已经是"仅此一家，别无分号"了。参观气球工厂，首先由气球 DIY 开始，接着进入近半世纪的老旧厂房，可以看到过去手工制造时期的老气球模具、半自动机器等，让人仿佛踏入时光隧道。实地参观气球的生产现场，体会看似简单的气球生产，竟然需要经过上胶、灌模、上色等多重手续，其中还要经过好几次的冲洗，才能生产出一颗缤纷的气球。

　　"旅游工厂"的类型包罗万象，下一次再苦恼假日何处去时，不妨到"旅游工厂"走一遭，来一趟"知性之旅"吧！

引　言

　　这几年，中国台湾烘焙业出现了一个有趣的现象，传统上多数人将面包当成方便果腹的食物，在乎的是好不好吃、方不方便买到、来自哪家店。但近几年消费者开始在乎起要吃某位面包师傅做的"酒酿桂圆面包"、"米酿荔香面包"等。这位面包师傅就是连续在 2005 年、2008 年的世界面包大赛崭露头角，在 2010 年拿下第一届世界面包大师金牌的吴宝春。

不过，吴宝春也曾有过面包卖不出去、被新手面包师傅批评"难吃"的低潮，在刘永毅和吴宝春合著的《柔软成就不凡》一书中，吴宝春娓娓道出他做出冠军面包的关键：

阿光盯着我，问出一个影响我至今的问题："你知道客人要的是什么吗？"我很疑惑，什么叫"客人要的是什么？"

原来，关键在于"味道"。阿光觉得我的面包不好吃，因为味道贫乏，毫无吸引人的地方，客人吃了既无惊喜，更没有惊艳的感觉，不吃也罢。我可以理解他说的是什么，但我却有一个严重的问题：我不知道自己的面包不好吃。因为我早已经习惯这种贫乏以及人工制造出来的味道。

如果你的味觉可以引领顾客，甚至创造出让他们惊艳、为之热爱，甚至疯狂的味道，那么你就可以成为他们的美食教主、味觉经验的创意大师，接受他们的崇拜；至于产品的热卖及顾客的追逐，只不过是理所当然的结果。

想要做出美食，要有一颗能享受美好生活的心，以及为美食不惜一切的热切灵魂，如此才能一直在美食探索经验中磨砺出敏锐的味觉。换句话说，美食的品味靠经验累积，靠各类美食与唇、齿、舌、味蕾细胞交会千百回合后，才能让食材与妙手、环境、气氛等因素交织所产生的种种愉悦、震撼、惊喜，化为一丝了然于心的明悟。而此不断尝试的过程，一般人很难凭空想象。我就是如此。

贫苦出身的吴宝春为了打开美食的味蕾，开始从头学习"如何享受美食"，他品红酒、吃各种顶级吉士、尝遍各国料理等，而这些味蕾的经历，最后造就了他不凡的面包。就像吴宝春认为"面包"是传递"幸福滋味"的媒介，其实餐厅菜色、饭店服务、旅游行程等，又何尝不是为了向顾客传递某种价值？

8.1 产品的形式与内涵

8.1.1 产品的形式

在日常用语中，产品通常是指在商店内销售的东西。但在营销学里，产品（product）泛指任何提供给市场，以满足消费者某方面需求或利益的东西。因此，产品的形式相当多元，包括制成品、服务、活动、地方、个人与组织和理念等。

旅游业中，不论是饭店提供的精油 SPA、法式餐厅精致复杂的用餐程序或度假胜地的水上活动都可称为服务（service），服务的本质不在于为天然资源或材料加工、装配零组件等，而是强调通过某种举动（act）、程序（process）或活动（activity），为服务对象创造价值。当然，服务可能涉及制成品（如餐厅的晚盘）、活动（如游乐园的花车游行）等不同的产品形式。

8.1.2　产品的内涵

无论产品的形式是什么，它的内涵可以分五个层次来说明（见图 8-1）：

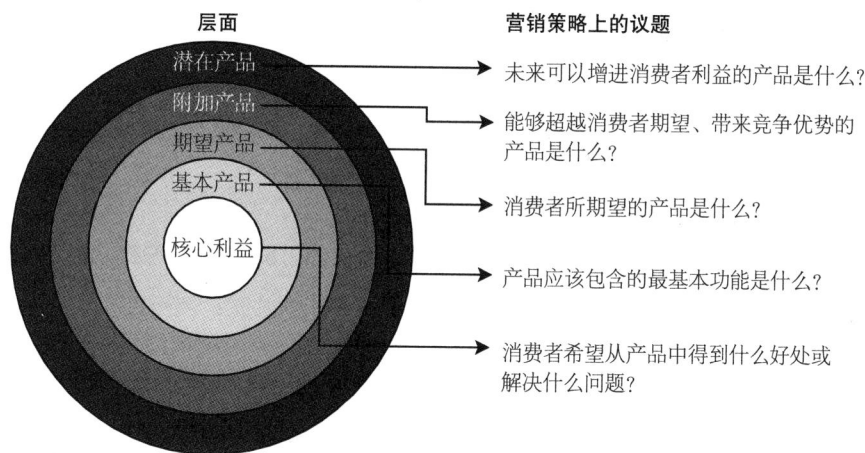

图 8-1　产品内涵的五个层面

（1）核心利益（core benefit）：这是指产品为消费者带来什么好处或解决什么问题。例如，饭店为旅客提供舒适的休息住宿环境；餐厅提供卫生美味的食物、放松欢乐的用餐气氛或方便开会讨论的用餐包厢等。

（2）基本产品（basic product）：又称为实际产品（actual product），这是指构成产品的最基本特质、能够带来最基本功能的属性组合，如果缺乏了这些属性，该产品就不该冠上该产品名称。例如，饭店的基本产品是可以休息睡眠、干净舒适又隐秘的空间，如果只提供床，不能称作饭店；同样地，餐厅服务的基本产品有食物、餐具、用餐设备等，至于用餐时的音乐演奏等节目，则不算是基本产品的一部分。

（3）期望产品（expected product）：这是指消费者在购买时所期望看到或得到的产品属性组合。例如，许多旅客期望饭店有美味多样的自助早餐吧、高雅精致的装潢设计、提供常客住宿优惠等；顾客期望餐厅有清洁的环境、清楚的点餐流程、专业细心的服务态度等。

（4）附加产品（augmented product）：企业为了建立本身的竞争力，在市场上脱颖而出，往往需要超越消费者的期望，为产品增添独有的或竞争者所缺乏的属性，这些属性即称为附加产品。例如，饭店提供睡前免费点心服务、餐厅提供营造求婚气氛的相关服务等。

（5）潜在产品（potential product）：这是指目前市面上还未出现的，但将来有可能实现的产品属性。例如，饭店仿造英国威廉王子与凯特皇室婚礼的婚宴场地；旅行社实现许多人的环岛梦想，推出24小时夜未眠的环岛旅行；餐厅先为顾客"把脉"再量身制作专属的膳食等。

以上的产品内涵是动态的。它会随着消费者需求与习性、企业之间的竞争等而改变。例如，某家饭店首创以提供顾客当地文艺表演入场券作为附加产品，然而，当多数饭店都群起效尤时，这项服务便仅是期望产品。

掌握以上的产品内涵使得营销人员在分析产品时，能够兼顾顾客导向（核心利益、期望产品）、竞争者导向（附加导向）与前瞻性（潜在产品）。而每一个内涵层面，都有策略上的意义，例如，附加产品引发"能够超越消费者期望，带来竞争优势的产品是什么"、潜在产品则带来"未来可以增进消费者利益的产品是什么"等值得思考的议题。

另外，设计旅游产品时应特别重视整体产品（overall product）的概念，因为对旅客而言，旅游产品包含从离家到回家为止的整体经验。同时旅游目的地并非只提供一种旅游产品，景点资源和各种旅游设施等都是旅游产品的一环，如垦丁的吸引力不仅有碧海蓝天、阳光沙滩和热情的南洋民风，也有春天音乐季。换言之，旅游产品是一组套装组合，即使饭店很舒服、食物很美味，但是若在旅游时被骗买到假货，则很有可能对这次的旅游留下坏印象。相同地，旅客经过十几小时的飞行可能已经疲惫不堪，此时饭店柜台人员脸上的一份笑容与亲切问候，可能顿时让旅客忘却行车劳顿的辛苦。因此，旅游产品必须以系统整合的观点，思考整体旅游历程，设法让旅客在每一环节中都能得到满足与愉悦感，而这往往也是业者思考产品定位和制胜的机会点。

环游世界

海上的五星级度假村

玛莉皇后二号（Queen Mary 2）是有史以来造价最高（8亿美元），也是全球最宽、最长、最高、最坚固、速度最快的游轮。它有4个足球场那么长，露出水面的部分有23层楼高，体积比铁达尼号大三倍。它拥有4个和波音747一样强大马力的引擎，船身甚至能360度旋转，侧身的扰流板还可以在遇到暴风时，立刻把海浪拨到6

米以下，以稳定船身。

至于内部装潢，无论是大厅、健身房、演讲厅还是餐厅都显得富丽堂皇。船上还有冬天花园、可容纳上千人的戏院、南方海滩风格的舞厅、全世界唯一的海上天文馆；超过 2/3 的舱房都面向海景，五星级餐厅则供应各国佳肴美食。船上约可搭载 2620 名旅客，为了维持服务品质，还搭载 1253 名工作人员，约 2 名旅客就有 1 名服务人员。搭乘世界最豪华的顶级游轮玛莉皇后二号，是许多人的梦想。享受海上五星级度假村的代价是多少呢？十多天的旅程通常是 30 万元新台币起。

8.2 产品组合与产品线

8.2.1 产品组合的结构

对于企业所销售的多项产品，我们可以用产品组合与产品线等观念来加以描述。产品组合（product mix）是指企业内所有的产品。产品线（product line）则是由一群在功能、价格、通路或销售对象等方面相关的产品所组成（见图 8-2），剑湖山游乐世界有四条产品线，主要是用产品类型来区分。

产品组合的构面有广度、长度、深度以及一致性：

（1）广度（width）：产品组合的广度是指产品线的数目，如剑湖山游乐世界的广度是 4。

（2）长度（length）：产品组合的长度是指所有产品的数目；长度也可以用来形容产品线的产品数目，如剑湖山游乐世界的饭店产品线长度是 2。

（3）深度（depth）：这是指个别产品有多少种规格或样式，如剑湖山的剑湖山王子饭店的深度是 5（共有五种房型：单人房、双人房、精致客房、豪华客房、日式客房）。

（4）一致性（consistency）：这是指产品线之间在用途、通路、生产条件等方面的关联程度。以剑湖山游乐世界而言，由于产品线都与休闲旅游有关，因此产品线一致性相当高。

8.2.2 产品组合广度与深度的增减

不少企业是由单一或少数产品线开始起家，接着产品组合广度（即产品线数目）或产品线长度便与时俱增。其中，企业的产品线若延伸到比较高价、高品质的产品，称为向上延伸（upward stretch）；反之，若是产品线增加比较低价、低品质的产品，则称为向下延

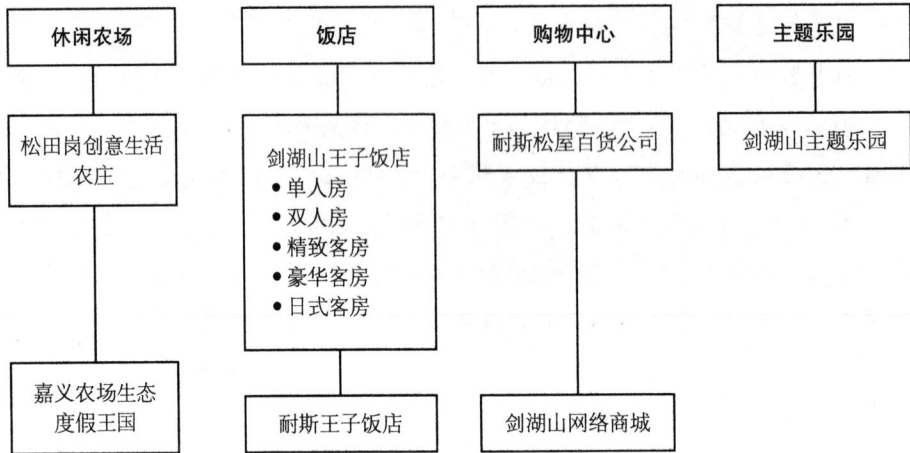

图8-2 产品组合：以剑湖山游乐世界为例

伸（downward stretch）。例如，在饭店系统里，inn向上延伸为饭店（hotel），向下延伸则为汽车旅馆（motel）。综合而言，扩增广度或长度的原因如下：

（1）反映企业理念与策略：有不少产品扩增决策是为了反映"我们是一家怎样的企业"，或为了呼应企业的整体策略。例如，假设剑湖山游乐世界企图成为"每个人的休闲娱乐王国"，则目前的主题乐园、饭店产品线都有增加产品的空间（如情侣套房、儿童饭店等），甚至将来可以发展银发族养生农场、青少年科学王国等产品线；而如果定位为"主题乐园的专家"，则会把重点放在主题乐园产品线的延伸，而不是其他非主题乐园产品线的扩增。另外，为了提升企业或某个产品线的形象，也经常促使企业采取向上延伸的策略。

（2）利用产能与其他内部资源：不少企业增加产品是为了有效利用多余的产能。另外，随着对特定消费群、通路商、产业竞争等方面的了解，不但有助于企业找到新的市场机会，也增进了经营上的信心，因而促使企业发展新产品。此外，当品牌打出名声或建立良好形象之后，不少企业会设法利用这种品牌优势，将品牌套用在其他相关的产品上，以获取市场利益，因而扩增了产品组合的广度或长度。例如，剑湖山靠主题乐园打响名声后，于是将"剑湖山"套用在饭店、购物中心等产品类上，而发展出主题乐园之外的产品线。

（3）顺应竞争情势：市场竞争是促使企业扩增广度或长度的重要原因。不管是为了以牙还牙、事先卡位、分散风险或牵制竞争者等，都会增进产品组合的广度或长度。例如，剑湖山旗下的耐斯松屋购物中心就是为了顺应开放大陆旅游的承诺而兴建，以位于阿里山山脚和相连耐斯王子大饭店的优势，企图在大陆游客慕阿里山之名而来的旅游市场中事先卡位。

（4）配合消费者需求的变化：有鉴于青壮年语言能力提升和旅游的自主意识抬头，自己掌控旅游行程中吃喝玩乐的需求日增，因此越来越多的旅行社推出五花八门、琳琅满目的自由行，半自助方案或是主题深度旅游，就是为了顺应消费者的需求变化。

产品组合的广度或长度一旦增加，必然会提高生产、营销与营运成本，也容易造成错误而影响效率（如订单处理错误、服务错误等），同时也容易造成自家产品互相蚕食以及资源不当配置的问题（如将过多资源用在甲产品，使得乙产品失去市场良机）。因此，企业应该定期检讨产品线缩减甚至删除的必要性。

8.3 品牌

品牌被公认为是极重要的产品属性之一，因此我们以较多篇幅，分五小节讨论品牌的相关观念。

8.3.1 品牌的意义

品牌（brand）是由名称与标志所组成。品牌名称（brand name）是经由语言及文字表达、可以念得出来的，如麦当劳、中华航空、星巴克等。品牌标志（brand mark）则包括符号、图案设计或特殊的文字等，它不能通过言语表达，只能凭肉眼辨别，如麦当劳的金黄色拱门、中国台湾"中华航空"的梅花、星巴克的美人鱼等。品牌若向有关单位登记注册，而让注册企业对该品牌有独家拥有权与使用权，则该品牌就成了商标（trade mark）。

以上的说明只针对品牌的形式，品牌还可以利用四大构面来分析属性（attributes）、功能（functions）、利益（benefits）、个性（personalities），简称 AFBP（见图 8-3）。产品属性是指产品的规格或物质上的特色，如饭店的地理位置、星级、传真上网的设备、床的规格等。功能则是指前述属性所能带来的作用，如饭店的位置影响顾客外出参展和闲暇社交的方便和效率等。利益主要是回答"以上的属性及功能给消费者什么好处，或解决什么问题"，如商务饭店坐落在市中心的交通枢纽，便于房客参展、洽公、考察，而有利于商机

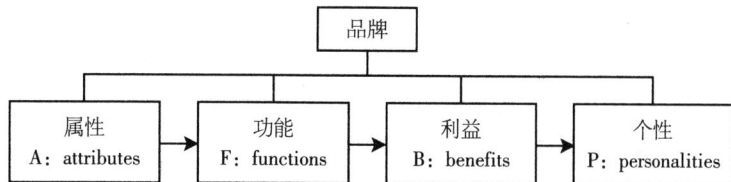

图 8-3　品牌的四大构面：AFBP

的拓展。最后，个性则是消费者综合前述的属性、功能与利益，而赋予这品牌的人格化描述，如这家饭店是生意人外出洽公时的好帮手。

餐旅 A 咖
用面包登上国际冠军舞台的吴宝春

"长棍和面包竞赛类冠军，得奖的是：吴宝春，代表中国台湾。"当评审团喊出"中国台湾"的那一刻，2010年巴黎"世界杯面包大师赛"的展场内欢声雷动。那一刻，不仅全世界的烘焙精英注意到这位来自中国台湾的面包师傅，中国台湾媒体也争相报道他的成功事迹，民众则开始疯狂抢购他的冠军面包。

那一年，吴宝春当面包师傅已经超过20年。

为了这场比赛，吴宝春一年前就辞掉工作专心练习，"因为我知道这是离梦想最近的时刻。"当时的他带着坚持了20多年的努力，背负多年的自卑感忽然一扫而空，"我不再小看自己只是一位贫穷、学历低的面包师傅。"靠这股信心一路支持，他过关斩将拿到冠军。"回头看，我很庆幸这20多年来，没有一次放弃自己；很感谢老天、感谢母亲教我凡事看正面。"

很难想象在世界冠军的光环背后，吴宝春也曾经历面包卖不出去的低潮期。残酷的现实逼迫他必须找出什么是"好吃"，后来他发现：好吃的秘诀在于去服侍消费者的"心"、"味觉"、"想法"。他明白要做出美味，首先必须知道什么是美味，因此他训练自己成为很挑嘴的人，他告诉自己要尝遍天下美食后，才能做出自己喜欢吃的口感。

因此，他跨界学习汲取创意，学了西餐、中餐、日式料理，将其特点应用在面包上；吃拿波里披萨时，不忘去了解披萨的故事、来源、典故，才知道烤披萨的烤炉必须是烧木头的；为了研究面包发酵去专研"微生物学"。此外，为了进一步了解消费者的需求，吴宝春到各个超商、面包店第一句就先问："你们这里最畅销的面包是哪种？"然后买来吃以了解各个城市、阶层的消费者喜欢的口味。

正因为以"世界一流面包师傅"的态度看待自己，因此吴师傅对于学习、制作上碰到的困难，反而一点都不觉得辛苦，如他曾花三年时间去尝试做出在日本第一次吃到的那种正统、好吃的法国面包。他从不认为摸索是浪费时间，即使摸索失败也都一定有收获，因为他认为学习本来就是长期的，不是立竿见影的。

到底什么才是吴宝春心中的"好吃"？他笑着说他希望消费者吃到他做的面包时，也会有日本卡通"中华一番"里，当人们吃到小当家料理的时候，心中涌现仙女乐舞、百花齐放的感觉。这就是好吃！

值得强调的是，品牌有一个非常重要的特质：它是有个性的，而品牌个性与属性、功能及利益有密切关联。就是因为品牌有个性，它才能成为重要的竞争武器，也具有非凡的价值，甚至品牌也代表了一家企业的文化。世界知名品牌都是被视为企业的重要资产，经过长期的细心经营，而形成了今天的强烈个性与市场地位。一看到麦当劳，我们马上想到"干净，效率，欢笑"；迪士尼是"欢乐的王国"；巴厘岛这个地区则让人想到"结合海景、青山和 Villa 的人间仙境"。这些个性深植在消费者的脑海中，其他品牌难以取代，因而造成其他企业的进入障碍。

另外值得一提的是，品牌既然是有个性、有生命的，品牌经营团队是否有足够的环境与社会洞察力、人文与艺术涵养、意象表达与个性塑造能力等，对于品牌是否能独树一帜，且又被市场认同，甚至引起感动，具有相当大的影响力。因此，"营销专家也应该是一名艺术家"的说法，有其一定的道理。

8.3.2　品牌的功能

品牌的功能可以从消费者与企业的角度来说明。对于消费者而言，品牌的功能如下：

（1）浓缩信息与协助辨识：产品的种类繁杂，消费者无法一一记住这些产品的特性、品质、价格水准等，而品牌则扮演了浓缩这些信息的角色。我们偶尔会评论"下次再也不住××饭店了，太烂了"、"××旅行社规划的建筑之旅还不错"，其实就是借助品牌浓缩信息的功能，辨认与判断某个产品。有人如此形容以下的旅行社品牌：天喜是"日本旅游行家"、皇家运通专攻"精致深度的文化之旅"，短短几个字表达了这些品牌的风格，也显示了品牌浓缩信息的功能。

（2）提高购买效率：由于不同品牌各有独特的名称与标志，再加上前述的信息浓缩功能，品牌能够协助消费者在短时间内进行辨认，从而提高购买效率。例如，吃腻西餐而想来点中式餐点时，我们脑中会浮现"鼎泰丰"毛笔挥毫的字样和小笼包在口中可口多汁的滋味，在驱车前往的路上，对其他餐厅都视若无睹，看到鼎泰丰时才眼睛一亮。消费者在选购某些产品时，经常只考虑到少数几个品牌，因而简化了选购过程。有了品牌，我们才有这种省时省力的购买经历。

（3）提供心理保障：许多消费者在购买昂贵或重要的产品时，往往会把不熟悉的品牌一律归为"杂牌"，或把某些品牌列在黑名单而拒绝购买；有些则是一再购买相同的品牌，别无二心。这种行为主要是为了寻求心理上的保障。换句话说，有些品牌已经在市场上树立了良好的形象，建立了信赖感，因而成为消费者心目中的品质保证。知名品牌几乎都有这种特性，如到较落后或不确定性较高的地区旅游时，有些人倾向选择知名五星级饭店作为下榻之处。

从企业的角度来看，品牌的功能如下：

（1）有助于新产品推出与市场开拓：由于品牌对于消费者有浓缩资讯的功能，企业若使用知名品牌推出新产品，则无须多费口舌，消费者就可以很快了解新产品的品质、特色等，因而有助于市场的开拓。

（2）作为有力的竞争武器：一个有鲜明个性的品牌比较容易引起消费者注意与记忆，可区分出与竞争者的差异，更可以在口碑流传过程中让消费者有着力点，因此是一个有力的竞争武器。同时，有响亮的、良好形象的品牌通常可以避免陷入价格战的泥沼中，享有较高的毛利空间，因此在市场上居于有利的地位。

（3）成为企业的资产：近年来相当盛行的"品牌权益"观念显示，品牌虽然无形，但它却是有价值的资产。我们将在稍后说明有关品牌权益的观念。

8.3.3　品牌命名与设计

一个好的品牌名称与标志设计，多少有助于消费者记忆与理解品牌。品牌命名与设计方法已经超出本书范围，我们仅列举重要的原则如下：

（1）配合目标市场的特性：目标市场的性别、年龄、职业、教育程度等，会形成一定的语言习惯，并且对图像有特定的理解方式。因此，品牌命名与设计应该要配合目标市场的特性。例如，经常为专业人士、金字塔层峰设计精致深度的建筑、艺术旅游的皇家运通，便以"皇家"命名配合皇冠标志，彰显出目标市场的特性。

（2）能够暗示产品的特性、品质或利益等：好的品牌应该让消费者容易望文（或看图）生义，联想到企业所企图表达的概念。如易游网（easy travel）的中英文都强调出他们简易方便的操作特性；义面坊让人一看就知道是卖意大利面的餐厅；假日饭店（Holiday Inn）则让人联想起在假期中可以住宿的地方；85度C则意味咖啡在85℃时最好喝。

（3）好念好记、溜口醒目：就品牌名称而言，好念溜口可以通过三种方式取得：谐音，如达美乐（打了没）、必胜客（Pizza Hut）（pizza hot 到家）；简单通俗，如汉堡王（Burger King）、喜来登大饭店等；名称奇特或诙谐，如星期五（Fridays）、天津狗不理包子等。至于品牌设计，应该避免色彩与构图过度复杂而失去焦点。

（4）避免不当谐音：品牌的发音或标志设计应该避免让人有不当联想，或啼笑皆非，尤其是在跨国营销时，应密切注意原有品牌在别的语言或文化中，是否具有特殊的意义。例如，某家日本料理店原店名为"熊本"，发音类似闽南语的"伤本"，因此改名。

（5）道德与合法：品牌名称及标志不应伤风败俗、误导消费者或侵犯现有的注册商标。因此，企业在命名与设计的过程中，也应考虑道德与法律的层面，并向相关的法律专家请教。例如，因"康师傅泡面"的高知名度而命名为"唐师傅泡面"，或开咖啡店命名"86度C"，都有意图误导消费者之嫌。

值得提醒的是，好的名称与标志固然是营销的推手，但是企业不应迷信"好名会带来好命"。品牌的经营有如马拉松竞赛，好的名称与标志只让企业多跑几步，竞赛结果是否获胜，还需要深入了解消费者、持续的创新与研发、正确的产品定位与推广策略、完善的顾客服务等。

8.3.4 品牌决策

生产多种产品的企业，必然会面对如何替不同产品安排品牌的决策。产品组合的品牌至少有以下三类：

（1）个别品牌：即每一种产品有特定的品牌名称，如中国台湾最大的餐饮王国王品集团就是采用个别品牌，旗下有王品台塑牛排、西堤牛排、陶板屋、原烧、聚北海道昆布锅、ikki怀石料理、夏慕尼、品田牧场等。

（2）家族品牌：又可分为单一家族品牌与产品线家族品牌。前者是指企业内所有的产品一律使用同一个品牌，如麦当劳、肯德基；后者则是不同的产品线有不同的品牌，如丽致集团有两条饭店产品线，除了丽致系统，还有强调时尚科技风格的亚致系统。

（3）混合品牌：这是指公司名称结合个别品牌，如台北亚都丽致饭店、中国台湾阳明山中国丽致大饭店、台南大亿丽致酒店、北投枫漾丽致饭店等；六福集团不少产品也都是采取这种做法，如六福村主题乐园、六福皇宫、六福客栈等。

采用个别品牌的优点是，即使某一项产品在市场上不被接纳或形象出现问题，对于其他产品以及企业本身，也不会有太大的负面影响。另外，如果在同一类产品中拥有两个或更多的品牌，将有利于发展不同的市场区隔，可以在市场上卡住不同的定位，同时也较能掌握"品牌转换者"，也就是消费者更换品牌时，到头来还是选择同一家企业的产品。不过，个别品牌最大的缺点就是品牌经营的成本高昂，而且某个品牌无法将它的高知名度与良好形象传递给其他品牌。

相对于个别品牌，家族品牌的营销成本比较低，主要的原因是不必花钱研究新的品牌，也不需太多的广告费来提高品牌的知名度。同时，如果一个品牌已经建立良好的声誉，采用家族品牌策略将有助于其他产品的销售，或是有利于新产品的发展。但是，如果某个产品出现问题，或品牌名称过于老化，所有的产品就得面对负面的效应。

家族品牌经常是品牌延伸的结果。品牌延伸（brand extension）是指将一个知名的品牌套用在新产品上，希望能将该品牌的形象传递给新产品。如果应用得当，品牌延伸能够协助企业快速推广新产品，省下新产品推广费用，并强化品牌形象。

然而，品牌延伸也是一把"双刃剑"，很有可能造成对品牌与企业的伤害。如果新产品的特性与原有品牌不搭配，或是延伸的产品类别太多太杂，则可能造成消费者的印象错乱，而稀释了原有的品牌形象。

8.3.5 品牌权益

品牌的价值，在学理上称为品牌权益（brand equity）。它不是由企业自己认定的，而必须从顾客的角度来判断，这就是所谓的顾客基础的品牌权益（customer-based brand equity）观念。也就是，当一个品牌无人闻问、形象不佳，或是无法凝聚顾客的忠诚度时，则品牌毫无价值可言；反之，如果一个品牌令人回味再三，甚至爱到心坎儿里，则品牌价值非凡。由此可知，顾客反应是决定品牌权益的重要因素；更具体地说，品牌权益的主要来源（见图8-4）如下：

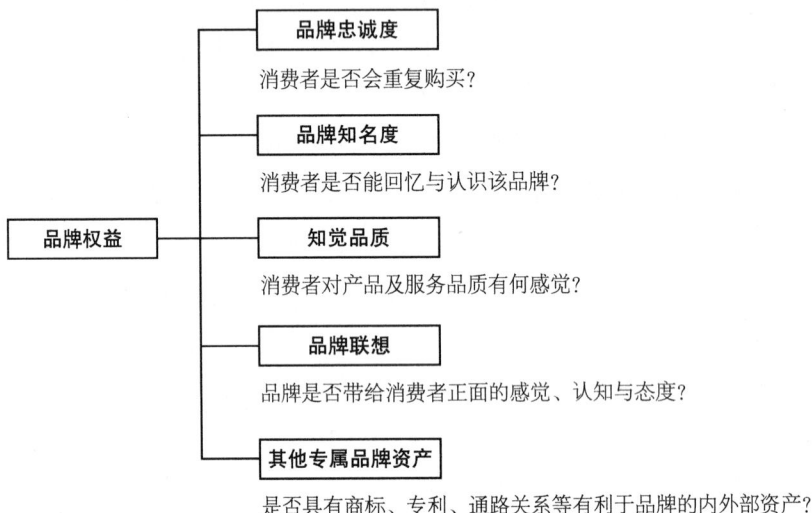

图8-4 品牌权益的主要来源

（1）品牌忠诚度：这是指消费者是否会重复购买某个品牌。如果品牌忠诚度很高，代表企业已经成功留住消费者的心，这可以使得企业与通路商有更稳固的关系，进而造成竞争对手的进入障碍，同时也可以降低企业的营销费用。

（2）品牌知名度：这是指消费者是否能回忆起与认识品牌的某些特性。品牌知名度是协助消费者简化产品信息，协助购买决策的一项有力工具。如果品牌知名度很高，则消费者在进行购买决策时，该品牌进入消费者唤起集合的可能性增加（也就是该品牌会进入"考虑购买"的名单中），而被购买的机会也会增加。

（3）知觉品质：这是指消费者对产品与服务品质的看法。知觉品质对于消费者的购买决策与品牌忠诚度具有直接的影响力。另外，知觉品质越高，企业的定价空间就越大，能享用的毛利空间也越大，同时也让企业有更好的条件进行品牌延伸，从而协助新产品发展与市场开拓。

（4）品牌联想：这是指任何与品牌有关的特质，以餐厅为例，包含装潢、服务人员态度、产品利益、形象等，是否能够带给消费者正面的感觉、认知与态度等。品牌联想越正面与丰富，越能促使消费者注意与处理有关品牌的信息，并形成强烈的印象，而这将有助于企业进行品牌延伸。

（5）其他专属品牌资产：这项因素包含专利、商标、通路关系等内外部资产。这些资产能够防止竞争者淡化品牌知名度、侵略品牌忠诚度等，可以巩固品牌权益。

品牌权益是一种无形资产，但其价值也可以经常超越企业所有其他资产的总和，同时，它也是一家企业的竞争力与市场地位的重要指标，因此近年来相当受到实务界与学术界的重视。

8.4　产品生命周期

8.4.1　产品生命周期的意义

产品生命周期（Product Life Cycle，PLC）是用来描述产品从进入到退出市场之间所经历的不同阶段，而且在每个阶段的销售额和利润都有所不同。产品生命周期可分为下列四个阶段（见图8-5）：

（1）导入期：产品初入市场，知名度还未打开，加之消费者的喜好与接受程度较低，因此，销售额上升的速度缓慢。另外，本期的销售量尚不足以发挥规模经济，导致较高的单位生产成本，再加上为了打开知名度与建立通路，需要庞大的推广与配销费用，企业不但甚少获利，更常有亏损。

（2）成长期：在这阶段，由于之前的推广活动与通路开始产生效益，产品打开了知名度并获得消费者的接纳，销售额快速增加，利润也大有斩获。

（3）成熟期：由于竞争激烈以及市场趋于饱和，成熟期的销售额开始减缓，因此价格下降，甚至为了保护市场而维持相当多的营销费用，使得利润减少。

（4）衰退期：产品不再受到欢迎，市场开始萎缩，因此，销售额快速下降，利润微薄，甚至是无利可图。

产品生命周期的观念可以套用在产品种类（饭店、餐厅）、产品形式（旅游、商务饭店或吃到饱、合菜餐厅）、产品品项（台北福华饭店或瓦城泰国料理）等。产品种类与产品形式的生命周期相当长，通常是在大环境改变时（如科技突破而出现替代品），才会变短，如很多航空公司逐渐以电子机票取代纸本机票。而由于品项或品牌之间的竞争频繁，产品品项的生命周期通常都比较短。

必须一提的是，并非所有产品的生命周期都和图 8-5 的山丘形吻合。有些产品在衰退之前，可能经历两三次的高峰。有些则没有明显的高峰，曲线比较平滑，形成"厂"字形。还有流行品是来去匆匆，生命周期的形状如"倒 V"形等。

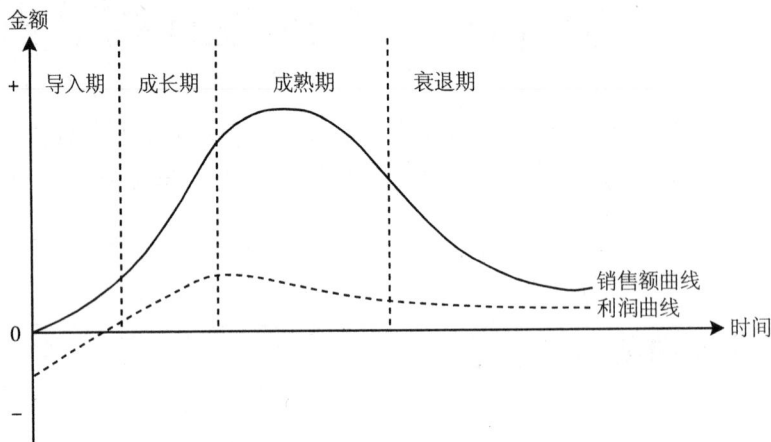

图 8-5　产品生命周期

8.4.2　产品生命周期各阶段的策略重点

在产品生命周期的不同阶段，消费者反应与竞争环境等会有所不同，因此需要制定不同的营销策略，说明如下：

8.4.2.1　导入期

导入期的产品通常是基本型，比较简单易懂，以便消费者能够轻易地了解与接受，同时也可避免因开发复杂的产品，而负担过多的研发与生产成本。同时，这时期竞争者很少（甚至没有），加上顾客以容易接受新产品的创新者居多，因此一开始没有必要推出复杂的产品。另外，推出基本型的产品也可以当作风向球，以进一步了解消费者的需求，再决定下一步的产品特色。

这阶段的价格通常偏高，主因是生产、推广费用相当高，加上创新者对价格并不敏感。当然，也有业者以低价导入市场，以便尽快提高市场占有率，并压缩产业的毛利空间，减少竞争者加入战局的诱因，但这种做法应该考虑长期利益，避免杀鸡取卵。在通路方面，由于创新者比较愿意花费时间与精力选购，加上有些通路商还在观望新产品的表现，甚至没听说过该产品，因此以有限通路为主。至于推广的重点，由于众多消费者与通路商还不知道新产品的存在，同时也为了建立扩展市场的基础，企业应设法提高产品的知名度，并设法让消费者熟悉、接触与试用产品。这种推广策略通常会使用媒体广告、直接信函、免费体验等。

例如，麦当劳 1984 年刚进入中国台湾时，为了获取消费者的认同，将大量经费集中在电视广告上，以"麦当劳叔叔"建立欢乐有趣与重视家庭价值的形象。

8.4.2.2　成长期

在成长期，消费者对于产品的熟悉与接受程度大幅增加，竞争者也纷纷进入市场。因此，在产品策略上应该要变化产品形式、增进产品功能等，以免原有的基本型被竞争者超越，而又提不出更好的选择。

竞争者的加入经常导致价格下降，但由于市场还在快速成长，价格的降幅通常有限。至于推广方面，由于市场快速成长，企业应该趁机扩大顾客人数，增加市场占有率。这个阶段的顾客面对多家企业的品牌，因此推广活动应该凸显品牌差异，提供适当的产品信息、强调产品的利益、鼓励购买等。此时的顾客多数为早期采用者，由于他们经常扮演意见领袖的角色，提供他们适当的信息也有助于口碑的流传。

例如，1995 年，麦当劳家数已突破 100 家而进入成长期，麦当劳一方面加强对顾客"品质，服务，卫生"的承诺，以维持优势，另一方面则推出"超值套餐"与"儿童餐"，建立具有合理价值的餐厅概念。

8.4.2.3　成熟期

在成熟期，许多消费者已经对产品的特性、利益等相当熟悉，并且愿意购买。另外，部分企业因无法竞争而退出市场，而继续经营的企业通常都具有一定的竞争力与顾客群。这个阶段的产品变化没有成长期多，但仍可在产品品质、内容等方面改进，以维持既有的市场地位。

成熟期的销售量比以往多，因此比较具有经济规模，加上消费者成长相当有限，企业为了争取新顾客与保有旧顾客，经常调降价格，致使价格常在成熟期掉到谷底。

由于市场成长趋缓，成熟期的推广重点是保护既有的市场，避免流失原有的顾客，同时设法争取竞争者的顾客。除了降价之外，最常用的方法是促销，如给予通路商促销补助，或通过折价券、抽奖、赠品等，希望能够在短时间内刺激消费者需求或品牌转换。

例如，1997 年后，麦当劳突破 300 家而进入成熟期，不仅利用 Hello Kitty 吸引消费，推出多样化的产品，而且强调高度便利性的"得来速"更将品牌进一步扩展。

8.4.2.4　衰退期

由于消费者偏好改变、替代品出现等原因，产品销售量与利润会走向衰退。衰退期的竞争者大幅减少，顾客也多是落后者或产品忠实者。除非有很好的理由，否则这阶段的产品已不需要推出新式样、新功能，甚至应该"收割"市场，尽早低价售出存货，以便将节省下来的生产、营销、人力等资源，用在其他更有利的产品上。无利可图的通路都应淘汰，推广活动也是降到最低，仅维持告知消费者的功能。

例如，自 2003 年开始，麦当劳面临品牌老化与再造的挑战，提出"I'm lovin'it"重新定位，且首创同业中 24 小时营业，开发新市场，提供更多服务，无非是为了改善营业额下滑的现象。

8.4.3 产品生命周期的盲点

产品生命周期的观念提醒营销人员检视产品在每个阶段所面临的市场与竞争情况，并协助思考应对的策略。同时，也可以让营销人员在评估产品的绩效时，有较合理的评估准则，如在衰退期就不应苛求市场的大幅成长。然而，产品生命周期也有盲点。

第一，从历史资料所得到的产品销售与利润资料，营销人员有时难以判断产品已经进入哪个阶段，或某个阶段会为期多久。

第二，影响产品生命周期的外部因素很多，而一项重大的外部因素可能造成周期的变化，如政治事件、传染病等就常影响某些地区的旅游业。也因为这两项盲点，产品生命周期并非理想的销售预测工具。

第三，产品生命周期的观念可能误导营销人员的因果推论。例如，看到某个产品的销售量曲线长期处于低位，甚至有下滑现象，而推断产品已经过了成熟期，正处于衰退期，因此决定减少产品的研发与推广等活动；这种推论是以产品的销售趋势为因，策略为果。然而，在现实中，产品销售量往往是策略（因）所带来的果。

第三个盲点显示一个重要的管理含义：产品生命周期其实是可以不断更新与延伸的。如果航空公司发觉近年来旅行社的东南亚订票需求逐年下降，推估可能已经到达成熟期，甚至是衰退期，但是东南亚旅游的需求可能只是由团体转移到个人自助旅游，如果航空公司用对方法，东南亚线仍大有成长空间。

8.5 服务的特性

旅游业里提到的旅游产品事实上是以服务为主，而服务和实体产品最大差异就是具有无形性、不可分割性、易变性、不可储存性等特性，这些特性带来值得注意的现象或问题，并具有营销与管理上的意义（见表 8-1）。

表 8-1　服务特性及其意义

服务特性	衍生现象或问题	营销与管理上的意义
无形性 服务难以看到、触摸、试用	●消费者不易评估服务 ●服务难以展示与沟通 ●难以申请服务专利	●设法将服务具体化、有形化 ●建立消费者的信赖感 ●持续创新并深化消费者体验

续表

服务特性	衍生现象或问题	营销与管理上的意义
不可分割性 服务的生产与消费同时发生	• 消费者参与服务生产 • 现场因素影响消费者反应 • 服务须实时提供	妥当处理或协助消费者参与 • 管理影响消费者反应的所有因素 • 注意服务效率 • 做好延误处理 • 授权员工现场处理
易变性 服务品质不够稳定	• 消费者不易建立信心	• 甄选与训练员工以稳定服务水准 • 服务标准化、自动化
不可储存性 服务无法储存	• 服务无法回收、退还 • 服务的供需不易平衡	• 对于不良服务须有补救措施 • 调整价格与服务等，缩短供需差距

8.5.1　无形性

毕业旅行到底要选日本、巴厘岛还是泰国，尽管有琳琅满目的出团简介和销售人员的倾力推荐，还是很难事先知道选哪儿比较好，甚至谁也不能保证旅途一定"包君满意"。这是因为服务的无形性（intangibility）使然；服务在本质上并非一个固定的形体，不能摆设在架上供人看到、触摸、试用。所以每个人对什么是物我两忘的美景、友善亲切的眼神和礼貌周到的态度等都有不一样的解读。无形性不只针对服务过程中的特质，也可针对服务的成果，如夕阳沙滩上的烛光晚餐或漫天白雪中露天风吕的浪漫程度，有时候并不容易理解、判断与衡量。

旅游产业的无形性与对服务缺乏所有权（lack of ownership）有关，如饭店中的五星级服务或设施都不能带回，住宿之后只留下印象而显得无形。因此，营销人员要设法让顾客对饭店留下深刻印象，并刺激想重回饭店消费的需求，可以加强在顾客离店前，给予小纪念品或值得回忆的照片，甚至定期寄生日卡或优惠卡问候顾客。

服务的无形性与下列三种产品属性（product attributes）有关（见图 8-6）：

（1）搜寻属性（search attributes）：这是指在购买之前就有办法评估的属性。绝大多数实体产品都有这种属性。

（2）经验属性（experience attributes）：这是在消费当中或过后，能够加以判断的属性。不少服务业，如餐饮、旅游、理发、托儿等都带有这项特性。

（3）信任属性（credence attributes）：这种属性就算是消费过后也难以判断。如对于许多专业服务，消费者往往没有足够的知识与经验去判断业者是否尽力、服务成果是否为最佳或最恰当的结果等，只好信任提供服务的专业人士，信任属性也因此得名。

相对于实体产品，服务有较多的经验与信任属性，因此比较具有无形性。由于服务比较无形，消费者在评估服务时比评估实体产品还困难。例如，在医疗旅游之前，甚至之后，常常觉得难以评估服务的优劣，因而产生不确定感（uncertainty）与知觉风险（perceived risk），甚至是不易信赖业者。难以判断服务品质容易让消费者在购买之后忐忑不安

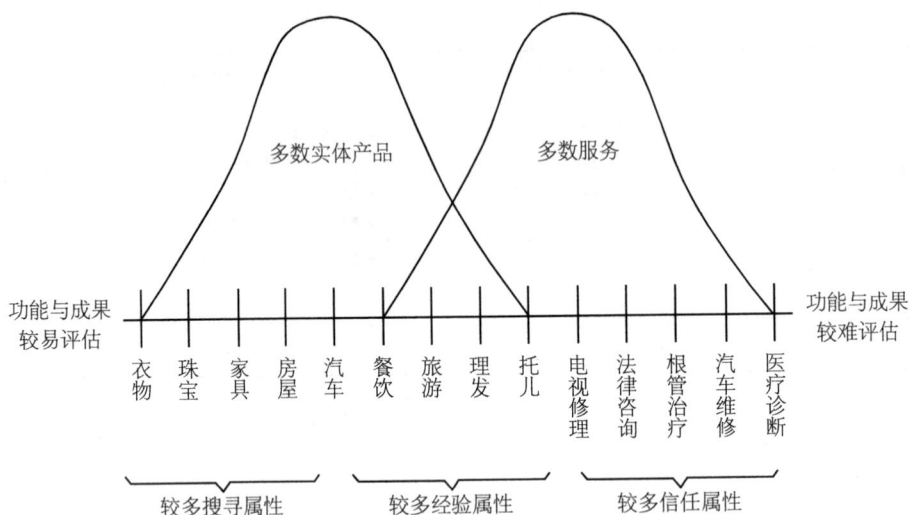

图 8-6 与产品评估难易程度有关的三种属性

资料来源: Zeithmal, V.A. How Consumer Evaluation Processes Differ between Goods and Services [A]//J. H. Donnelly and W.R. George. Marketing of Services [M]. Chicago: American Marketing Association, 1981: 186-190.

或疑心重重, 甚至造成消费者与业者之间的纠纷, 尤其是在双方不熟悉彼此、信任感不足时, 更是如此。

另外, 无形性使得服务难以展示与传达其特色与利益, 并导致价格制定缺乏有力的依据。最后, 由于现行的专利权制度多针对实体产品, 因此无形性也使得服务创新不易申请专利, 创新成果容易被模仿。

以上问题所带来的其中一项管理意义是营销人员应该设法将服务具体化、有形化, 并建立消费者信赖感。方法如下:

(1) 精心设计服务场所或实体产品: 用心设计服务场所及服务所用到的实体产品, 可以让消费者更能了解服务的内涵与品质。例如, 国人较不熟悉的印度餐厅, 若以所卖的烤饼、甩饼、香料食材和餐点模型装饰橱窗, 既能吸引顾客兴趣也能降低点餐的不确定感与知觉风险。由此可见, 所谓"服务是无形的"是一种相对于实体产品的观念, 其实从消费者的角度来看, 许多服务仍脱离不了实体产品 (包含场所与设施)。

(2) 使用服务象征: 用来象征服务的图像或图案若设计得当, 可有效让消费者对服务产生具体且深刻的印象。例如, 冰激凌店外以超大电视屏幕展示各种令人食指大动的冰激凌, 旅馆网页中传达大厅富丽堂皇的气派和柔软舒适的床铺枕头等照片。

(3) 展示书面证据: 专业证书、感谢函、专家肯定或得奖记录等, 虽然不见得让消费者了解服务的特性, 但多少可以消除不确定感与知觉风险, 并建立一定的信赖感。

(4) 提出使用见证: 由使用者现身说法, 或提出使用前与使用后的差异, 如果表现的方式让人觉得真诚切实, 可以让消费者了解服务的利益或成果, 并取得信任。例如, 餐厅在带位时会先将顾客带至靠窗位置，便是方便让外面的路人看到窗内顾客大快朵颐的真实画面。

此外，对于服务专利申请困难而造成创新成果容易被模仿，解决这个问题的最根本之道在于持续的改善与创新服务，并强化消费者的美好体验。

8.5.2　不可分割性

实体产品都是在厂房中生产完毕后，再配销到市面上让消费者接触、购买与使用。因此，实体产品的生产与消费是分开的。然而，许多服务的生产与消费却难以分割，业者在生产服务的同时，消费者也在使用或消费这些服务。例如，导游在为顾客讲解风景时，顾客也同时在享用导览服务；餐厅的服务生在为顾客带位、点餐时，顾客也正在享受餐厅服务。这种特性称为生产与消费的不可分割性（inseparability）或是同步性（simultaneously）。

生产与消费的不可分割性带来消费者参与（consumer participation），也就是消费者必须提供信息、时间、精力等，以便协助服务人员顺利提供服务。消费者在参与时是否有足够的信息、知识、经验、时间、精力等，会影响服务效率与品质。

以上特性的意义在于营销人员应该协助消费者参与。例如，日式铁板烧餐厅的服务生询问顾客"是不是第一次光临，是否知道用餐的程序"都是试图让消费者了解正确的服务流程与恰当的行为，以便消费者能顺利参与，并保障一定的服务效率与品质水准。当然，营销人员也应注意某些消费者参与是否会造成过度的负担（如对于不想自己动手做铁板烧的顾客或年事稍高的顾客），并考虑提供必要的协助，如简化流程、服务人员代劳等。

环游世界

许你一个萤火虫的世界

吉隆坡西北方的瓜拉雪兰莪河是马来西亚著名的"萤"河，也是全世界最大的萤火虫聚集地之一。只要不下雨，每晚八点过后就会吸引大批旅游客"默默"地驱光前往。

萤火虫为了交配而发光，很怕噪音和光线，因此游客必须保持安静且不得闪光拍照。在4人一组套上救生衣踏上手划小船后，小船在船夫的摆渡下缓缓驶离，朝热带红树林水道前进着。起初眼前只有伸手不见五指的漆黑和潺潺的流水声，直到听到某位乘客发出第一声惊讶的轻呼后，萤光之旅就此揭开序幕。眼前的景象就像置身在一大片忽明忽灭的圣诞树丛中，成千上万的萤火虫将每棵红树林点缀得比世界上任何一棵圣诞树都生动。不只树上，不少萤火虫还会飞舞在河面上，由于人工小船可以安静地靠近树林，所以一些不怕生的萤火虫还会飞到游客身边，甚至停留在手心、发际上，让人惊喜不已。有些萤火虫仿佛会表演一般，集体控制明暗的节奏，形成一棵树一会儿全暗一会儿全亮的奇景，让人犹如置身奇幻梦境。

在晚风徐徐的清凉夜里，坐在缓缓前进的小船上被成千上万的光点包围，快到"萤"河体验一次吧！

不可分割性也使得消费者暴露在整个服务过程中，而过程中许多因素（如服务场所的设备、音乐、标示、服务人员的态度、服务速度）会影响消费者的心理与行为。这些因素都是属于服务品质的构面。

最后，这项特性代表服务必须在现场实时提供，消费者的等待时间相当有限。因此，营销人员应该要特别注重服务效率以避免延误，而在延误发生时应该懂得应对，以有效降低消费者的烦躁与不满。另外，赋予员工在第一线处理突发状况的权力，可以减少发生延误的概率，或多少化解因延误而衍生的问题（如消费者抗议）。

8.5.3 易变性

一般而言，相同品牌与规格的实体产品看来并没有什么两样。手机店内同一款的手机，几乎完全相同，这是因为它们都是经过类似的制造方法与过程所生产出来的。因此，无论在形式或功能上，实体产品相当一致。

可是，服务往往具有易变性（variability），又称异质性（heterogeneity），也就是服务结果多样化、服务品质不稳定等。造成服务易变的因素有服务环境、服务人员、顾客等。服务环境中的声响、温湿度、卫生条件等因素经常影响服务人员与顾客的心理与行为，而使得服务效率与品质产生波动。另外，服务人员的心情、专业训练与工作态度等也会影响表现，如工作士气低落者难以维持一致的服务水准。顾客多元的需求、态度、言行、服务相关知识等，也会影响服务的效率与表现，如飞机上若碰到乘客大声喧哗、行为鲁莽甚至语带恐吓等，势必影响空服人员的心理与服务品质。

一旦服务水准不稳定，消费者将难以维持对业者的信心。对于连锁服务业而言，更会导致"一粒老鼠屎坏了一锅粥"的效果，即消费者光顾某连锁体系的某一家商店而对服务不满意时，他可能也会对该体系中其他的商店做出同样的判断。因此，对于服务业者而言，如何维持稳定的服务水准是重要的管理工作。

要维持稳定的服务品质，选用、训练、管理与奖励服务人员是最关键的要素，企业应该要有一套管理机制与组织文化来培育专业、快乐、负责的服务人员，以便服务人员能够发自内心地传递优良、稳定的服务给消费者。另外，将部分服务流程标准化或自动化，也能大幅提升服务品质的一致性，如麦当劳就是以标准化流程造就了一致的服务品质；线上订票机制取代了旅行社订票人员的例行工作，让查询、订票等服务变得更方便与可靠。

8.5.4　不可储存性

实体产品可以置放在仓库里、货架上，等待销售的机会。然而，除了数字化服务（如语音服务、网络资料查询服务）之外，一般服务却无法储存。在一趟旅程中，游览车没坐满，剩下的座位无法储存供下一旅程使用。同样地，某服务人员工作八小时，其中两个小时没有顾客上门，这两个小时将无法保存下来挪到第二天使用。服务的不可储存性（perishability）意味着服务一旦提供，就像"泼出去的水"一样无法回收，消费者也难要求退还。想象一下，在旅游、饭店住宿、搭乘高铁时，一旦出现差错（如碰到只会带去购物的导游、隔壁房间太吵、误点），消费者有多无奈与不满？就算顾客投诉导游、要求换房或折价，但所花费的时间与精力却是覆水难收。就顾客关系管理的角度来看，这些现象代表业者应该有一套针对不良服务的补救或补偿措施。

不可储存性也会造成供应与需求的落差，也就是在尖峰时段（旺季），需求大过供给，而在离峰（淡季）时，供给大过需求。例如，航空公司一天之中可能仅 8 小时有 95% 的载客率，其余时间则可能只有 45% 的载客率。

以上班族为主的餐厅可能在星期一到星期四的中午时常客满，而周末则可能只有20%。当需求大于供给，部分顾客无法享用服务，甚至会引发埋怨；当供给超越需求，则代表资源的浪费。

对某些旅游产业来说，季节是造成淡旺季的主要因素，在寒暑假期间，许多度假胜地的航空班次和饭店都客满，需要搭飞机、住宿者（需求）多过飞机和饭店的容纳量（供给），但在其他时段，供给却大于需求。又如北欧或北美的冬季（12 月到 3 月）相当寒冷、潮湿且白天短暂，不利开车旅游，因此当地居民大部分选择在夏季（6 月到 9 月）旅游。因此许多业者必须以最多四个月的旺季业绩支撑五个月之久的淡季，甚至许多旅游地必须进行季节性的关闭。但是在地中海、中东、太平洋或加勒比海等地，夏季与冬季的气候变化不大，因此淡旺季不明显。值得注意的是，突发事件对旅游需求也常造成巨大影响，如油价上升、汇率变动、恐怖事件等快速影响需求，或是某些突发性的需求，如2010 年发生许多突如其来的天灾人祸：冰岛火山爆发、埃及内战、突尼斯的茉莉花革命等，都造成空中交通大乱，旅行团常被迫延迟行程或改换国家转机，但因旅客太多而航班有限，有些业者自掏腰包购买顶级舱等的座位设法让旅客尽早回国，但有些业者为省成本或危机处理能力不足而任旅客流落机场或国外，因此招来旅客控诉而损及商誉。由此可见，如何平衡供给与需求是服务管理上的挑战。以价制量是最常见的手法，即在尖峰时涨价（假日或寒暑假，乐园的票价较贵）、在离峰时降价（平日或夜晚时段，票价较便宜），以便分别抑制或刺激需求。增加服务产能（如增开班次、延长服务时间）以提高供给量，或开发需求（如促销、开拓新市场）等，也常用来缩短供需差距。其他用来平衡供需的方式还涉及预约制度、策略联盟、服务形态调整等。

8.5.5 互补性

旅游产品的互补性（complementarity）相当明显，这是指旅客购买的套装组合是由多种互补的子产品共同构成的。因此，旅程中只要有一项服务失误就可能影响旅客的整体体验，旅游产业必须结合互补产业有效掌控顾客的整体旅游品质。例如，欧洲的 EasyJet 航空公司建立辅助服务（complementary services），挑选相关的旅游产业合作（如租车公司、旅游保险公司、主题乐园等），在网站上提供附加服务，使顾客能够通过线上购买航空机票外，还可以购买完整的旅游产品。这样不仅能够增加顾客的方便，同时也能掌控其他旅游供货商的品质。

8.5.6 高固定成本

旅游产业常需要投注高成本以兴建建筑物（如饭店、度假村），或投资高额的设备（如餐厅的厨房设备），或投资土地整建（如高尔夫球场），但昂贵的固定成本（high fixed costs）并不保证有相对的利润回馈。因此，旅游产业必须善用有限资产，以求短期回本，如中国台湾土地成本高，五星级饭店为了提高空间的使用率，广设上座周转率高的餐厅，并利用地下楼面设立名牌服饰店或百货公司等。

课后习题

基础习题

1. 请分析早餐店的五种产品内涵。

2. 何谓"品牌权益"？品牌权益的决定要素有哪些？

3. 个别品牌、家族品牌与混合品牌各有何优缺点？

4. 以度假饭店为例，说明产品生命周期的各个阶段面临的市场与竞争情况有什么不同。

5. 请针对民宿的服务，以服务产品的特性对其进行分析，并提出针对这些特性的挑战与对策。

应用习题

1. 假设你想加盟一家泡沫红茶店，请试用品牌权益的五种来源评估市面上现有的三家加盟品牌，并在相互比较后决定你会加盟哪一家。

2. 餐厅或饭店的服务后场对消费者而言真的是不可见的吗？试想现实生活中有哪些例外的例子。

09 旅游实体环境和服务人员

近年来，专题介绍中国台湾休闲农场、主题民宿、美味餐厅的旅游书籍琳琅满目，书中丰富的照片，不论是创意造景、装潢布置或老板亲切的笑容，都令人既心动又眼花缭乱。随意点选几个热门的旅游部落格，也不难发现，舒适、吸引人的旅游环境和亲切不拘的服务对待，最容易被网友大力推荐。本章的"遇见创意"将带领读者先体会意境非凡的华陶窑，接着讨论实体环境与服务人员等相关概念。

本章主要内容如下：

1. 旅游实体环境的角色：说明旅游的实体环境对企业的重要功能。

2. Bitner 服务场景模式：介绍被公认为最完整、最常被引用的实体环境模式。

3. 旅游实体环境的结构和设计：说明实体环境里的三大构面，并以营销管理的角度，探讨设计实体环境时的重要因素。

4. 服务人员的重要性：说明服务人员对企业持续竞争优势的价值和对服务营销的影响等。

5. 跨界者角色与冲突类型：主要讨论服务人员的重要特性以及造成工作压力的各种冲突类型等。

遇见创意

做陶看野，恬适自得

"白日，自在惬意，品尝闲情；傍晚，点亮陶灯，浪漫如诗；入夏，蝉鸣响彻山林，漫天铺地；入秋，纷纷转为金黄，浮光掠影"，华陶窑在网站上写下这段人在自然中恬适自得的诗意生活。

早期，知名作家三毛初到华陶窑，惊奇地问："是什么样的人，躲在这儿做神仙呢？"她甚至写道："这种地方，如果躲在千里之外，也算了，如果确实知道，就在苗栗，有这么几个人，住在一个他们自造的仙境里——而我却不能，这份怅，才叫一种真怅。"

1984 年，陈文辉夫妇结合土地关怀之情和生活艺术之美，在苗栗建立一座四季花景缤纷、诗词写意的园林，在深浅绿意和木造曲桥的交相掩映中，黑瓦红砖悄然现身，为经济起飞中的中国台湾守住一个世外桃源，等待被物质充斥的心田在荒芜之后的回首中，还能重回自然静谧和谐的怀抱中。时至今日，传统登窑技术和陶艺工作室，在经营者的坚持和拓垦精神中逐步蜕变成生活艺术的园林和文化创意产业的翘楚。

为了呈现自然人文细腻相织的情调，华陶窑采取预约和人数管制的制度，规划专人导览的华陶知性之旅，让人在踏进华陶窑的那一刻起，便暂时将凡间俗事阻隔于外，呼吸着绿树的清新、脚踏泥土石头的温软踏实、听着鸟语虫鸣的交响乐，被沿路上时而奔放时而含蓄的各种叫不出名字的花朵所惊艳着。可能在蜿蜒的小径转弯处、荷花池的亭子里与自然惊喜相逢，或在古意盎然的砖瓦屋被以诗寓情、以词写意的古朴文字所吸引，然后亲自在陶土捏揉中，感受从无到有的收获欣喜。

华陶窑的创办人曾说："如果，每一个人都能疼惜自己的土地，这世界上就没有一处真正荒芜的所在了。"华陶窑以 20 多个寒暑，为自己精炼出属于自己的在地况味，而且正持续着。

引　言

创刊自 2006 年的 Shopping Design（设计采买志），目前每个月 5 号出刊，瞄准的是一群具有消费力的生活品位家，每期平均销售 7 万册。因为标榜"买设计，学设计，享受设计"，所以锁定商品、店铺、空间、城市、建筑、文艺六大领域，从中介绍能让人们生活得更美好的设计，因为他们认为许多美好的 Shopping 并不是通过刷卡购物完成，而是一种"人和物"、"人和环境"之间心领神会的精神交流，因此好的设计或许就藏身在咖啡厅的灯光或桌椅之间，也有可能是在餐厅地板的材质或墙上的布置。

例如，以 Shopping Design 2011 年 5 月号为例，在"搜集各种老家具，拼凑出生活感十足的混搭风格"的报道中，图文并茂地介绍擅用老家具的店家：

"好丘"是这半年来台北最热门的店家之一，可以说一点也不为过。每到周末假日，只见大批的客人涌上门，许多人手上拿着相机，不停地对着店内的一景一物拍照，他们异口同声地说："这家店实在太有味道了！"

仔细观察"好丘"的内部陈设，就可以发现这里的确展现了某种细致的生活质地：来自欧洲的工业用铁椅与中国台湾的老沙发和谐地共处一个空间，新和旧、东方和西方，都巧妙地融合在一起，丝毫不显突兀。座位区则拼凑了许多老家具，虽然这些家具的风格各异，但它们的共通点是没有繁复花哨的设计，即便是 30 年前的产品，现在看来也丝毫不觉得落伍，而且依旧很耐用，这才是真正耐得住时间考验的经典设计。

越来越多的消费者不只为了 Shopping 食物、饮料或休息的房间，而是为了 Shopping Design 而来。所以实体环境在具体服务上场前就开始和消费者沟通了，其所扮演的角色也常因为消费者当时的心情、动机而异。继续往下阅读，你将会掌握更多有关实体环境的有趣知识。

9.1 旅游实体环境的角色

每一种旅游实体环境必然扮演特定角色，如饭店提供住宿、餐厅可供用餐、渡轮提供海上运输等。甚至，同样的实体环境往往因为当事人的心情及使用动机等有所不同，而被赋予不同的角色，如餐厅可以是"填饱肚子的场所"、"朋友相聚的轻松场所"，甚至是"成功求婚的催情剂"，因人而异。

撇开特定角色或个人观感，从营销管理的层面来看，旅游实体环境有以下的角色（见表 9-1）。

表 9-1　旅游实体环境的角色

角色	例子
树立形象，建立定位	•旅馆大厅以挑高设计、名贵建材、知名画作等建立高贵气派的形象 •餐厅以农具、扁担、草编斗篷等装饰，表现中国台湾"古早味"
方便服务的传递	•海关设立快速通关线道，让无须申报的旅客快些入境 •漫画出租店在门墙上设置投入箱，方便顾客随时归还书本

角色	例子
促进人员交流	• 将教室的桌椅排成"∏"形，方便师生互动 • 健身中心设置交谊厅与小型咖啡座，方便会员交流
引发特定的反应	• 游乐园以轻快的音乐、可爱的卡通偶像等引发游客愉悦的心情 • 将展览馆的出口设立在纪念品贩卖部，引发顾客的冲动性购买

9.1.1　树立形象，建立定位

旅游实体环境最积极、最具有策略意义的角色在于树立形象、建立定位，也就是通过实体环境的外观设计、内部装潢、设施与物品布置等，服务业可以凸显经营理念、风格或特色，并在众多竞争者中有所差异，甚至脱颖而出。

例如，发迹于南部的伍角船板连锁餐厅以独特造型令人惊艳。中国台北内湖店的室外利用两个巨大长发女郎的身影矗立街头，室内则运用洞穴般蜿蜒神秘的魔法空间，配置河流与小船。那些不规则、没有修饰，甚至是粗糙的设计风格，反映了餐厅原始之美、另类艺术的定位，因此吸引许多外地游客到店里一探究竟。

有时候实体环境中某个令人注目的元素或画面就足以表达服务特色。例如，剑湖山游乐世界矗立的巨大摩天轮，让人远远一看便知那是个提供欢乐刺激的游乐园。再如，看到餐厅外观上有着大大的粉红色蝴蝶结和可爱的 HELLO KITTY，便可以猜测出这里卖的应是 HELLO KITTY 相关饮食甜点。

值得一提的是，一条街上或一个商业区域内如有众多商店表现出多元却又可互相融合的风格，再配合良好的商品组合、交通设施等，往往可以产生强烈特色，从而提升商业区域的吸引力，进而扩大商圈（trading area）（即商店的顾客所分布的地理区域）与商机。例如，在百货公司群聚的信义计划区，巨幅广告牌、精心设计的橱窗摆设等，共同投射出绚丽多彩的时尚流行风格，因而吸引许多中国台北市内外年轻人甚至是外地游客造访。

另外，旅游实体环境的风格具有筛选顾客的作用，因此也有助于业者锁定目标市场，如有些较为保守的顾客对西门町唯恐避之不及、富丽堂皇的饭店让预算有限的顾客望之却步、玻璃门窗不透光的按摩舒压店无法吸引女性顾客。

9.1.2　方便服务的传递

旅游实体环境也与服务传递的效率或效果有关。例如，麦当劳的得来速可以更快地服务需要外带的顾客（提升效率），并可疏解店内人潮、减少排队时间，进而提高顾客满意度（提升效果）；水饺店的外带区提供各种调味料和装填小袋，方便顾客自行选用，就是为了提升服务的效率。

引进中国台湾已经超过 20 年的火车寿司（或称回转寿司），是相当有创意的案例。顾客在寿司台前围坐着，载着食物的小火车从面前驶过，只要看中哪一碟就把它从小火车上取下来，结账就依据碟子的多寡。这种传递寿司的方式不但有趣，而且可以节省人力、增进服务效率。在日本，外国旅客相当喜欢这种服务方式，因为不太需要语言沟通，可以避免"鸡同鸭讲"的尴尬，对于业者而言也可以避免服务上的困扰。

某些占地广阔的服务业用来运载顾客的方式与火车寿司的概念类似。例如，在屏东海洋生物馆的玻璃隧道内，顾客只需站在输送带上缓缓前进，鱼群就在四周游来游去，让游客宛如置身在大海中；迪士尼乐园的小小世界中，游客坐在小船上游览，沿途欣赏不同民族公仔唱歌跳舞。其他如机场的电动扶梯、游乐园中的轻轨小火车等，都是为了方便传递服务而设计出来的实体环境元素。

9.1.3　促进人员交流

有些旅游实体环境的设计是为了促进员工与顾客之间，或是顾客之间的交流。例如，有些餐厅突破传统，将菜肴制作放到前场，不但让顾客目睹平时不易见到的厨艺工夫，还可以带动顾客与厨师交谈，甚至增进顾客之间的聊天话题。另外，高级饭店的顶楼泳池旁，多设有饮料吧台，除了便于贩卖饮料，也提供陌生顾客间聊天的机会。

9.1.4　引发特定的反应

旅游实体环境经常被用来引发消费者特定的心理与行为反应。例如，某些高级旅馆设有 VIP 报到区，房客不需站在柜台前填写资料，而是坐在舒服的沙发上，服务人员先端上热毛巾与迎宾饮料（甚至有水果、点心），然后代为填写资料；这么做往往可以让房客感觉备受尊重。在日本某些拉面店，将位子以格板一个个隔开，这种犹如 K 书中心一般，仅容一人埋首在两格板之间吃面的设计，就是要让顾客不能边吃边聊，而是"专心吃面"以体会面食的美味。

不少业者使用旅游实体环境来制造格鲁恩转移效果（Gruen transfer effect），也就是将原本要购买某个特定商品的顾客，转变成没有特定购买目标并具有冲动性购买倾向的顾客。例如，旅游纪念品店刻意将商品胡乱摆设，再配合店主的谦逊态度，这种气氛容易让顾客感觉可以在杂乱中寻得宝物，也满足了搜寻宝物的梦想；拉斯维加斯赌场刻意让人不见天日，在墙上也不挂时钟，同时由于红色容易让赌客激动，因此多以红色的地毯、窗帘等来布置，为的是希望赌客多赌一些（格鲁恩转移效果是为了纪念被称为"美国购物中心之父"的建筑师 Victor Gruen。他于 1956 年建造的 Southdale Mall 采用封闭式设计，并尽量利用自然光线，以植物花卉美化，广设销售亭，成了日后美国购物中心的范例）。值得一提的是，正因为旅游实体环境可以引发特定的心理与行为反应，它是创造顾客美好体验的重要因素。有关这一点，下两节将进一步讨论。

9.2 Bitner 服务场景模式

我们可以从旅游实体环境的角色看到它的重要性。因此，营销人员与相关主管应该了解旅游实体环境的组成元素及其影响，以便在拟定服务营销策略时能更为周密。

有关旅游实体环境的模式并不多见，其中 Bitner 于 1992 年发表的服务场景模式（servicescapes model）被公认是最完整也是最常被学术界引用的一个（见图 9-1）。该模式是非常典型的 SOR 模式（SOR model），也就是把实体环境当作刺激（stimulus），该刺激导致有机体（organism）发生变化（即导致员工与顾客的认知、情绪与生理等内部机制产生反应），进而引发员工与顾客的行为反应（response）。以下三节分别以这三个层面来讨论该模式。

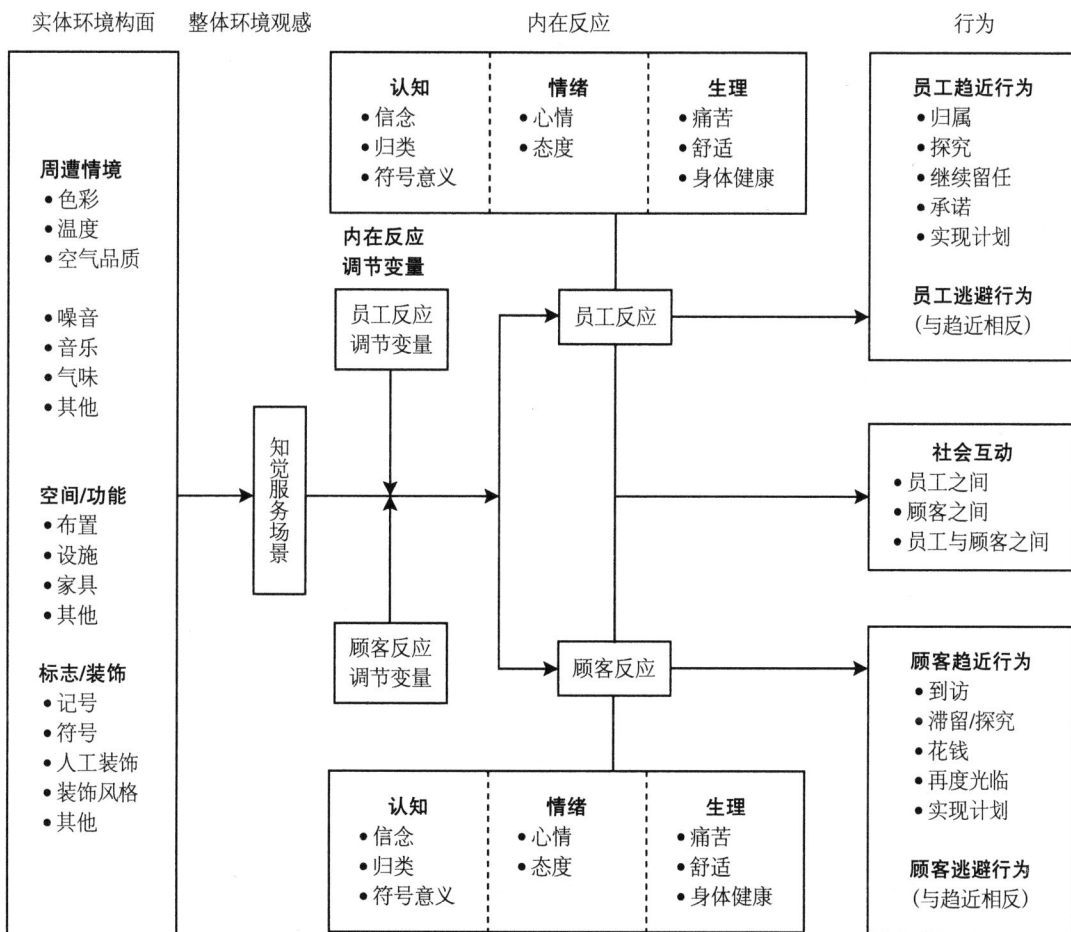

图 9-1　Bitner 服务场景模式

资料来源：Bitner, Mary Jo. Servicescapes：The Impact of Physical Surroundings on Customers and Employees [J]. Journal of Marketing, 1992, 56（4）：57-71.

9.2.1　实体环境构面与整体环境观感

Bitner 服务场景模式包含三大类实体环境因素：周遭情境、空间/机能与标志/装饰。这三大类因素是客观环境，它们会共同塑造人们的整体环境观感，即知觉服务场景（perceived servicescape）。

知觉服务场景是一种心智形象（mental image），虽难以衡量却又会影响员工与顾客的内在反应与行为，因而相当重要。从营销策略的角度来看，由于知觉服务场景常被用来辨认或推断服务的内涵与水准，而且是消费者在选择服务时的重要依据之一，因此服务业者在塑造消费者的知觉服务场景时应该仔细考虑"目标市场是谁，他们期望的知觉服务场景是什么"，以便能精确掌握目标市场的来源。

如临时投宿，在大厅登记时，看到优惠的房价、不够宽敞明亮的大厅、柜台人员服务效率欠佳、来往旅客多为省钱族群的背包客时，有些消费者可能已经开始对房间内床品的干净舒适打个问号，降低打开房门时的预期；但也有消费者觉得便宜并不一定与不干净有关，一样可以住得舒适。不同消费者有不同的环境观感，相当正常，正因为如此，业者应该事先确认服务的定位与目标市场，然后思考如何引导出应有的知觉服务场景。

9.2.2　内在反应

实体环境与知觉服务场景会影响员工与顾客的内在反应（internal responses），包含认知、情绪与生理反应，不过影响的强度与方向因员工与顾客的某些特性而异。以下主要从顾客端来解释相关概念。

9.2.2.1　认知反应

认知反应（cognitive responses）是指个人受到外界信息的刺激后，产生了什么想法。它又可细分为信念、归类与符号意义等。消费者往往根据旅游实体环境的某些线索，对业者的服务水准、效率、效果等做出判断，并产生一套"自认为错不了"的想法，即信念（beliefs）。例如，上个例子中的消费者，对于便宜的房价可能产生"便宜的饭店，床单被套洗不干净"的信念；其他如"新光三越是鼎鼎有名的百货公司，里头应该没有仿冒品"、"雪地里泡温泉，特别舒服"也都是许多人的信念。

实体环境也会影响消费者对于某项服务的归类（categorization）。例如，我们经常根据旅馆的装潢、设施等给予旅馆不同的星级。雄狮旅行社选择在忠孝东路路口的黄金地带设置宽敞明亮的服务据点，搭配巨型液晶电视、时尚感十足的轻薄计算机，即有消除消费者对旅行社疑虑的作用，强化在消费者心中"雄狮是旅行业中的领导品牌"的印象。

餐旅 A 咖

缔造餐饮界传奇的戴胜益

刚踏入店内，朝气十足的问候在耳边回响，映入眼帘的为服务人员甜美的笑容及精致舒服的环境。不一会儿，嘴里的食物也正挑逗着味蕾，就是这个滋味，让顾客魂牵梦萦，一再地光顾。

王品集团旗下拥有十个品牌，分别提供给顾客不同的美食缩宴及服务体验，但它们却传达出同样的服务概念——顾客至上。对于顾客，王品集团董事长戴胜益有着特殊的"龟毛"服务精神，也因此造就出让同业不能够望其项背的差异化服务。"入座一分钟内，必须送上水及菜单"、"点完餐后三分钟内，送上热面包"，王品专属的标准化服务流程，确保中国台湾的旗下餐厅皆能传递相同的感动服务。

此外，王品格外注重顾客的声音，戴胜益认为顾客的抱怨是"天使的声音"，有抱怨才有机会成长。若消费者对餐点有任何不满意，服务人员二话不说，立刻换上新的；客户对哪家餐厅抱怨，店经理必须亲自带着礼物登门赔罪，并邀请顾客回餐厅免费用餐，以表歉意。每一个抱怨的声音，也都将成为员工教育训练的素材，让员工可以更了解服务的真谛，也更贴近消费者的真实需求。

"顾客是我们的恩人，员工是我们的家人。"由此可以看出，戴胜益对员工的重视，与对顾客不相上下。为了留住好员工，王品特创实时分红制度，让员工心甘情愿地为公司打拼。除了以奖金鼓励员工，戴胜益也特别注重员工的健康管理。他将2011年定为"健康年"，以军事风格要求员工开例行会议前必须测量血压、体重，并登记在记录卡上，不合格的人下次开会前要改善，真正的从"心"出发，将员工当成家人。

最与众不同的是，戴胜益主张"会玩，才有成就"。检视王品集团的行事历，员工活动排得密密麻麻，2011年更挑战全员登上喜马拉雅山。王品的每位员工皆有一张学分表，"品万道菜"、"行万里路"或"参与王品铁人三项"皆可列为学分，未来亦会成为升迁的依据。戴胜益用玩乐联结所有员工，贯彻王品"敢拼，能赚，爱玩"的企业文化。

另外，实体环境中许多线索会被人们解读并赋予某种意义，即形成符号意义（symbolic meaning）。假设某家咖啡厅贴满切格拉瓦（Ernesto Che Guevara，中南美洲的知名革命家）的各式肖像、电影《革命前夕的摩托车日记》(描述切格拉瓦的旅行经历) 的海报，而且内部装潢以红色为主，这家咖啡厅或其创办人可能会因这些肖像、海报、红色等，而被不少人解读成具有热情、激进风格，甚至是革命倾向等。相反地，咖啡厅如果以天空蓝为基调，墙面上都是白鸽、橄榄枝、双手膜拜状等图案，则容易被解读成和平爱好者。

9.2.2.2　情绪反应

实体环境会影响员工与顾客的情绪反应（emotional responses）。例如，音乐的节奏感、歌词的意境、光线的亮度、色彩的协调性、气味的浓烈程度，都可能带来平静或紧张、喜悦或哀伤、畅快或郁闷等心情（mood）。所以在巴厘岛的机场大厅、餐厅和饭店，传统的甘美朗音乐总能让消费者轻易在异国情调中卸下心防。

上述元素也牵动员工与顾客对某个服务或服务场所的态度（attitude），也就是正面或负面的感受。例如，带有性暗示或粗暴语言的歌曲让有些人反感、光线明亮的脚底按摩中心较能带来正面的感受等。当然，无论是心情或态度，业者都应尽力让员工与顾客产生正面的反应。

9.2.2.3　生理反应

实体环境引发的生理反应（physiological responses）包含身体上的痛苦、舒适、健康状况等。例如，二手烟、空气中的灰尘、震耳欲聋的音乐、阴暗或刺眼的光线等，不但会带来不良的情绪反应，更不利于员工与顾客的健康。

一般而言，除了极少数行业是为了满足市场需求或服务定位上的需要（如充斥喧闹音乐的舞场），业者普遍上都会避免让员工与顾客的身心受损。这已不尽然是营销上的议题，更是企业道德上的必要作为。

9.2.2.4　内在反应调节变量

实体环境与知觉服务场景对员工与顾客的内在反应造成什么影响，以及影响力有多大，往往会因员工与顾客的某些特性而异。说得学术一点，员工与顾客特性是调节变数（moderators），会左右实体环境对内在反应的影响。

例如，平时听振奋人心的音乐让某员工的士气高昂、心情愉快，然而当这位员工正在处理非常重要的业务，极需冷静思考时，振奋人心的音乐反而干扰思绪，让人心烦。同样地，超大型百货公司里迷宫般的动线规划让来逛街消磨时光的顾客感觉乐趣无穷，但如果顾客临时有事赶时间，该动线反而带来时间急迫感与心理压力。

9.2.3　行为

员工与顾客的内在反应会引发两种行为（behaviors）：趋近与逃避。趋近（approach）是指接纳并融入服务环境中，如员工更有意愿归属于团队中、对工作更有探究的精神、愿意在该企业服务、努力协助公司达成目标等；顾客比较愿意到访、花钱、待在现场或再度光临等。逃避（avoid）则是无法认同该服务，想逃避该服务场所等，它所呈现出来的具体行为正好与趋近相反。

重要的是，员工与顾客的个别行为会影响服务场所中的社会互动（social interactions），包含员工之间、顾客之间以及员工与顾客之间的互动。员工（尤其是前线的员工）之间的互动不仅影响工作效率，更重要的是互动过程中所呈现的员工团队精神、对工作的投入、不分彼此协助顾客的态度等，都会在顾客眼前摊开，并进而影响顾客满意度等。

至于顾客之间的互动，某位曾经在多年前去过洛杉矶迪士尼乐园，也曾在 2006 年初到访中国香港迪士尼的游客写道："中国香港迪士尼比洛杉矶的小许多，还少了一些景点。可能是因为面积小，加上刚好假日出来的游客超多，觉得中国香港迪士尼的游客密度高了许多。另外，我这个人有时就是喜欢跟各国游客聊两句，我发现洛杉矶的各国游客普遍上比较开朗、友善，随便就可以聊得开。中国香港迪士尼的游客自我防卫好像蛮重的，而且还喜欢抢占位子。语言相通反而有隔阂，怪吧？有人说是因为历史与政治情结，或许吧！但我想主要原因是园区的人太多，大家都怕被挤掉，因此都比较匆忙，也比较顾着自己。无论如何，我还是比较喜欢洛杉矶迪士尼内各国游客的友善。"

这名游客的感受显示，空间太小导致人潮拥挤不利于顾客之间的互动，并且影响消费者对服务机构的评价与再访意愿等。其实，除了空间面积，动线规划、设施配置、服务据点的多寡等都对人潮、消费者的时间压力、心理状态、行为举止以及顾客之间的互动品质有所影响。

社会互动还包含员工与顾客之间的互动。当员工出现逃避行为时，与顾客的互动将难有良好的品质，甚至很容易因员工的敷衍、漫不经心等而让顾客极度不满，使得双方发生冲突。最理想的情况当然是员工与顾客都出现趋近行为，两方的正面认知、情绪与生理状态会形成良性循环，无论是对员工工作满意度还是顾客满意度都大有帮助。

9.3 旅游实体环境的构面和设计

9.3.1 周遭情境

周遭情境（ambient conditions）构成实体环境的基本背景，它包含了可由五官（眼睛、耳朵、鼻子、嘴巴、皮肤）感受到的温度、空气品质、气味、声响、色彩、灯光等元素。消费者与服务人员的认知、情绪与生理往往受到这些元素的影响，且影响力可能随着待在实体环境中的时间而快速累积。例如，震耳欲聋的音乐可能不会在一分钟内带来明显的影响，不过在几分钟之后可能造成头痛、思绪混乱、情绪烦躁等。不过，有时候就算对这些情境元素的感觉是无意识的，影响还是可能存在的，如空气中的灰尘与宠物皮垢不易察觉，但却实际影响人们的生理健康等。

以下讨论一些常见且重要的周遭情境元素，及其对人们内外在反应的影响。

9.3.1.1 色彩

"清晨五点多，阳光透过窗缝射了进来，打开窗户，天空蓝，爱琴海蓝，加上清晨特有的蓝色调，白色房屋也映得蓝蓝的，眼前尽是一片蓝色世界。"2003 年，联电工程师 Justin 在其轰动一时的游记网站"我的心遗留在爱琴海"上，如此形容希腊的蓝。通过他的文字与摄影，在许多人的心目中希腊不再只是个古老停滞的国度，而是一个因蓝色而让人丢弃烦俗、引人无限遐想的诗境。色彩对心情、认知的影响，由此可见。

根据曼塞尔色彩系统（Munsell color system），色彩有三大构面：色调、亮度、彩度。色调（hue）是指基本色素，主要用来区分色彩的种类，俗称颜色。亮度（value）是指色调的明暗程度，如色调中加入白色会使得色彩变得更明亮。彩度（chroma）则是指颜色的鲜浊强弱程度，又称饱和度（saturation）。彩度使得颜色有浓淡之别，如红色有深红或浅红之分。

色调可以划分为暖色、冷色与中色系。暖色系有红、橙、黄，冷色系有蓝、绿、紫，而中色系则有白、灰、黑等。不同的色系或色调往往会带来不同的联想与情绪反应（见表 9-2）。

表 9-2 色彩的联想

色彩	具体的联想	抽象的联想
红	火、血、口红、苹果、热气、母亲节、喜庆	危险、治疗、情欲、革命、热情、强烈、凶猛、生气、兴奋、积极
橙	橘子、柿子、火焰、秋天、金属	温暖、无情、嫉妒、骄傲、自我、热情、活泼、积极、欢乐、丰富、满足
黄	阳光、柠檬、香蕉、月亮、黄金、蛋黄	警告、快乐、光明、希望、积极、神圣、有朝气、健康、启发
绿	绿叶、草地、森林、田园、邮差、大自然	清凉、清静、清爽、和平、生命、成长、年轻、恐怖、惊吓、疾病、晦暗、罪恶感
蓝	天空、水、冰、海、山脉、天国	寒冷、沉着、理智、冥想、宽广、悠久、灵性、奉献、忧愁、畏惧、忧郁、隐密
紫	葡萄、茄子、牵牛花、紫罗兰	凉的、朦胧的、优雅、高贵、权势、神秘、华丽、悲伤、寂寞、绝望
棕	泥土、粪便、物质、肉体	依赖的、身体感觉、责任、小气、节俭、关怀
白	雪、白纸、护士、棉花、云、白天	纯洁、干净、神圣、空无、天真
灰	水泥、阴天、砂石、老鼠、灰炉	平凡、中庸、忧郁、悲伤、无精打采
黑	晚上、墨、木炭、头发	严肃、死亡、罪恶、恐怖

资料来源：吴仁芳. 色彩的理论与实际 [M]. 中国台北：中华色研出版社，1992.

色调除了影响人们对温度的感觉，还会影响对重量、湿度等的感受。例如，暖色偏重，显得干燥，而冷色偏轻，显得湿润；暖色有高密度的感觉，透明感较弱，而冷色有稀薄的感觉，透明感较强。另外，暖色有迫近感、前进感，冷色则有宽阔感、后退感，因此在比较狭窄的空间，通常会采用冷色调以便让人感觉宽敞。

至于对情绪的影响，暖色系通常给人强烈、热情、希望、积极、兴奋等感受，但也较容易引发焦虑感。同时，有研究指出，暖色系有助于加速决策，因此较适合低涉入购买或冲动性购买的情境。相反地，冷色系则是带来沉静、和平、理智、隐秘、优雅等感觉，因此较适合用在需要较长时间抉择或高涉入的购买情境。

在亮度与彩度方面，明亮、鲜艳的色泽让人感觉空间更为开阔，而昏暗的色泽则有压缩空间的效果。淡的亮色使人觉得柔软、轻快，而暗沉的、浓烈的颜色则让人感觉比较强硬、沉重。当某个色彩跟不同色彩配合在一起时，它给人们的感觉也会跟着不同。例如，色彩学家伊顿（Johannes Itten）曾说，在深红的底子上，红色平静下来，热度逐渐熄灭；在蓝绿色底子上，红色有如燃烧中的火焰；在黄绿色底子上，红色变得冒失、莽撞、激烈；在橙色的底子上，红色似乎被压抑，暗淡无光，好像被烧焦了似的。由此可见，服务场所也应注意色彩如何搭配的问题。

另外，在空间较大的服务场所，色彩有时会被用来协助辨别。例如，复合式大型购物中心的地下停车场将各个区域以不同颜色区隔，以便民众能快速决定停车位置和目的地的便利性，如要到 A 百货公司，建议停黄色区，若是想到电影院，则停在蓝色区最接近。最后必须强调的是，人们对色彩的感觉与诠释往往会因个人的年龄、性别、职业、种族、社会文化及教育背景等而有所不同。例如，男性比女性更排斥粉红色的旅游实体环境；中国人感觉黄色与红色是尊贵的象征，美国人则不是；日本人喜欢以白色、素色布置空间，但有些中国台湾人却感觉过于肃穆，甚至是不祥。

9.3.1.2 音乐

音乐是许多旅游实体环境中的重要情境元素。不同的音乐特性带来不同的情绪。音乐的调式、节拍、音高、旋律、和声、音量等会共同塑造音乐给予人们的感觉，例如令人欢乐的音乐通常为大调、快节拍、高音、流畅的旋律等，而庄严的音乐则是大调、慢节拍、中音、坚定的旋律等。音乐不但影响情绪，它还让人感觉到周遭情境的气氛，并影响待在旅游实体环境的意愿与时间、动作速度、工作效率等（见表9-3）。例如，农历新年之前此起彼落的贺岁歌曲、12月中旬以后不绝于耳的圣诞歌曲等，都在塑造佳节的气氛；当然，商家也期待这类应景音乐能够催化消费者提早购买节庆商品。

表9-3 音乐的特性与情绪

音乐特性	情绪								
	严肃	难过	感伤	安详	幽默	欢乐	亢奋	庄严	恐怖
调式	大调	小调	小调	大调	大调	大调	大调	大调	小调
节拍	慢	慢	慢	慢	快	快	快	中等	慢
音高	低	低	中	中	高	高	中	中	低
旋律	坚定	坚定	流畅	流畅	流畅	流畅	不规律	坚定	不规律
和声	协和	不协和	协和	协和	协和	协和	不协和	不协和	不协和
音量	中	小	小	小	中	中	大	大	变化

资料来源：BrunerII, Gordon C. Music, Mood, and Marketing [J]. Journal of Marketing, 1990, 54（4）：94-104.

许多西式快餐店播放节奏轻快的音乐，不但带来年轻活泼的气氛，还可让员工工作得更起劲，并加快顾客吃喝的速度，从而提高餐厅的翻台率（table turnover）（想象一下，如果麦当劳播放沁人肺腑的二胡悠扬乐曲，对吃薯条的速度与翻台率有何影响）。有些较高级的餐厅播放缓慢优雅的音乐，顾客的用餐速度较慢，待留的时间较长，但却可能会多点饮料、点心等而提高餐厅营业额。

在某些工作压力较大或顾客情绪较易紧张不安的服务业中，音乐扮演重要的角色。例如，在医院、飞机上、飞机场等候区等通常播放轻柔的音乐，主因是医疗与航空业与人们的性命、安全相关，服务人员与顾客会禁不住担心、焦虑等，而轻柔的音乐有助于舒缓相关人员的情绪。音乐也可用来传达特定信息，协助顾客辨认或解读周遭情境。例如，在综合型卖场中隐约听到某处传来印度的音乐，顾客或可猜出附近可能有展售南亚的商品。晚间时刻在百货公司听到费玉清的"晚安曲"，顾客就知道百货公司快要打烊了。

值得提醒的是，虽然音乐常被誉为"人类共同的语言"，然而不同性别、年龄、生活与文化背景者，对音乐的感受与解读往往有所不同。例如，目前45岁以上者可能会沉浸在约30年前盛极一时的校园民歌中，但时下绝大多数青少年可能无动于衷；喜好原始自然风格者可能觉得巴厘岛甘美朗音乐优美无比，有些人却可能觉得平淡乏味。

9.3.1.3 气味

除了视觉与听觉，嗅觉也会影响人们在某个服务场所的认知、感受与行为等。如同色彩、音乐一般，气味也可以传达某个服务业的特性，正因为如此，我们预期在图书馆内有书香、庙宇中有檀香、花园里有花香等。这些服务场所如果少了特定的气味，顾客极可能感觉若有所失；如果气味与服务的属性无法搭配，如五星级饭店内弥漫消毒药水味、SPA馆内有着牛排烧烤味等，轻则让人觉得莫名其妙，重则破坏该场所的气氛与形象，甚至导致顾客的逃避行为等。

在另类或非主流医疗中，起自古埃及时代的芳香疗法（aromatherapy）是指借由芳香植物所萃取的精油作为媒介，并以按摩、泡澡、熏香等方式，经由呼吸或皮肤为人体吸收，来达到增进身体健康的自然疗法。根据芳香疗法，各种不同的天然香味对人们的生理与心理各有影响（见表9-4）。综合而言，这些芳香被认为可以镇静心神、带来喜悦、增进精力等效果。因此，不少旅馆、美容院、SPA中心等刻意在服务场所内散发天然香味，以便让员工与顾客感觉愉悦等。

表 9-4　香味对生理与心理的影响

香味	对生理与心理的潜在影响
橘子	放松紧张情绪、纾解心神不宁
佛手柑	镇静精神状态、让人感觉舒服
含羞草	放松身心、让人感觉舒服、促进协调与平衡感

续表

香味	对生理与心理的潜在影响
黑胡椒	平衡情绪、激发性欲
薰衣草	放松身心、创造舒适的感觉
茉莉花	感觉清新、带来喜悦、激发性欲
葡萄柚	提神醒脑、增强体力
柠檬	增强精力、感觉愉悦、恢复精神
薄荷	增强注意力与精力
桉树	增强精力、促进平衡感、带来洁净的感觉

资料来源：Lovelock，C. and J. Wirtz. Services Marketing: People, Technology, Strategy [M]. Pearson, 2004.

另外，学者曾经证明香味对于店家的整体感觉、店家环境与商品的评价等都有提升作用（见表9-5）。而超级市场中刚出炉的面包总是聚集人潮，或是游乐园中爆米花的香味总是让许多人闻香而去，从这也可以看出气味对饥饿神经与购买欲望的影响。不过，值得一提的是，人们对气味的感受会受到个人文化背景的影响，如从小在海边长大的对于海风中咸腥的气息感觉亲切，而许多人则不然；有些人觉得榴莲臭不可闻，但有些却认为那是来自天堂的香味。

表 9-5　香味对店家评价的影响

评价项目	无香味的评价平均值	有香味的评价平均值	有无香味的评价差距
店家整体感觉			
• 坏/好	4.49	5.11	0.62
• 不喜欢/喜欢	4.27	5.10	0.83
• 负面/正面	4.65	5.24	0.59
• 过气/现代感	3.76	4.72	0.96
店家环境			
• 没吸引力/有吸引力	4.12	4.98	0.86
• 不舒适/舒适	4.84	5.17	0.33
• 压抑/欢乐	4.35	4.90	0.55
• 封闭/开放	4.04	4.99	0.95
• 色彩单调/色彩丰富	3.63	4.72	1.09
• 无聊/令人兴奋	3.75	4.40	0.65
• 呆板/活力	3.73	4.35	0.62
• 暗淡/光明	4.00	4.58	0.58
• 不愉快/愉快	4.47	5.15	0.68
商品印象			
• 过时/新颖	4.71	5.43	0.72
• 种类不足/齐全	3.80	4.65	0.85
• 低品质/高品质	4.81	5.48	0.67

注：评价数值为1~7，数值越高，评价越正面。

资料来源：Spangenberg，E.R.，A.E. Crowley, and P.W. Henderson. Improving the Store Environment: Do Olfactory Cues Affect Evaluations and Behaviors? [J]. Journal of Marketing, 1996, 60 (2): 67-80.

环游世界

三更有梦书当枕

曾想过舒服地睡在书城里吗？纽约便有一家让全球书虫、文人兴奋不已、渴望前往的旅馆——图书馆饭店（Library Hotel），创办人 Henry Kallan 认为既然这古典优雅的建筑坐落在充满书卷气的地理位置（邻近纽约公共图书馆），那么，称为"图书馆饭店"是最适合了。从此，饭店也可以是图书馆。

推开饭店大门，木香伴着书香扑鼻而来，原来那是来自大厅价值不菲的红木大书柜和琳琅满目的书本。价值100万美元的红木书柜以及6000多本藏书让书迷惊叹。餐厅的置酒柜除了酒更有酒类丛书。阅览室除了各类书本、免费点心饮料，甚至鼓励顾客免费邀请嗜书的朋友一起到此享受被书本、咖啡、点心包围的慵懒午后。甚至就寝前的巧克力，包装都会附上优美诗句，例如"当你有了花园和图书馆，你便拥有所需的一切"。

房间的分类是依照图书分类法，将3~12层设计成社会科学、语言、数学和科学、科技、艺术、文学、历史、哲学、宗教，各楼都有10个相关主题的房间，如7楼有700.004"摄影"、700.005"音乐"、700.006"时尚设计"等。房间内会摆设数十本相关的书籍与艺术品。顾客从选择房间起便洋溢乐趣，很多忠诚顾客甚至将住遍各间当作目标，或是推荐朋友入住其他房间。虽然饭店极少广告，光是靠这种特殊的设计与口碑效果，就会造就高住房率和回住率。

9.3.2 空间/功能

服务场所的空间设计，各类设施的材质、体积、形状与摆放位置等与服务的功能或表现息息相关。以飞机上的洗手间为例，在这么狭小的空间内，居然可以摆放马桶、洗手槽、垃圾箱、各类清洁用品等，显然整个空间大小、设施配置及用品摆放等都经过仔细设计，才能让小小的空间发挥洗手间应有的功能。相较于上一小节的周遭情境以及下一小节的标志与装饰品，空间设计更为复杂、专业，而且由于涉及的面积与硬件更大、更广，因此一旦付诸实践，若要改动将更为大费周章，改变的弹性较小。只要稍微注意周遭的服务场所，即可发现空间与设施的配置设计对于人们心理与行为的影响，举例如下：

（1）台北微风广场的喷水池设计，增添亲水互动间的乐趣，不但吸引人们注意力，也能放松心情。

（2）85度C咖啡蛋糕烘焙连锁店刻意采用简洁、高雅、明亮、开放的空间设计，橱窗展示一律使用透明玻璃，清楚秀出商品及价格，拉近店家与消费者之间的距离，无形中带动消费者入店光顾。

（3）餐厅里正对厕所入口的位置，通常不会放置座位，而且厕所入口前方多以回廊走道设计，避免顾客在吃饭时看到厕所，若空间上的限制而必须面对厕所门面，也会以布幔、竹帘加以装饰阻隔，以免影响顾客胃口。

9.3.3　标志/装饰

大多数服务场所中或多或少都有记号、符号、人工装饰品等，以便顾客知道身处何处与何去何从、掌握恰当的行为规范、正确认识服务的内涵与方式等。例如，百货公司都会有进出口、服务台、洗手间、手扶梯、电梯等方向指示；某些服务场所的入口处特别标示禁止摄影、禁带宠物、不得抽烟等标志。至于餐饮业中无烟环境的标志、某些公共场所的无线网络服务标志、某些商店的国民旅游卡特约商店标章、优良服务 GSP（good service practice）认证标章等，都是在表示服务内容或水准等。

对于新的或不常光顾的顾客、大面积的服务场所（如捷运站、博物馆、动物园、百货公司、展览会场），或是当服务人员不足时，标志显得特别重要。清楚的标志往往可以减轻在场顾客的时间压力，进而避免因时间急迫感而导致的负面情绪等，同时也可以避免在场员工动辄被顾客拦截询问，而使得工作效率受到影响。

相较于标志，服务场所中的装饰（如餐厅内的手工艺品、书法、画作）比较倾向于美化环境、传达服务的内涵、塑造气氛等。当然，有些装饰也是为了激励员工或提醒员工某些重要的观念，如张贴顾客致赠的感谢状、高挂表达企业理念的书法等。

9.3.4　旅游实体环境的设计

旅游实体环境的设计是一门相当复杂且专业的学问，涉及美学、符号学、人体工学、环境心理学，甚至是文学、医学、戏剧学等。许多相关议题已经超出本书的范围，以下我们仅从营销管理的角度，大略讨论在设计与管理旅游实体环境时应该重视的因素。

9.3.4.1　服务定位

旅游实体环境的设计应该事先思考服务定位，即"我们相对于竞争对手的特色是什么，我们想凸显哪些优势，我们要在消费者心目中建立什么形象"，然后检视实体环境的设计与管理是否符合，或至少不能抵触定位及整体营销策略。只有如此，实体环境才能得以强化（或至少不会拖累）服务定位。

例如，桃园市的客家餐厅新梅龙镇为了创造复古饮食文化，以昏暗的灯光结合古宅斑驳木门、方桌、长板凳、纸糊灯笼、老酒坛、宫灯、字画等古朴装潢，令人犹如置身在武侠世界的场景中；而当顾客上门时，穿着古典服饰的服务人员还以"客官上座，请上座"打招呼。从视觉、听觉、触觉、嗅觉、味觉等感受，新梅龙镇全面且强烈地呈现出餐厅的复古定位。

相较之下，麦当劳为了凸显效率与干净的特色，特地采用容易清洗的地砖与塑料桌椅、明亮的灯光、亮丽的色彩，并开辟得来速点餐车道等。在塑造欢乐的气氛方面，则有轻快的音乐、年轻活泼的招呼声、孩童游乐设施、表情与动作都张力十足的麦当劳叔叔等。

9.3.4.2　特定营销目标

旅游实体环境的设计也可以从特定的营销目标来考虑。唤起消费者的美好经验以刺激购买欲望，或是引发消费者冲动购买行为来增进营业额，是很常见的目标。例如，日式餐厅通常会以小桥流水和室门窗来布置，充满禅味；许多博物馆、水族馆或景点的纪念品商店刻意设置在出口处，则是为了消费者在参观后，在兴致高昂之际能够冲动购买。

通过巧思，实体环境也可以变成活广告，协助提高企业能见度。剑湖山世界最具代表性的设施——99米高（约30层楼高）的摩天轮——设立的位置绝佳，从远处的3号省道或第二高速公路古坑路段就可清楚看到，让路过的驾驶人不得不留下印象。圆山大饭店以古色古香的廊柱和黄、红色系建构出中国宫廷建筑，成为台北的地标之一。迪拜的阿拉伯之塔饭店，便因其帆船的造型而被人们昵称为帆船饭店。

另外，有些实体环境的设计是设法让消费者尽量接触到，甚至是试用新产品。例如，有些餐厅会在玻璃展示橱窗里，将新菜品的模型放置在最热门的招牌菜品旁，以增加被消费者看到的机会。

9.3.4.3　顾客使用状况与利益

设计旅游实体环境时还必须考虑到顾客的使用状况、安全、感受、需求与利益等。例如，一些户外的服务场所（如公园、动物园、游乐场）装置水雾喷洒器，以便在艳阳高照时给顾客消暑；部分游乐场在极端刺激、挑战胆量极限的机械设施旁设有呕吐槽，以便让惊吓过度的顾客呕吐后感觉比较好受；饭店内的厕所冲水器、洗手水龙头和烘手机都采取感应设计，不需消费者亲手碰触。这些都是从顾客的角度出发所设计出来的实体环境。

有些服务业为了满足顾客的多元需求，还会特地设计多元的实体环境以供选择。例如，飞机座位分经济舱、豪华舱、商务舱；餐厅提供日式榻榻米包厢、中式的宴会圆桌、欧式的长桌等；旅馆房间有的面山、有的面海，或是有不同大小格局与设施组合等。

9.3.4.4　成本与后续维护

以上三小节提及的考虑因素偏向营销效益，而效益的产生往往必须耗费金钱、人力、时间等资源。几乎所有的旅游实体环境决策都会涉及建造与保养维护的成本，因此决策单位必须针对实体环境的设计方案，考虑是否负担得起成本支出、相关金钱投资多久可以回收、实体环境的运作将会衍生哪些成本（如水、电、清洁）与多少成本、是否能切实掌握后续的维修保养技术、维修保养方式是否会中断或影响服务运作等。例如，山区里的度假木屋除了建造成本，还必须考虑往后的防潮、防霉、防虫、防污、防裂等所必须付出的成本；高级餐厅若特地采用进口的瓷砖、特殊造型灯泡、用餐设施，就必须考虑到这些材料与设施的保养维修成本及对服务的可能影响；一些服务场所喜爱以树木美化环境，则虫害、落叶、树根蔓延等所造成的后续处理问题必须事先了解与规划。

9.4 服务人员的重要性

"你可以用资本盖一栋大楼，但你必须拥有人才方可建立事业。"IBM 创办人汤玛斯华特森（Thomas J. Watson）曾经一语道破人力资源对企业的重要性。用在此处，正可揭示当我们有良好的服务环境设计、万事俱备之际，此时欠的也是最具关键的"东风"就是"服务人员"了。

环游世界

导览人员让恭亲王府的历史不死

曾为中国第一贪官"和珅"宅第的恭王府，是北京保存最完整的清代王府，除了鬼斧神工的庭园造景和珍贵宝物的先天优势之外，传奇性的故事配合洞察游客心理的导览员，更是将原本只是"看看和拍照"的预期提升为充满惊奇的"体验"。例如，在府内"升官发财路"旁，导览员强调和珅能在短期内破格连升九级，是因为他每天都要一口气、快速不回头地走上这条陡坡路一回，说毕，只见一群想要飞黄腾达的游客争相直攻坡顶。另外，在文人墨客附庸风雅地饮酒作诗的"流杯亭"内，导览员先让大家随意坐在亭内，再揭晓谁正坐在和珅的位置上，而谁又坐在皇帝的宝座上，不但增添趣味也再一次巧妙地将抽象历史联结上游客情绪。

导览员穿凿历史、附会传说地解说整座后花园的风水讲究、奇闻逸事，太多的故事和意想不到的巧思，简直让第一次来到这儿的人们恨不得整天都待在这仔细体验每一处的讲究和惊喜。还好有这些素质优良的导览员，他们让时光倒流回到辉煌鼎盛的清朝盛世，让现代人抓住皇室高官充满趣味的生活，让恭亲王府的历史不死。

在日常用语上，我们常把"服务人员"当成是在第一线与消费者互动的员工。然而，从更广的角度来看，会计、企划、清洁工等虽然较少与消费者互动，他们也同样在"服务"。消费者虽看不见后场管理，但看得见与感受到后场管理的结果，后场人员的工作不但支持而且影响前场服务人员的心情、表现。因此，虽然本章内容多针对第一线人员，我们也不应忽略后场员工的重要性。

服务人员的重要性可以从资源基础与营销管理的观点来分析，说明如下：

9.4.1 从资源基础观点

根据管理学中的资源基础观点（resource-based view，RBV），企业的持续竞争优势（sustainable competitive advantage）决定于是否能有效地掌握与运用策略性资源。人力被认为是企业极重要的一项资源；能帮助企业取得持续竞争优势的人力资源具备下列特点：

（1）有价值（valuable）：员工的技能与表现可以改善组织效率、提升生产力、创造顾客满意度等，才是有价值的资源。

（2）稀少（rare）：即员工的技术、知识和能力等是竞争者所欠缺的，否则竞争优势将难以持续。

（3）难以模仿（imperfectly imitable）：即员工的技术、知识和能力不容易被竞争对手学习与复制。

（4）不可取代（non-substitutable）：就算企业具备有价值、稀少、难以模仿的资源，若竞争者能以其他方式取代该资源，还是难以取得持续竞争优势。

9.4.2 从营销管理的观点

旅游服务人员的重要性也可以从营销管理的角度来了解。首先，不难看出许多旅游服务业人员与服务本身是密切结合的，如导游在做旅游导览时，他的知识、技能、表情、肢体等，无法与服务切割。若是导游在外地罢工或胡乱随便导览，则旅客势必乘兴而出、败兴而归，因此服务人员对营销管理的冲击可见一斑。另外，服务人员同时也扮演着营销人员的角色。服务人员的一举一动、服务成果等会影响顾客的满意度与再购意愿。

此外，无论服务人员接不接受、喜不喜欢，他们总是被消费者视为企业形象的代表。穿上企业的制服或佩戴企业的标志，一位和顾客不期而遇的客房整理员工，顾客看不到这是一位到城市工作且最近刚结婚的小姐，而只看到她身上代表着这家饭店的制服，甚至在下班之后、公司之外，也是如此。因此，服务人员的穿着、仪表、专业、态度等，都会牵扯到企业形象。有些旅馆与餐厅严格要求所有员工碰到客人时，都须注视、微笑、问候、让行甚至是主动协助等，并非为了个人，而是为了企业形象。

根据以上的讨论，虽然服务人员的重要性在高接触服务（high-contact service）中特别明显。但是，面对低接触服务（low-contact service），企业更需要注重那些机会不多、接触时间又相当短暂的"关键时刻"，因为在那极短的时刻内，服务人员的表现就决定了顾客对企业的最终评价。不像在高接触服务，顾客还有不少机会或较长的时间来观察、了解、评断服务与企业，偶发的失误还有被澄清与更正的机会，低接触服务往往没有类似的机会。由此可见，服务人员的表现在低接触服务中也非常重要。服务人员的重要性也和服务三角形（service triangle）观念有关。根据该观念，任何服务业都存在着三种营销作为（见图9-2）。外部营销（external marketing）是指针对外部顾客的营销活动，包含定位、定价、推广等。互动营销（interactive marketing）则是服务人员以专业知识及互动技巧，为消费者提供服务。在互动过程中，消费者除了重视服务成果，还关心服务人员的礼貌与热忱等。

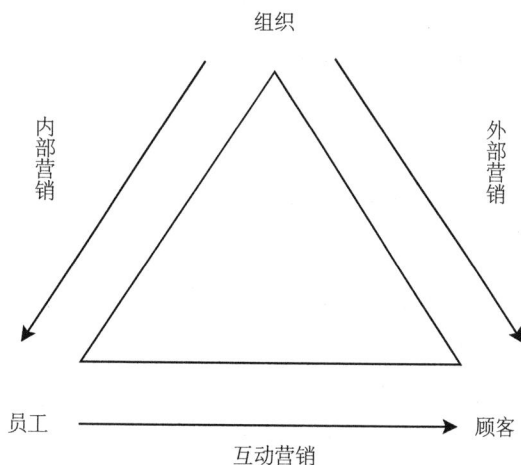

图 9-2 服务三角形

内部营销（internal marketing）是组织灌输全体员工营销导向与顾客服务的观念，并训练与激励员工，以便他们确实了解本身的形象与工作如何影响顾客满意度与企业形象等。内部营销期望专业与快乐的员工能够提供优质服务，进而创造或留住顾客。内部营销的对象除了前场服务人员，还包括后场的员工（如企划、会计、维修人员），因为后者的工作也会间接影响顾客满意度，同时他们也不排除需要与顾客沟通，因此需要正确的观念与态度。

服务三角形的观念显示消费者对服务的品质观感与满意度，除了受到组织营销活动（外部营销）与个别服务人员表现（互动营销）的影响之外，组织对于员工的观念灌输、文化塑造等（内部营销），也是重要的影响因素。因此，组织做好内部营销，就是在训练服务人员正面发挥他们的影响力，提升顾客对服务与组织的品质观感。

9.5 跨界者角色与冲突类型

上一节从两大观点来说明服务人员对企业确实重要，然而，服务人员的工作压力却相当大，若处理不妥容易造成身心俱疲，并危及工作效率、工作意愿，甚至是职涯发展。本节就重点说明服务人员的压力从何而来。

9.5.1 跨界者与情绪劳务

以下是某位餐厅服务人员的心情日记：

昨晚和老公吵架，今天早上出门时又被冒失的汽车溅了一身污水，心情已经够晦气了。上班还迟到被领班臭骂，没空吃饭饿着肚子上班，自己肚子咕噜咕噜地叫，还要笑脸迎人地帮顾客介绍店里的招牌菜。偏偏遇到有钱却又抠门的贵妇人，菜单上的菜都被问遍了（我又不是厨师），又要求梅干扣肉不可以太咸，东坡肉要吹弹可破、入口即化，又挑剔餐厅其他客人太吵破坏了她的用餐气氛，甚至还嚷着滑蛋牛肉一点都不滑而要求厨师重做（事实上，我看滑蛋牛肉不但色泽金黄、滑嫩诱人还香味扑鼻）。心中虽不爽这挑剔的顾客，但仍要弯腰道歉赔不是，安抚顾客情绪，又要大事化小、小事化无地不要让我们那脾气也火爆的师傅发飙，夹在厨师和顾客之中，一肚子委屈。

上述日记写出许多服务人员的复杂与无奈心情。这种心情是源自于服务人员的跨界者（boundary spanner）角色，也就是他们的工作角色是作为组织与顾客之间的桥梁，需要去了解、过滤、解释与传递来自双方的信息或资源，以便双方的需求最终得以满足，即顾客能够顺利购买与消费所需服务，解决某些问题或获得某些好处，同时企业也能销售获利（见图9-3）。

图9-3　服务人员的跨界者角色

这种跨界者的角色存在于几乎所有的旅游服务业及职业当中。不论是旅馆业中的司机、机场接待、门卫、行李员、柜台接待、房务人员、餐厅服务生、值班经理等，还是运输业的总机、柜台小姐、驾驶、顾客服务人员等，经常需要耐心倾听顾客的问题与意见，然后将相关的信息加以过滤、整理后呈报给组织相关单位，有时也必须代表企业传达信息、替顾客解决问题，甚至进行销售活动等。

服务人员因跨界者角色而成了"夹心饼干"或容易陷入"里外不是人"的窘境，因此需要具备更多的技能以处理工作上所面临的各种难题。特别是，跨界者经常需要付出情绪劳务（emotional labor），这是指服务人员为了配合组织的要求或情境的需求，必须在公共场合控制与隐藏自己真实的情绪，展现合宜的情绪，以便能顺利处理人际间的沟通与冲突，并进而提升顾客对服务品质与企业形象的评价。也就是员工的情绪是影响工作成果的重要投入，情绪劳务的名称也因此而来。

情绪劳务的例子不胜枚举。例如，空服人员除了从事劳心、劳力的工作之外，仍不时维持其脸上的笑容并压抑自己的情绪，让乘客感觉到被关怀且身处在安全无虞的情境中；导游则不得出现坏心情，必须按照既定行程尽量满足团员的各种旅游需求；饭店客服部门面对顾客的各种例外要求也要态度亲切地达成。

然而，情绪劳务的过度负担会造成情绪失控，长期下来可能导致情绪耗竭（emotional exhaustion），即对生活与工作失去感觉、关怀、信任、兴趣和精力的疲惫感。因此，服务业的主管应该特别注意跨界者的情绪劳务、情绪耗竭等相关现象。

9.5.2　服务业的冲突类型

作为跨界者，服务人员必须扮演不同的角色，如传递服务、推广与销售、聆听顾客意见、解决顾客的问题等，因此不可避免地会面临与处理许多冲突（conflicts），即任何两个单位之间因认知或要求不同而产生的对立。这些冲突造成工作压力，甚至情绪耗竭，因此是主管必须正视的现象。服务业常见的冲突可以分成七种类型（见表9-6），说明如下。

表9-6　服务业常见的冲突类型

与员工相关的	与员工及顾客相关的	与顾客相关的
• 员工角色冲突	• 员工与顾客的冲突	• 顾客角色冲突
• 员工与组织的冲突		• 顾客与组织的冲突
• 员工之间的冲突		• 顾客之间的冲突

9.5.2.1　员工角色冲突

造成员工角色冲突的主因来自服务人员心中感受到的不平等（inequality dilemma），即服务人员通常被教导扮演毕恭毕敬的角色，被灌输应尽力满足顾客、给予顾客尊重的感觉。但当面对无理的顾客时仍要求服务人员秉持"顾客永远是对的"的原则，则会让服务人员产生角色冲突。例如，已经超时加班、体力接近透支的空服人员，却必须保持微笑服务顾客且听着顾客的抱怨，忽然被某位顾客偷摸"吃豆腐"，此时空服人员的角色冲突便在心中产生：揪出这位无理放肆的色狼会不会害公司少了一名顾客。

此外，许多服务业也会以明文或以组织文化等非正式地规定员工的穿着、礼仪与笑容等。例如，航空公司就明文规定机师与空服人员的服装要求，要将长发盘起，可以染发但不可以染标新立异的颜色。

为降低服务人员的角色冲突，组织应在征选时便选择本身特质较符合工作角色所需特质的应征者，如航空公司会考虑应征空姐者的亲和力、服务热诚、笑容甜美和反应快速等特质。另外，在组织内部也可借由提供教育训练和员工抱怨、申诉渠道以降低服务人员的角色冲突。

9.5.2.2 员工与组织的冲突

由于跨界者的角色，服务人员经常面临两个老板的困境（two-boss dilemma）；一位是顾客，另一位是企业主管，意即顾客需求与组织目标冲突的困境，这样的困境通常会在服务人员无法认同组织目标时而被强化。例如，中国大陆某知名餐厅，顾客吃完西红柿酱要求添加时，服务生面露尴尬地表示：添加可以，但需支付两元人民币。服务生尴尬的表情便显示出服务生常夹在公司不合理的政策和顾客抱怨当中。

为降低此类冲突，公司可在平时就应让服务人员确实了解公司的制度规章，同时也授权第一线服务人员适切的决策衡量权，并给予服务人员权衡之后所做的决策以相当程度的支持。

9.5.2.3 员工之间的冲突

员工间的冲突最常发生于第一线和顾客接触的服务人员（前场）与后勤支持人员（后场）的互动，造成这类冲突，主因来自两者之间缺乏充分的沟通；其次是谁是决策者，由于前场服务人员直接面对顾客的需求，而导致到底要听命于谁的窘境；另外还有人格特质、工作负荷量等也都会造成此类冲突。例如，餐厅前场的服务人员需将顾客对于菜品的要求（如少放盐、油，不放味精等）或抱怨（太油、太咸）转达给厨师，但是厨师有可能因为传达上的误差、人格特质或专业的坚持等而未达成消费者预期，因而造成厨师和前场服务人员之间的冲突。

解决此类冲突的方式有几个步骤：界定冲突的起因、搜集各方相关意见进而提出可能的解决方案、决定解决方案、彻底执行和检讨成效等。

9.5.2.4 员工与顾客的冲突

员工和顾客的冲突主要来自于服务人员或顾客所表现的行为不符合对方期望。例如，到博物馆参观时，访客会期待"最高级"的专业导览员能亲切地回答其所提出的相关问题，而不只是照本宣科，其他相关知识贫瘠。同样地，站在博物馆的角度，他们也会期待访客穿着整齐、不穿拖鞋、不嚼槟榔、不大声喧哗。冲突也可能来自服务人员怎么看待在其工作领域上的非预期顾客行为，如饭店清洁人员虽了解大厅的环境不可能总是一尘不染，但并不会预期顾客随意将饮料洒在大厅干净的地毯上，此时便有可能产生冲突。

9.5.2.5 顾客角色冲突

顾客角色冲突来自顾客本身，指的是顾客并未扮演好预期的角色，较常发生在旅游导览这种专业性高的服务业。顾客常常依个人喜好、听来的建议或亲朋好友的经验，而径自指挥导游应怎么带团、到哪里玩、怎么玩乐。

9.5.2.6　顾客与组织的冲突

顾客与组织间的冲突相当常见，通常发生在顾客与组织政策之间，而不是顾客与服务人员之间。例如，有些"吃到饱"餐厅规定，拿太多饭菜吃不完，可以对顾客多收费用，此举可能与顾客期望有所落差而造成顾客与组织的冲突。但是若顾客抱怨数量太多，公司便应该正视这个问题，了解原因以决定是否应调整政策。

9.5.2.7　顾客之间的冲突

顾客间的冲突通常发生于顾客间的不同期望、不同顾客同时接受服务或者在其顾客面前服务其他顾客等。例如，餐厅里顾客抱怨隔壁桌晚来菜却先上，隔壁桌顾客抽烟影响自己用餐品质等。

课后习题

基础习题

1. 何谓"情绪劳务"？你认为餐饮业主管如何避免服务人员情绪劳务的现象？

2. 内部营销对于旅游业有何重要性？

3. 旅游实体环境扮演的角色有哪些？

4. Bitner 服务场景模式包含哪三大实体环境因素？

5. 旅游实体环境设计的要素有哪些？

应用习题

1. 请选择一家餐厅，观察那家餐厅的实体环境设计（包含周遭情境、色彩、音乐、气味、动线、装饰等）有何优缺点，并针对缺点说明你的改善方案。

2. 先设想一份从最低分 1 分到最高分 5 分的评分表格，内容包含服务人员的各种表现（如知识、技能、表情、肢体等），并实际以那些项目与标准评价一家饭店或餐厅，分析哪些表现较高分或较低分后，针对低分的部分提出你的改善方案。

10　旅游业的定价

本章主题

在本章"遇见创意"专栏中，你可以见识到游乐园业者运用灵活的手法，推出不同套装与价格以满足各类不同需求的消费者。价格可以说是最直接、最有弹性的武器，也可以说它就像是消费者和企业之间拔河的绳子，双方总是在尽力拉扯当中寻求动态平衡。当然，价格不仅只是个数字，它在营销管理上扮演着重要的角色，并且与产品、促销、消费者心理等有密切关系。本章的重点如下：

1. 价格的意义与角色：说明价格代表了货币与非货币的付出，同时讨论它在营销管理上的角色。

2. 定价目标与影响定价的因素：讨论定价程序的前两大步骤——确立定价目标和探讨影响定价的因素。

3. 主要的定价方式：说明三种主要的定价方式——成本、消费者与竞争者导向定价。

4. 价格管理：说明新产品定价、产品组合定价、心理定价、促销定价、收益管理和最后时刻定价等。

遇见创意

票价多元，以招广来

当你感到被生活压得喘不过气，或希望为自己的情绪找一个出口时，不妨来一趟主题乐园之旅。在这里，你可以肆意放声尖叫、欢笑，让压抑许久的心灵得到解放，并且留下惊呼与赞叹交织的回忆。目前，中国台湾主题乐园共有41间，各间主题乐园无不使出浑身解数吸引消费者，除了积极在游乐设施及服务上创造差异化，在定价上也尽力凸显自己的与众不同。

首先，大家较熟悉的为根据年龄使用差别定价，如成人票、青少年票、儿童票、博爱票等。近年来，游乐园业者为了平衡淡旺季的人潮，推出了月票、年票及全年入园护照，让消费者于某个时段，可自由选择入园时间，增加消费者于淡季入园的机会。

其次，搭上节庆促销的列车，众多游乐园搭配中国台湾各个节日，推出多样化定价方案。如六福村针对铁路节及警察节，推出三铁工作人员及警务人员100元即可入园游玩。策略联盟也是另一股新兴趋势，各大主题乐园与周围饭店业者联手推出套装行程，希望能共同创造最大效益。

为了广纳更多客源，也有许多游乐园根据消费者需求的不同而开发出各种票价。如园外园参观、婚礼套票、进香团体及银发居民优惠套票等皆为典型案例。园外园参观及进香团体优惠套票主打各式精彩表演及万紫千红的园区风景，将服务聚焦于不喜欢乘坐游乐设施的消费者。婚礼套票则是针对新人，园区提供场景拍摄婚纱照及赠送甜蜜小礼物，让新人拥有难忘的婚纱回忆。

另外值得一提的是，为搭配当红卡通人物，推出一系列相关活动，吸引更多的孩童带着父母前来共享欢乐。六福村曾推出"海绵宝宝GO好玩"，园区内增设海绵宝宝舞台剧、比奇堡场景的游乐设施，更酷的是只要游客身着海绵宝宝上衣，立即享有入园门票优惠。此活动一经推出，六福村营收增长率攀升至60%，卡通人物的魅力不可小觑。

游乐园的定价方式千奇百怪、创意十足。下一季的主题乐园又将以定价推出什么花样，值得观察。

引　言

价格反映旅游业者的成本、影响市场上敌我之间的消长和企业的利润，当然也左右消费者的决策。"低价"常被当作吸引顾客上门的胡萝卜或阻挡竞争对手挑衅的下马威，但有时"高价"是业者用来昭示自己是市场领导品牌的旗帜，还能带给顾客优

越感。因此，低价的服务抢破头，高价的服务也不遑多让，如联合报于 2011 年 5 月
24 日的报道：

> 被业界称为"史上最贵"的"顶级环游世界六十六天"，要价 272 万元新台币（比
> 去年贵 50 万元新台币），昨日限时、限量 20 位开卖，创下 7 分钟抢购一空的新纪录。
> 开办已六年的易游网"顶级环游世界六十六天"，强调用最奢华的方式走访全球
> 五大洲、南北极，全程"顶级"享受，另安排双领队随行。一位负责专业导览的服务
> 业者兴奋地说："从速度与年纪看来，中国台湾顶级旅游市场潜力无穷。"
> 另外，富比世杂志（Phillippa Stewart/2010-04-20）也列举了一些昂贵得令人咋舌
> 的亚洲餐厅：
> 提到亚洲最昂贵的高级餐厅，东京的 Aragawa 可能算最有名的，不仅因为其鲜嫩
> 的神户牛肉，还因其昂贵的价格。这里的神户牛肉来自黑毛和牛的"但马牛"品种。
> 很多国家都试图将"和牛"与"安格斯牛"杂交以获得类似"神户口味"的牛肉，但
> 神户牛肉其独特的风味却很难复制——其肉质鲜嫩的原因之一来自天天按摩每头牛。
> 因此，每磅神户牛肉的售价接近 800 美元。
> 想定高价？欢迎！只要你的顾客认同价格背后代表的"价值"。

10.1 价格的意义与角色

营销活动涉及价值的交换，而价格（price）就是用来表示为了取得某个有价值的产
品，消费者所必须付出的金额。在市场上，所有的产品都有一定的价格，如果消费者可以
接受这个价格，交换行为才有可能发生。以货币衡量的价格为狭义的价格概念，也就是货
币付出（monetary sacrifice）。

很显然地，消费者在购买产品时付出的代价，不只是金钱。在购买一项旅游产品时，
我们可能得多到几个旅行社询问、寻找停车位、在店内等候服务和销售人员杀价等，因
此，除了金钱，我们还得付出时间、精力与精神等，这就是一种非货币付出（non-
monetary sacrifice）。由于非货币付出比货币付出还难以衡量，学术界在讨论消费者付出的
代价时，比较注重货币付出。然而，我们必须有所警惕，非货币的代价也会影响购买行
为。例如，我们经常会为了节省时间而舍远求近地选择餐厅，即使这间餐厅的菜其实并不
可口，价格又贵。

价格在营销管理上扮演着以下角色：

（1）有弹性的竞争武器与经营工具：价格的调整非常有弹性，因此经常被用来快速应对竞争的变化和消费者需求、创造人潮、打开知名度、调节供给与需求等。例如，新开张的餐厅推出前三天餐点全部半价的活动；当强烈寒流来袭导致顾客暴增时，温泉饭店会提高泡汤价格来压抑需求；航空、旅馆等服务业在非高峰时期降价，以便吸引顾客及利用多余产能。

（2）影响营业额与利润：一般来说，降价增加销售量，涨价减少销售量。因此，价格影响销售量，进而影响营业额与利润。例如，一盘意大利面的单价是 120 元新台币，销售 200 盘，营业额是 24000（120×200）元新台币，这 200 盘意大利面的产销成本是 17000 元新台币，因此利润是 7000（24000–17000）元新台币。然而，假设意大利面涨价到 150 元新台币，销售量降到 120 盘，产销成本是 13000 元新台币，利润则是 5000 元新台币，比起单价是 120 美元时营收少了 2000 元新台币。因此，企业应该尽量了解价格与销售量之间的关系，以便能够估算不同价位的营业额和利润。

（3）传达产品资讯：当消费者对旅游产品的消费经验不足、认识有限，又缺乏口碑支持或其他方式判断产品特性与品质时，就会倾向于以价格作为判断标准。例如，许多消费者会利用价格来判断旅行团的等级、导游的素质、法式餐厅的地道等产品品质，价格越高，越觉得品质有保障；听到某家陌生饭店的价格非常昂贵时，不少人会猜想这家饭店的房间、气氛、装潢、服务等极可能具有五星级的水准。

10.2 定价目标与影响定价的因素

营销人员在定价时，最直接面对的问题是到底要选择哪个价位，低于或高于市场平均价格，要低到或高到什么程度等。定价之前，企业必须先确认定价目标、综合考量影响定价的因素，再决定价位水准（见图 10-1）。本节先讨论定价目标和影响定价的因素。

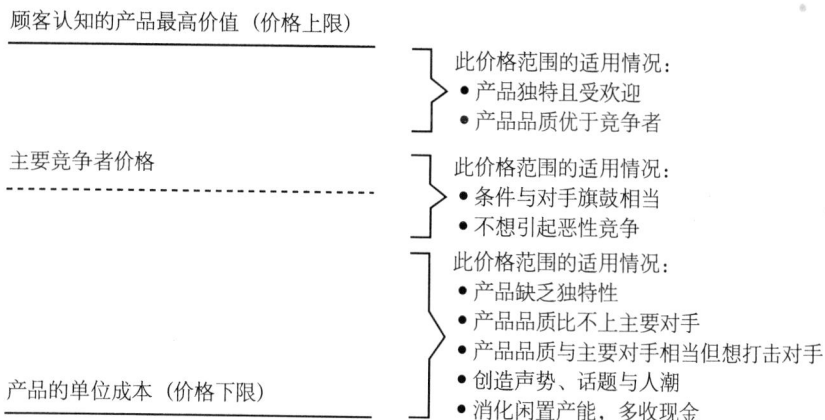

顾客认知的产品最高价值（价格上限）

此价格范围的适用情况：
- 产品独特且受欢迎
- 产品品质优于竞争者

主要竞争者价格

此价格范围的适用情况：
- 条件与对手旗鼓相当
- 不想引起恶性竞争

此价格范围的适用情况：
- 产品缺乏独特性
- 产品品质比不上主要对手
- 产品品质与主要对手相当但想打击对手
- 创造声势、话题与人潮
- 消化闲置产能，多收现金

产品的单位成本（价格下限）

图 10-1　影响定价的因素

10.2.1　定价目标

价格是营销功能（产品、价格、通路、推广）的一环，因此必须要和其他的功能互相搭配，以达成企业或营销目标。常见的定价目标如下：

（1）建立高品质形象：价格在此是协助建立产品高品质形象、维持公司良好声誉的工具，如国际品牌的定价常常具有这种目标，因此多采用高价，较不以成本为主要考虑因素，消费者的认知与反应才是考虑重点。不轻易进行价格折扣以免破坏高价与高级的形象，如四季饭店向来以高价来对应他们高级豪华的住宿服务。

（2）提高市场占有率：低价通常用来拓展产品销售，以尽快提高市场占有率，尤其适用在对价格敏感的市场，而且通常假设扩大销售量会降低产品单位成本且不伤害长期利润，如新开张的饭店打出第一个月住房只要半价来吸引市场目光、制造话题、带动销售。这是惠顾导向（patronage-oriented）的定价。

（3）牵制竞争者：有些公司会以低价或与竞争品牌类似的价位来牵制竞争者，避免竞争者做大而带来长期的威胁。为了避免伤害原有品牌或混淆新品牌的形象，有时会以第二品牌来配合这项目标。

（4）追求财务绩效：有些定价主要是为了提高现金流量、利润、特定投资报酬率等。这种相当普遍的定价目标对于短、中、长期的成本，消费者对价格的敏感度，市场的需求量及竞争者的反应等，都必须谨慎评估，才能确保收益目标得以达成。这是一种收益导向（revenue-oriented）的定价。

（5）生存或回本：对于前景黯淡的品牌，或当企业产能过剩、面对财务困境时，定价的主要目标（至少是短期目标）极可能是为了"活着就好"。这时的定价通常只希望能够弥补变动成本与某些固定成本。例如，立荣航空的北高航线在高铁通车后，业绩仅剩四成，甚至推出比高铁更便宜的票价力挽狂澜，可惜仍以退出市场收场。

事实上，企业常采取多复位价目标（有时目标之间甚至会矛盾），而且会随着情境的变化而对不同目标有不同的权重。例如，企业希望定价能牵制竞争者，同时也希望能有不错的利润；但是，能产生竞争者牵制作用的定价水准，也许会大幅减损企业的利润。因此，除了确认定价目标外，企业还必须了解定价的影响因素，才能决定最适当的价格。

10.2.2　定价影响因素

影响定价最重要的三大因素为产品成本、消费者、竞争者，其他的因素则来自大环境的影响。

10.2.2.1　产品成本

无论定价的目标是什么，业者在定价时都会考虑到成本，因为这是自己较能掌握的部分，另外还可以把成本当作价格的底线，以避免或降低亏本。不过，在刻意打击竞争者、消化闲置产能、想在短期内取得现金、将定价视为达成推广目标（如迅速打开知名度）的工具等情况下，有时企业会不计成本，尽量压低价格。

由于服务具有无形性、多变性等特质，投入与产出之间的关系不太明确（例如，要花费多少努力才能确保服务人员的脸上常挂笑容?），因此成本的衡量有一定的困难。然而，由于成本不但设定了价格的下限，还涉及企业的营收，业者还是应该尽力了解服务的成本结构，以便能制定合理的价格。

产品成本有三大类：固定成本、变动成本与半变动成本。固定成本（fixed cost）是指在某一产能或销售水准下，不受生产量（服务量）或销售量影响的成本，通常包括建筑物的租金、硬件设施的折旧费用、员工薪资、保险费、保全费、税负和利息支出等。不管日后该服务的销售业绩如何，这些投入成本都已发生而不会改变。

变动成本（variable cost）是指在一定的产能或销售范围内，每增加一个服务单位（如旅馆房间）或一位顾客所增加的成本。例如，旅馆每销售一个房间，清洁费增加约 70 元、水电费增加约 80 元、备品（如牙膏、牙刷、纸杯、卫生纸）费用增加约 100 元，则单位变动成本为 250 元。必须提醒的是，单位变动成本其实是固定值，而所谓"变动"成本，是指总成本会随着服务销售量的增减而有所变动；以上述旅馆为例，销售增减 10 间房间，总成本就增减 2500 元。

半变动成本（semi-variable cost）是由部分固定与部分变动成本所构成。例如，水费在使用未超过基本吨数时，就收取基本费，而超过基本吨数时每一吨则收取若干费用；假设每两个月的基本吨数为 40 度，基本费为 300 元，而超过基本吨数时每一吨收取 10 元，这表示如果两个月所使用的水在 0 到 40 吨之间，则收取 300 元，若使用 43 吨则水费为 330 元。为了制定价格，企业应该了解服务成本如何随产量变动。通常服务量越大则单位成本越低，这是因为固定成本被服务量分摊的结果。单位成本=（固定成本/服务量）+单位变动成本。假设某家游乐园每年的固定成本是 9000 万元，每位游客的变动成本是 600 元，若一年有 100 万游客，则单位成本为 690（90000000/1000000+600）元；如果有 150 万游客，则单位成本降到 660 元。因产量增加而使得单位成本下降的现象，称为规模经济（scalee conomy）。

值得注意的是，有时候当产量达到一定的规模，单位成本不但不会下降，可能还会提高。例如，以上的主题乐园若有 300 万游客，不但人手不够、服务品质下降，甚至游具负荷不了而频频发生故障，部分园区甚至必须暂时关闭以等待机器维修等，因而造成单位成本上涨。由此可见，业者应该要注意不同服务量下单位成本的变化。

另外，与成本有关的观念称为经验曲线或学习曲线（learning curve），即单位成本随着生产或销售经验的累积而下降的现象。例如，当接触的游客多了，园区服务人员经验也多了，学习到更有效率的处理程序，使得每单位的变动成本下降。因此，企业也应该了解学习曲线所带来的成本变动效果。

环游世界

廉价航空，掀起革命

1971 年，千方百计降低成本、以打折知名的西南航空于美国达拉斯成立，并连续 30 多年创造辉煌盈余，写下航空史的纪录。西南的成功，加上众多旅客在经济压力下宁可牺牲不必要的航空服务，带动了廉价航空的发展。如今欧美与亚洲分别有 20 多家及 10 余家廉价航空，在短程飞行方面对许多传统的航空公司造成威胁。

在亚洲市场最知名的廉价航空有马来西亚的亚洲航空（Air Asia）、新加坡的捷星航空（Jetstar Asia）等。前者于 2001 年成立时只有 2 架飞机，到 2010 年已拥有约 80 架飞机，并提供约 139 条航线，76 个航点，服务范围覆盖亚洲、澳洲及欧洲等，成立至今已服务超过 1 亿人次，并多次被评为世界最佳的廉价航空之一。它有多廉价呢？暑假来回台北与吉隆坡，只需 4000 多元新台币，比其他航空公司便宜万元新台币，比高铁来回两市的价格才多出 1000 多元新台币。亚洲航空相信，只要让人们花很少的钱就能有机会到梦寐以求的地方，就不会太在意飞机上少得可怜的服务与娱乐，毕竟只要闭上双眼，任何飞机都没有明显差异了。

10.2.2.2 消费者

价格必须落在消费者愿意且能够负担的范围，其中认知到的服务价值将决定购买意愿。服务价值取决于消费者的知觉成本与知觉利益，当知觉成本小于知觉利益时，消费者会觉得这项服务的价值不错而愿意购买；反之，当知觉成本大于知觉利益时，则不愿购买。

一般而言，消费者的知觉成本主要是成交价格，即货币付出（monetary sacrifice）。然而在事实上，消费者在享受服务时所付出的不只是金钱，可能还得付出时间、精神、体力等非货币付出（non-monetary sacrifice）。如果消费者感觉到非货币付出太高，即使货币付出很低，他也可能不愿购买；相反的，有时货币付出很高，但由于非货币付出很低，消费者还是愿意购买。因此，企业在制定服务价格时，必须警惕货币与非货币付出都会影响消费者的购买决策。

除此之外，定价还需考虑到需求的价格弹性（price elasticity of demand），即消费者的价格敏感程度。简单来说，当价格小幅变动便剧烈影响需求量，则此项服务就具有高度的价格弹性（见图 10-2a）；反之，价格变动不太影响需求，代表价格弹性小（见图 10-2b）。

通常有下列情况者，价格弹性较小：服务具有独特性不易被取代；品质不易互相比较；消费者对替代品信息不足；价格占购买者收入的比率非常小；服务具有炫耀特质（越贵销量越好）等。价格弹性越小，则越适合定高价。

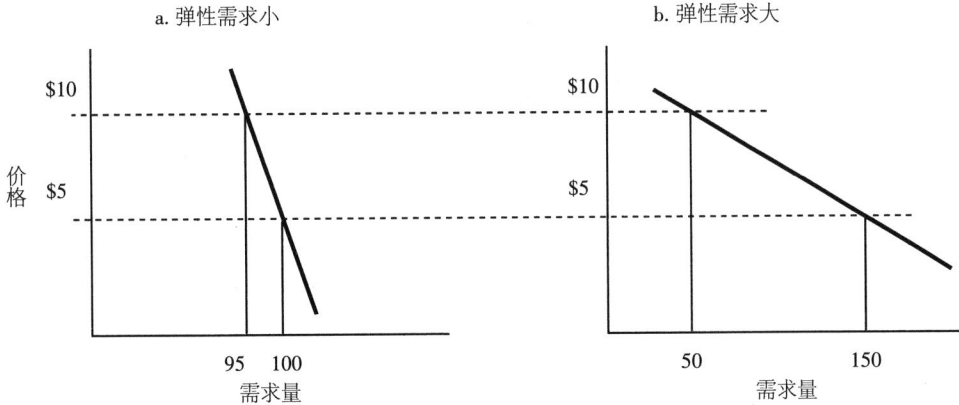

图 10-2　需求的价格弹性

10.2.2.3　竞争因素

经济学里几个有关产业结构（industry structure）的观念可以用来解释竞争与定价的关系。完全竞争（perfect competition）是指某一产业内有许多业者，而且都销售同质产品（homogeneous product），即没有差异的产品，因此买卖双方都只能按照市场供需所确定的现行价格来买卖商品，都是"价格接受者"而非"价格决定者"。因此，身处在这个产业结构的每位业者都是其他业者的主要竞争者。

相反地，垄断竞争（monopolistic competition）是指在这产业中有许多商家与消费者；但因为消费者明显地各有所好，因此商家以销售异质产品（heterogeneous product）来吸引顾客。企业竞争的焦点是扩大本身与竞争品牌的差异，突出特色。业者在这类产业中，最主要的竞争者是那些提供与自己类似特色的品牌，其他的品牌则是次要竞争者。许多百货公司的美食街就是属于垄断竞争。

不完全寡头垄断（imperfect oligopoly）是指少数几家规模较大的业者提供绝大多数的产品，而消费者认为这些产品的确存有差异，因此有不同的偏好。不完全寡头垄断的企业对受顾客喜爱的产品具有垄断性，可以制定较高价格以增加盈利；竞争的焦点不是价格，而是产品特色。中国台湾的西式快餐业属于不完全寡头垄断；在某些风景区大多数的住宿市场由少数几家大型旅游饭店占据，也是属于此类市场竞争。

由以上讨论可知，定价受到市场竞争的影响，因此业者须考虑竞争者的家数、规模、服务特色及经营策略等，来决定最后所应定出的价格。服务如具有强烈特色，且消费者对该服务情有独钟，加上竞争者不易模仿或不构成威胁，则价格一般会偏高。但是，如果服务特色不易彰显，或消费者对于不同业者的差异性认知不明确（如电信业者），通常业者之间的价格会不相上下。

10.2.2.4 其他因素

定价除了受成本、消费者和竞争者的影响，还很难免于受大环境的影响，包括气候变迁（如暖冬现象、大风雪等）、科技进步（如网际网络的革命、手机科技）、景气循环、突发状况（如流行病、战争、能源危机）等，这些企业不易观察、预测的因素，考验着营销人员的应变能力。

定价也可能受到上级与法令的影响。在中国台湾，航空、国道客运、火车、出租车等大众运输工具，其价格变动必须向有关当局单位申请，经同意后才能实施。另外，价格也受公平交易法等法令的限制，如不得有联合涨价或约定转售价格等行为。

10.3 主要的定价方式

旅游餐旅业的定价有三大基本方法，分别建立在三种不同的基础上：成本、竞争者、消费者。以下说明这些方法的重要概念，及其应用在服务业时所遭遇的问题与该注意的事项。

10.3.1 以成本为基础的定价

以成本为基础的定价（cost-based pricing）最基本的思维是公司要能获利，即所定出的价格必须足以回收成本并创造利润。最常见的方式有"加成定价法"及"目标利润定价法"。

10.3.1.1 加成定价法

加成定价法（markup pricing）可分为成本加成（markup on cost）及售价加成（markup on selling price）两种。顾名思义，成本加成是将产品单位成本加上该成本的某个百分比，而得到售价。以数学公式表示如下：

单位价格=单位成本+（单位成本×加成百分比）

例如，一趟机票的单位成本是 10000 元新台币，假设成本加成是 40%，则售价为 14000（10000+10000×0.4）元新台币，毛利为 4000 元新台币。

在售价加成法中，决定价格的方式则表示如下：

单位价格=单位成本+（单位价格×加成百分比）

单位价格=单位成本/（1–加成百分比）

以上述机票为例，假设售价加成是 40%，价格是 16667（10000÷0.6）元新台币，毛利则是 6667 元新台币。

在各种主要的定价方式中，加成定价法是最简单可行的。然而，如果长期制式地使用加成法，可能会忽略了竞争情势或消费者需求的变化，而出现不合理的定价（偏低或偏高），进而丧失市场商机或忽略环境威胁。

另外，以成本为基础的定价也存有问题或盲点。某些服务的成本难以汇集与计算，尤其是提供多项服务的企业或人员。例如，饭店的管家要帮顾客打理一切入住细节，准备顾客喜欢的菜肴、矿泉水、美酒，甚至要帮顾客解决各种突发的疑难杂症（如帮顾客找寻走丢的宠物），这些活动的成本或衍生的费用是多少，恐怕难以计算。如果以小时来计算管家薪资成本，却又碰到另一个问题，那就是每个管家碰到的情况不同，他们付出的精神与劳动力等可能就有相当大的差异，也就是，服务人员的时间、精神与劳动力付出，难以用来换算成数据上的成本。

10.3.1.2　目标利润定价法

目标利润定价法（target profit pricing）是以某个目标利润为依据来设定产品价格。这个方法涉及损益平衡分析，而损益平衡分析又涉及产品单位成本的计算。服务业者的服务单位成本的计算与固定及变动成本有关。单位成本的计算是（固定成本/生产量）+单位变动成本。假设某家小笼包馆投入的固定成本（店面租金、擀面机器、人力成本、店面装潢）是 500000 元新台币，每笼小笼包的变动成本是 40 元新台币，则 2000 笼小笼包的单位成本为 290（500000÷2000+40）元新台币。损益平衡分析的要点是在已知的固定成本、变动成本以及价格水准之下，找出销售额与总成本相等的销售点（也就是"损""益"平衡点；在这个销售点，利润等于零），以及在这个销售点之上，不同的销售量所带来的利润。在损益达到平衡时，

销售量×价格=固定成本+（销售量×变动成本）

从上式可以导出下列公式：

销售量=固定成本/（价格−变动成本）

上述公式的销售量即损益平衡点，也就是利润等于零的销售水准（见图 10-3）。以刚才提到的小笼包为例，假设小笼包的价格为 80 元新台币，则损益平衡点是 500000÷（80−40）=12500。在卖出 12500 笼小笼包时，利润等于零；在第 12500 笼之后，每卖出一笼小笼包将带来 40（80−40）元新台币的利润。

企业可借由预测价格与需求量之间的关系，并利用损益平衡分析来制定合适的价格。假设在 80 元新台币的价格下，老板预计可以卖出 20000 笼小笼包而创造 300000 元新台币的利润，如果这个利润符合企业的目标，则可以接受 80 元新台币的定价；如果不符合利润目标，则尝试调整成本或价格，预测新的需求量，以决定是否有更合适的价格水准。

另一个与上述方法类似的定价方式称为目标报酬定价法（target return pricing），主要

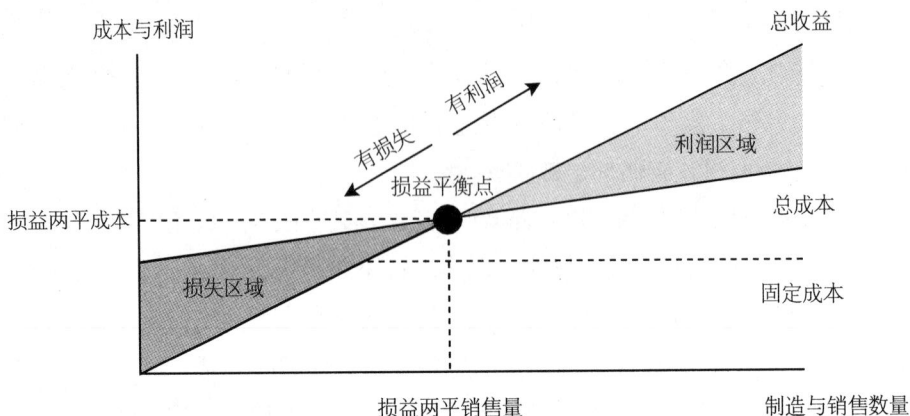

图 10-3　损益平衡分析

是以投资报酬率来计算价格。公式如下：

价格=单位成本+（总成本×投资报酬率）/预计销售量

以上述的小笼包为例，预计销售量为 2000 笼小笼包，则总成本为 580000（500000+2000×40）元新台币，单位成本为 290（580000÷2000）元新台币；假设投资报酬率为30%，则价格为 127（40+（580000×0.3）÷2000）元新台币。以上方法在服务业中相当常见，它们最大的好处是简单明了，易于采取与沟通；也就是只要盯住成本或利润，就可以轻易算出价格。此外，有些人认为成本加成定价对业者或消费者都公平，业者可以获得公平合理的投资报酬，而消费者也不会因市场需求增加而被业者占便宜。

10.3.2　以消费者为基础的定价

以消费者为基础的定价（customer-based pricing）主要是根据顾客的价值来决定价格，因此又称为价值基础定价法（value-based pricing）或知觉价值定价法（perceived value pricing）。消费者对任何产品都会做出价值判断，如"这个东西对我有什么好处？值得花多少钱购买？"两个同样的产品，贴上不同的品牌，消费者的认知价值就有所不同。一块巧克力蛋糕，在 85 度 C 或晶华酒店销售，消费者愿意付出的价钱就有差异；一家面店重新装潢或有名人时常光顾，身价可能马上改变。可见，对于某些产品的定价，消费者的认知价值比起成本上的考虑还重要。

值得再次提醒，消费者在购买产品时付出的不仅是货币支出，还包含了非货币付出，如时间、精神、劳动力等。因此，当消费者的非货币付出太高时，则货币价格可能需要调降以便让消费者有被弥补的感觉（如国光号用低价以弥补费时和塞车风险）；反之，当非货币付出微不足道时，消费者可能愿意支付较高的货币价格（如高铁因为能省时而可以定高价）。这种现象意味着服务业者必须确定顾客对于货币支出与非货币付出有何价值判断，以利于制定合理的价格。

另外，也有企业针对品质不错的商品，定出比消费者预期还要低的价格，这种方式称为超值定价（value pricing，也有书本直译为价值定价，但为了避免与上一个定价方式的名称混淆，本书译为超值定价）。例如，网络旅行社 Expedia 强调提供最低价的旅游产品，一旦在消费者心中建立此印象，不但可以减少广告支出，更降低消费者的信息搜寻成本，同时还引诱竞争者跟进降价，结果造成竞争者由于缺乏支持低价策略的营运效能而纷纷败阵。此外，近年来不少饭店、旅行社业者在旅展上经常针对部分旅游商品定出相当诱人的价格，以引起市场的高度注意与掀起购买热潮。

10.3.3　以竞争者为基础的定价

顾名思义，以竞争者为基础的定价（competition-based pricing）是根据竞争者在类似服务商品上的价格作为本身主要的定价基础。其中最普遍的方法是现行费率定价法（going-rate pricing）；根据这种定价法，业者可以制定与主要竞争者相同、较高或较低的价格，但一般都以最普遍的价格来收费。采用这种定价方式的主因是各家所提供的服务并无太大差异，所以业者必须不断地注意对手的定价，并准备随时调整价格。当顾客认为市面上的服务差异很小时，就会选择最低价的，此时低价业者可能变成"价格领导者"，而其他业者只好跟进。

上述讨论显示，以竞争者为基础的定价适合用在当产业内的服务是高度标准化时。例如，网络旅行社对消费者而言，并非实际提供服务（运输、住宿）的业者，加上订票程序差异不大且比价容易，因此很多小型网络旅行社不跟随降价，则订单锐减，降价后又无法维持利润而难以生存。

另外，这种定价方式也适用在只有少数几个大型服务业者的寡头市场，如航空业。以国内航线来说，因为搭乘时间短，消费者介意价格差异更胜服务差异，再加上国内航线的替代竞争者多样，因此当某个业者调降价格时，其他业者不得不跟进，否则容易造成顾客流失。

许多旅游产品具有异质性而造成比价上的困难，如 SPA 服务，无论是按摩师的专业、按摩的人数、使用的材料、按摩的方式、环境布置等都有相当大的差异，因此难以采取以竞争者为基础的定价方式。

值得一提的是，某些产业会存在着一家或少数几家价格领袖（price leader）。由于价格领袖拥有丰沛的企业资源与市场地位，他们的定价往往会影响产业内的销售与竞争形势，因此格外引起其他企业的跟随。因此必须审慎决定本身的产品价格。定高价时，当其他企业不跟进，消费者将大量流失导致丧失市场；若其他企业跟进，则有可能因高价带来的高额利润反而吸引更多竞争者加入，造成生产过剩，缩减原本的利润。价格领袖的价格如果过低，其他企业可能搏命以抗，因而造成价格割喉战，对整体产业不利。

10.4 价格管理

在上一节，我们了解了企业定价的基本方法。事实上，企业常会为了应对特定的情况，而采取以下的定价策略。

10.4.1 新产品定价

企业推出的新产品，有两种定价策略是最常见的。一种是高价值导向的市场吸脂定价；另一种则是以低价策略抢攻市场占有率的市场渗透定价。

10.4.1.1 市场吸脂定价

市场吸脂定价（market-skimming pricing）是指企业在一开始便制定高价，从愿意付出高价的消费者中赚取高额利润。等到销售量下降后，企业便降价以吸引只愿付较低价的顾客，而若销售量再下降，则会再降价以吸引下一批消费者。这种以降价对市场层层刮削，获得最大收益的方法［如吃奶油蛋糕时，从最上层的奶油（脂肪）逐层吃下一般］，故称吸脂定价。适合持有"价值至上"观念的顾客，如旅游业刚推出迪拜豪华之旅时，因为价格太过昂贵，顾客多为政商名流，而目前的价格已不如之前的高不可攀，才吸引了较多的一般民众。

环游世界

出得起，就带你游太空！

2001 年，太空探险公司（Space Adventures）安排美国加州亿万富翁铁托（Dennis A. Tito）搭乘能容纳 3 人的俄罗斯联盟号飞船，在环绕地球飞行的国际空间站待了 8 天。这位 60 岁的富翁支付了 2000 万美元，成为世界上第一位太空游客。

铁托之旅开启了太空之旅的商机。2010 年，波音公司宣布它正在研发 7 人座的太空飞船，并将于 2015 年正式开始提供太空旅游服务，太空旅游的机票将委托太空探险公司负责经销。另外，网络零售业龙头亚马逊（Amazon.com）创办人、身价百亿多美元的贝佐斯（Jeff Bezos）也成立蓝源航天公司（Blue Origin），积极搭建太空机场、打造商用宇宙飞船"新谢帕德"号（New Shepard；谢帕德于 1961 年上太空，是美国第一位航天员），预计不久后将提供"太空计程车"服务。俄罗斯太空总署以及俄罗斯宇宙飞船制造厂商也宣布从 2013 年起，每年提供 3 个太空游名额，每次旅程为期 10 天。票价多少呢？预估将从 3500 万美元（约 11 亿元新台币）起跳！

值得注意的是，市场吸脂定价仅在某些特定的状况下才有意义。首先，产品的品质及形象必须能符合其较高的价格，且有足够的购买者愿意购买；其次，服务够新颖才可吸引"创新者"勇于尝试，等到创新者市场饱和时，再降价以吸引下一批消费者；最后，产品具有相当大的进入障碍，且竞争者不易以低价提供类似产品。

10.4.1.2　市场渗透定价

和上一种定价相反，市场渗透定价（market-penetration pricing）是以低价推出新服务来刺激试用及广泛使用的一种策略。有时企业甚至不惜以亏本的方式来定价，企图迅速吸引大量消费者使用，增进市场占有率、巩固消费者使用习惯及忠诚度，筑起防止竞争者进入市场的障碍。

低价策略并非万灵丹，因为低价会压缩获利空间，除非处在高度价格敏感的市场，下跌的价格能由大幅上升的销售量来弥补，以支撑企业的获利。另外，单位产销成本随产量增加而降低，才有助企业更进一步调降价格，将竞争者逐出市场。

10.4.2　产品组合定价

拥有多种产品的企业，应注意各种产品定价之间可能互有联动，也就是某一个产品的定价可能会影响其他产品的销售量。因此，企业应该注意产品间的关系（如相似性、互补性等），作为产品组合定价的参考。在旅游业里，常见的组合定价有价格结构化、配套式定价、互补定价等。

10.4.2.1　价格结构化

价格结构化（price framing）的考虑来自大部分的顾客并无法准确得知旅游产品的参考价格，所以营销人员应该帮顾客组织价格信息，让顾客有价格基准点作为判断。如东京迪士尼乐园的票价分通用护照券、两天通用护照券、敬老通用护照券（适用年满60岁以上的长者）、星光通用护照券及入园券和全年通用护照券，其价格（就成人18岁以上而言）分别为5200日元、9070日元、4490日元、4180日元、3670日元和35700日元，则游客可依自己的需求购买不同的票券。在中国台湾一些大型游乐场亦采用此定价方式，如剑湖山、六福村等。

10.4.2.2　配套式定价

配套式定价（bundle pricing）是指配套产品的整体价格，低于个别购买产品的总和。例如，旅行社的套装旅游，包含机场接送、饭店住宿、早中晚餐、景点行程、交通运输等，向旅行社购买套装行程通常比自行各自购买来得便宜；在拉斯维加斯的饭店推出看国际巨星表演加住宿的方案，比各自购买便宜，以及饭店业者在情人节推出情人套餐和情人浪漫套房的组合，都是配套式定价常见的例子。这种整套购买比较便宜的定价方式主要想以较低的整体价格吸引消费者购买、美化核心产品的价值，或是促销那些卖相较差的商品。当然，配套中的主力产品必须有相当大的吸引力，符合大多数顾客的平均期望，且配套价格需低到足以吸引消费者，这样才有组合效果，否则无法引起消费者的购买意愿。尤其消费者通常将旅游视为一个整体的旅游产品，业者若能搭配得宜，则可以避免轻易激活单品的折扣促销，而在消费者心中产生该产品生意不好、品质差的联想。

10.4.2.3 互补定价

互补定价（complementary pricing）适用于有高度相关的产品，也就是企业在提供基本产品之余，再提供继续使用或增值此产品的周边产品，靠这些周边产品来获取利润。例如，有些乐园是先付较便宜的门票进园，再依个人喜好购买各种游具使用权，而欣赏园内造景、户外表演则免费。这样可以增加家庭里的幼儿和长辈同行的意愿，而非仅适合青少年。另外，旅游的套装行程也常使用互补定价，如加拿大落基山脉旅游套装虽包含住宿、三餐、交通、旅游景点的旅游，但是其中的高山缆车、冰川游览、湖泊泛舟等，则需另外花费购买。

10.4.3 促销定价

促销定价是指企业利用短期调降价格来促销产品的手段，以快速吸引大量消费者、冲高销售量。

10.4.3.1 牺牲打

牺牲打（loss leader）是指牺牲某些产品的毛利吸引顾客上门，再依靠其他产品获利。例如，餐厅贴出"今日宫保鸡丁69元"，就是希望借此吸引顾客上门用餐，因为通常吃饭不会只吃一样菜，希望还可以从其他的菜上增加营收。

10.4.3.2 促销折扣

促销折扣（promotional discounts）是直接在定价上打折，让买方以较低价格购买，如一客牛排1000元新台币，打七九折之后则是790元新台币。促销折扣经常借由某种名目来进行，如电影《达·芬奇密码》当红之际，部分旅游业者赶搭顺风车推出法国旅游全面八折的促销方案，其他还有周年庆、节庆特惠活动等。

10.4.3.3 数量折扣

数量折扣（quantity discounts）是指顾客在大量购买时，商品的单位价格可以打折。例如，饭店、餐厅、游乐园大都提供团体购满的优惠，以饭店业而论，为了鼓励企业来此内部训练、开会，通常会提供房间数达特定量之上便附赠会议厅或多赠送几间房间的优惠。从卖方的立场来看，数量折扣可以鼓励买方增加采购量，并且避免买方向竞争者购买。

10.4.3.4 功能折扣

功能折扣（functional discounts）是制造商给予中间商的折扣，以鼓励中间商执行某些管理功能，如广告、促销、售后服务等，因此又称为促销折让（promotional allowances）。例如，旅行社替长荣航空设计"结婚十周年，日本温泉赏"的推广活动来刺激销售，则长荣航空会给予该旅行社特别的机票优惠。中间商从事这些功能，减轻了制造商的负担，让制造商能够专心在产品的研究发展与生产技术上。同时，由于中间商比较接近与了解消费者，在执行如广告、促销、售后服务等营销功能上，可能比制造商更具有效率与效果。

10.4.3.5　季节折扣

季节折扣（seasonal discounts）是在某些特定季节，企业为提高销售量而采取的定价方式。例如，位于海边的旅馆在秋冬淡季期间降低价格。季节折扣可帮助企业调节需求不均、平衡供过于求的现象。季节折扣的概念也可以应用在一天内需求较弱的时段，如动物园、游乐园的星光票。但也有一些游乐园业者反而在暑假旺季时提供优惠促销票价，以带动潜在游客，增加来客量。

餐旅 A 咖

平价旅店天王戴彰纪

　　平价的精致商务旅馆在金融海啸、经济不景气情况下兴起，逆势突围的戴彰纪就是看准此时机，以精致与平价兼具的特色成为商旅人士和背包客的新宠儿。当四星级、第五星级饭店因不景气影响住房率，而戴彰纪的旅馆却仍能维持 85%~90% 的高住房率，这都是在于戴彰纪看准 M 形社会的出现、中低收入人口剧增而认定旅馆定价也需要 M 形化，2000~3000 元的平价商务旅馆顺势而生并且大受好评。最早初试啼声的是重新改装自老旧旅店的新驿，以预算有限、只需要有个干净安全的地方过夜的背包客为主客层，不到 2000 元新台币的房价、时尚的空间设计、贴心的住房服务，即使每间房间坪数仅约四五坪，却是背包客眼中的首选，而新驿也因为能以低坪数隔出比传统旅馆多一倍的房间，使得使用效益增高，满足主客需求。

　　紧接着推出的新尚旅馆则与实践大学的学生合作，有的房间充满了鱼，暗示悠游各地的旅客像鱼一样自在，有的房间以窗景传达旅行心境的转换，这些各具主题、别出心裁的房间顿时成为旅客的热门订房款。

　　而丹迪饭店尝试与其他品牌跨业合作，像是通过化妆品牌 CD、牛仔品牌 LEE、包装水品牌 FIJI 等增加旅馆能见度，让丹迪以"做自己，出自己风格"吸引年轻人的目光。

　　大走时尚简约风的喜瑞饭店甚至以白色系的清透视觉设计而登上美国《时代》杂志，而喜瑞的白色冷冽氛围也成为徐若瑄、蔡健雅、张韶涵、李玖哲等艺人拍摄杂志、专辑封面的最佳背景。

戴彰纪经营旗下的旅店概念很清楚，平价、交通便捷和贴心服务是三大特色。平价的背后来自于成本的节约，如一租就是 15 年低租金的老旧旅店，重新装修的设计由年轻设计师操刀，再加上不输国外品质的中国台湾建材。此外，旅店还要位于台北市的车站、捷运附近，点和点的距离都在出租车费用 100 元新台币内可到达，再加上免费的网络、洗衣机、饮料和点心，让戴彰纪的旅店版图越扩越大，从而成为平价旅店天王。

10.4.4　心理定价

心理定价（psychological pricing）是依照消费者对于价格的心理反应而决定的价位。常见的方式有以下几种：

10.4.4.1　畸零定价

畸零定价（odd pricing）不采用整数，而是以畸零的数字来定价，主要目的是让消费者在心理上将价格归类在比较便宜的区间之内。例如，餐饮业的 "199 吃到饱"，可以让消费者产生只花 100 多元便有吃大餐的错觉；旅行业者推出的 "6999 巴厘岛浪漫度假"，也同样有异曲同工之妙，让消费者觉得花不到 7000 元新台币就能坐飞机出国度假，真是物超所值。

10.4.4.2　声望定价

声望定价（prestige pricing）是指以高价让消费者觉得产品具有较高的声望或品质，象征身份、地位、品位的产品经常使用这种方法。消费者在缺乏足够的产品信息时，往往会以某项显而易见的因素作为判断品质的标准，价格就是其中一个因素。餐厅、航空公司和饭店会针对高级服务收取高价。例如，位于瑞士的 Hotel President Wilson 皇家阁楼套房一晚便要价 175 万元新台币。当然声望定价必须配合产品品质，品质上的落差会破坏声望定价的效果。

10.4.4.3　习惯定价

习惯定价（customary pricing）是根据消费者对某个产品长期的、根深蒂固的认知价格来定价。例如，一般五星级饭店的标准双人房一晚大约 6000~8000 元新台币，高出这个价格难以获得消费者青睐，低于这个价格又有失五星级的地位。

10.4.5　差别定价

差别定价（discriminatory pricing）是针对同一产品，依顾客特性、消费地点、时间等因素，制定不同价格的定价方式，说明如下：

（1）依顾客特性：如饭店、餐厅、酒吧等，经常有仅开放给女性顾客，女性顾客免费入场或半价的"lady's night"，或游乐园会因个人身份（如小孩或老人）或团体性质（如学校、公务机构）的不同，而有不同价位。航空公司以"提早订位较便宜"的定价策略来筛选出商务客户（临时开会或有公费支出）和休闲旅游客户（自行付费、时间较弹性），针对价格较无弹性商务客户制定较高价格。

（2）依消费地点：如一些位于顶楼的餐厅，可以鸟瞰城市夜景的阳台观景座位，价格较室内座位昂贵。

（3）依消费时间：如饭店推出晚间 11 点入住，可享半价优惠。

值得注意的是，差别定价应该具备以下条件：

（1）市场必须可以区隔，而且服务在不同区隔间不能转售，如国外旅客在订房时不能使用国内旅客的优惠价。

（2）竞争者不会在高价区内以低价来销售。

（3）差别定价不会引起市场反感，还必须合法。

10.4.6 收益管理

收益管理（yield management）又称为营收管理（revenue management），指的是企业以历来销售资料为基础，来预测任何时点的需求量，并针对所预测的需求量来调整价格，以获取最高收益。简单地说，就是"在对的时间针对对的顾客制定对的价格"（the right price for the right customer at the right time）的定价方式，呈现出"需求低时降价，需求高时涨价"的结果，航空业、饭店业、租车业最常利用收益管理定价。

加上强大的电脑运算能力和即时更新的网络科技，收益管理的计算软件已经可以做到预测每一天的需求，让业者可以随时调整牌价来获取最高收益。以饭店为例，当饭店发现某时点的预期住房率过低，则会降价以刺激住房率，此举通常会吸引价格弹性较大的旅游顾客光顾，因为商务顾客的商务行程较固定加上不需自己出资，所以低房价并不会促使商务顾客改变消费决策，而形成一样的服务产品却有迥异价格的差别定价。

10.4.7 最后一刻定价

最后一刻定价（last minute pricing）是企业为应对服务产品会随时间消逝的特性而发展出的定价法。飞机一旦起飞，未售出的机位因为无法储存下次使用而形同浪费，饭店住宿亦然。凡是具有固定成本极大、相比之下单位变动成本显得微乎其微的产业，便会有类似的窘境，因此企业会在生产前的最后一刻倾力售出服务单位。例如，在 Expedia 的网站上，就有这种选单，销售各班机的余位和饭店的空房。

尽管降价的折扣通常很诱人，但仅适合行程极有弹性的顾客，而且长久为之，可能养成顾客最后一刻才购买的习惯，造成企业作业上的困扰和收益损失。但也有反例，有时前一天才购买的机票反而更贵，因为对这种行程弹性相当低的顾客，成行比价格更重要。

课后习题

基础习题

1. 何谓市场渗透定价法与吸脂定价法？此两种定价法各在何种情况下比较有利？

2. 在餐饮业中影响定价的因素有哪些？

3. 何谓产品组合定价法？快餐店如何运用组合定价法？

4. 最后一刻定价法的主要目的是什么？航空公司又如何运用此种定价法？

5. 差别定价要能成功需达成哪些条件？主题乐园如何设定差别定价？

应用习题

1. 请回想一家你曾经住过的度假饭店，说明它的房价如何、有哪些优惠方案，以及房价中是否包含配套产品（如早餐、SPA 或健身房等），并试着以顾客知觉价值定价法检视这家饭店是否值得你再度光临。

2. 请上网收集同一地区或国家（如美国、日本北海道、澳洲）的三种不同套装旅游行程与定价，比较并说明它们的定价有何不同、为何不同以及哪一种较吸引你。

11 旅游业的通路决策

　　业者精心设计了旅游与餐旅产品之后，必须克服时空限制将产品传递到市场上，以便消费者能接触、接受并购买到相关产品，并有效提供价值给消费者，提升顾客满意度。例如，本章"遇见创意"介绍的微风台北车站就成功活化车站的饮食通路，创造亮丽的美食商机。配销通路对于营销管理，就如血管对于人体健康，一旦缺乏或堵塞，势必致命，其重要性可想而知。本章将探讨以下的课题：

　　1. 配销通路的意义与功能：说明配销通路的含义与三大功能。

　　2. 通路形态：以通路长度、通路整合方式、市场涵盖密度三个角度说明通路形态，说明旅游与餐旅通路体系。

　　3. 通路设计的考虑因素：从企业内部、市场、中间商与产品等角度，说明通路设计所应考虑的因素。

　　4. 商业区域、商圈与服务地点选择：讨论在选择服务据点时两个重要的观念：商业区域与商圈，说明服务据点选择的原则。

遇见创意

当地点遇上时尚，掀起食尚微风

明亮净白、舒适宽敞的空间，瓷砖地板反射洒落的灯光，设计感、风格各具特色的座位区，除了聚集 60 家各国美食之外，更汇集拉着行李箱的旅客们大享美食，连东区追随流行的年轻人也相约来这里用餐、聚会。这里不是任何一家高档百货的美食街，而是位于台北车站二楼——微风台北车站。

几年前，台北车站二楼仍属金华百货，灯光昏暗，走道狭小脏脏，几乎没有旅客愿意来这里消磨时间。连租金都缴不出的结果，使得"地主"台铁在 2005 年公开招标，当时，外界对金华的失败经验根深蒂固，没人看好，最后由微风所属的三侨实业接下这个烫手山芋。

微风看到的是熙来攘往的人潮所带来的庞大潜力商机。由台铁、高铁以及台北捷运三铁共构的台北车站，加上台北车站周边上班族与国道客运等川流不息的人潮，台北车站毫无疑问是全台流量最大的车站。而车站周边商圈的用餐需求，更是无法估计。微风广场特别助理蔡明泽说："我们产品要集中，专攻餐饮，范围也不止限定到台北车站的旅客，而是周围两到三公里范围内的台北车站商圈。"因此，微风导入美食商机，持有"人潮即钱潮"的想法，砸下重金装潢，凭借价格平实、多样化的饮食选择，商场规划与管理有时尚感，微风重新擦亮台北车站，将"微风台北车站"再度打造为城市的门户。

金华百货的经营失败案例，让许多业者认为即使台北车站人潮庞大，但却无法留住这些流动的交通人口。微风索性突破传统思维，以"驿内"为出发点，投入新台币 4 亿元的资金，整合许多餐饮业者，并参考日本车站最新的商场设计概念，以不断的创新与进步，希望打造成如纽约中央车站、日本京都车站，成为著名美食的地标，抓住消费者的胃。微风重新定义台北车站，彻底颠覆中国台湾人对车站老旧、拥挤、脏脏的印象。依靠通路优势与独特的经营手法，"微风台北车站"目前年营业额超过 9 亿元新台币，造就台铁、微风及民众三赢的局面。

引 言

快餐连锁业的龙头是谁？中国台湾民众会说：麦当劳。但多数的大陆民众可能会说：肯德基。在中国大陆，肯德基的门市比麦当劳多三倍。为什么全球拥有 30000 多间店、市值约 644 亿美元的麦当劳，在中国大陆却输给全球 10000 多间店、母公司百胜集团的市值仅占麦当劳 1/5 的肯德基？中国新时代杂志在 2011 年 5 月提到：

面对中国大陆这个庞大而复杂的市场，肯德基选择了放下身段尽力本土化，从油条、皮蛋瘦肉粥等小食，到培根蘑菇鸡肉饭和巧手麻婆鸡肉饭等正餐的推出，无不显示出其为中国而改变的决心。而麦当劳则依然如故，一直以来都在坚守着自己标准化的汉堡加薯条的风格，这也让其长期在中国大陆市场上落后于肯德基。在店面数量上，截至 2010 年 6 月，肯德基突破了 3000 家，覆盖了大多数二三线城市；而麦当劳数量仅相当于肯德基的 1/3。

作为肯德基的母公司，百胜集团把中国区看作自己的掌上明珠，中国区还获准设立了独立的产品研发中心。肯德基在中国大陆推出的油条、皮蛋瘦肉粥等产品，甚至包括在泰国市场推出的米饭都是如此。

然而，麦当劳也不会甘于"挨打"，报道中也指出：

2009 年 6 月，曾启山就任麦当劳中国区 CEO 四个月后，就将海外市场成熟的麦咖啡业务引入中国。2010 年，除了实施新的形象计划，麦当劳还增加了专门的咖啡区，同时推出结合咖啡的全新点心。麦当劳已经从儿童消费、家庭消费转向商务会谈与朋友聚会，消费群体的成长已悄然扩大。从 2010 年底开始，麦当劳开始逐步将在国外实行了四年的餐厅形象升级改造项目推广至中国。在国内的北上广深四个一线城市，开始率先引入 LIM（less is more）简约欧洲设计风格，而在 2011 年底，中国采用 LIM 风格的餐厅数量将达到 100 家，截至 2013 年，80% 的麦当劳门店将进行餐厅形象升级。

两雄逐鹿于正在快速成长的中国市场，胜负尚未揭晓。显然地，配销通路势必是这两大快餐业者的重要战场。到底什么是配销通路呢？

11.1　配销通路的意义与功能

在字面上，配销通路（distribution channel）包含两层意义。配销是指产品从卖方传递给买方的过程；通路则是指由介于卖方与买方之间，所有专职产品传递服务的个人与机构。这些扮演中介角色的个人与机构经常被称为通路成员（channel member）或中间商（middle men），一般简称为通路。例如，航空公司通过各地的旅行社销售机票，这些旅行社都是通路成员或中间商。中间商具有三大功能：减少交易成本、促成交易与促进产品流通。说明如下：

（1）减少交易成本：以图 11-1 来说明，A 部分的三家供应商业者分别将产品销售给三位消费者，交易的次数共有 9 次。B 部分同样有三家企业及三位消费者，可是多了一位中间商，这时候的交易次数只有 6 次。显然地，中间商减少了交易次数以及交易所需的人力、物力、财力、时间等。

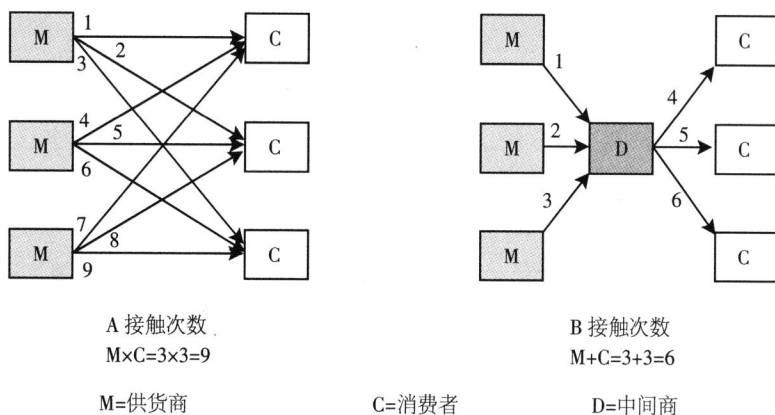

A 接触次数
M×C=3×3=9

B 接触次数
M+C=3+3=6

M=供货商　　　　C=消费者　　　　D=中间商

图 11-1　中间商减少交易次数

（2）促成交易：由于中间商比较接近市场，所以往往能更有效地搜集消费者趋势、预期销售等市场信息，并借此协助有关企业提供更符合消费者需求的产品；另外，中间商经常为产品广告、促销与提供售后服务等，并且提供专业知识与建议让消费者减少搜集信息的时间与成本，从而促进消费者购买的意愿。因此，中间商具有促成交易的功能。

（3）促进产品流通：中间商的流通功能在于善用产品的整合与分类，能够为消费者带来选购的方便。例如，旅行社从航空公司与饭店拿到机位与客房，设计成不同组合的套装旅游产品，让消费者能够根据自己的需求、预算、方便等选购。如果没有中间商，消费者的选购势必困难重重，产品流通也会受到阻碍。同时，航空或饭店业者能够预先销售大量机位或客房给旅行社，且通常在一年前便签订销售合约，因此减少因产品不可储存性所带来的风险。

值得一提的是，对于一般产品，消费者通常是向中间商购买后即可使用，但是旅游与餐旅业的中间商通常是销售"产品使用权"，消费者必须到服务所在地（如旅游地、饭店、飞机、餐厅）才能使用与消费相关服务。例如，乘客购买了机票、房客购买了住宿券等，必须凭票或券到相关地点消费。

11.2 通路形态

通路形态主要是说明"整个通路看起来长什么样子"。以下分别以通路阶层、通路整合方式以及市场涵盖密度来说明。

11.2.1 通路阶层

通路阶层可称为通路长度，是指中间商的层级数目，可分为以下几种（见图11-2）：

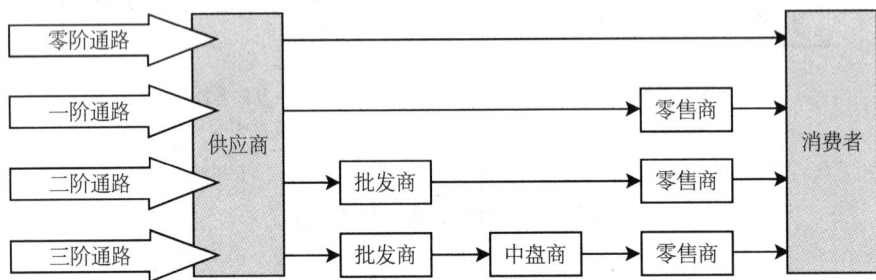

图 11-2　不同阶层的通路形态

（1）零阶通路：零阶通路中没有中间商存在，而是生产业者将产品直接销售给顾客，又称为直接通路（direct channel）或直效营销（direct marketing）。例如，消费者自己打电话向航空公司订票、直接到饭店住宿，或通过某家知名小吃店的邮购目录订购产品宅配到家的服务。

（2）一阶通路：一阶通路是指在供货商与顾客间有一层中间商。例如，航空公司（供货商）通过旅行社（中间商）销售机票给消费者。

（3）二阶通路：二阶通路中包括两层的中间商，最常见的是批发商与零售商。例如，一些旅游纪念品工厂将产品销售给批发商后，后者再转卖到各旅游地的特产中心以便销售给游客；航空公司将机票交给票务中心后，旅行社再通过票务中心帮消费者订位与买票。

（4）三阶通路：三阶通路则包含三层的中间商，如批发商、中盘商、零售商。不少套装旅游产品都通过三阶通路才到达消费者手中。例如，航空公司的机票通过票务中心（批发商）卖给综合旅行社（中盘商）设计成套装旅游产品，而后再委托甲种旅行社（零售商）销售给消费者。

许多旅游与餐旅业者经常同时采用多种通路阶层销售产品。例如，中国台湾"中华航空公司"除了由机场柜台及各地分公司柜台直接卖机票给消费者（零阶通路）外，也将机票通过四家主力旅行社（key agency）直接销售或包装成套装行程卖给消费者（一阶通路）。

11.2.2　通路整合方式

通路成员之间在产品、金钱、信息等方面的往来相当频繁，他们之间存在着既合作又冲突的互动关系。从通路成员之间如何整合彼此的活动与步伐以维系互动关系，我们可以把通路系统分成水平营销系统及垂直营销系统。

11.2.2.1　水平营销系统

水平营销系统（horizontal marketing system）是指同业之间或跨行业的合作所形成的通路体系。例如，迪士尼在推出卡通影片时，经常在麦当劳店中张贴电影海报或展示卡通偶像等，以打响影片的知名度，而麦当劳也通过赠送卡通偶像等方式吸引顾客上门。

水平营销系统产生的原因，主要是想结合双方的资金、技术、人力、营销等，而达到吸引更多顾客或提高获利等双赢局面，而这一点在异业结盟上更是明显。例如，易游网和立荣航空合作推出"澎湖花火节"，由立荣航空公司出钱在澎湖当地放烟火，并配合在网络上推出套装方案，结果一推出就造成轰动，在短短一两个月的时间内，至少替澎湖带进2万人次以上的游客，而立荣飞澎湖的航班更是增加了120个架次，且班班客满。又如10家饭店组成酒店联盟，联合格上租车共同推出"高铁＋租车＋住宿"的多元商品设计，希望能有效率提升联盟酒店的知名度与经济效益；许多旅行社也常以同业共同出团的方式招揽旅客出国旅游。

11.2.2.2　垂直营销系统

垂直营销系统（vertical marketing system，VMS）是用来整合上、中、下游的业者，以便有效管理通路成员的行动，避免通路成员为了自身的利益而产生冲突或重复投资，进而期望能提高营销通路的灵活度和获利能力。它包含下列三种形式：

（1）管理式垂直营销系统（administered VMS）：管理式垂直营销系统是依靠通路中某家具有相当规模与力量的企业，以及其他通路成员服从其领导而形成的通路系统。知名且受市场欢迎的品牌业者，往往有足够的力量促使中间商在产品推广、定价方式、优惠活动等方面采取合作的行动，进而管理整个通路系统。同样地，某些拥有强大销货能力的零售商对供货商有相当大的影响力，因而成为通路系统中的领导者。例如，美国运通商务旅行社所建构的旅游网络（TSNI）在全球130个国家和地区已拥有超过1900处旅游服务点，在商务旅游市场上拥有强大的网络力量，让许多业者因为必须依赖该零售体系销售给商务旅客，而与美国运通保持良好的合作。

（2）所有权式垂直营销系统（corporate VMS）：所有权式垂直营销系统是指由同一个公司或集团，拥有从供货商到零售商的整个或部分通路系统。例如，复兴航空公司设立子公司"复兴空厨"，以便掌控高水平的餐点，提升该公司的空中服务品质；另外，复兴航空与中国台湾IBM公司合作，开发先进的中英双语计算机定位系统，积极拓展国际航线。

可见，复兴航空企图握有上游供货商以维持长期稳定的供货关系，并极力掌控下游通路，以利公司的业务扩展。

（3）契约式垂直营销系统（contractual VMS）：在契约式垂直营销系统中，供货商与中间商并不属于同一个所有权，通路成员之间的作业受契约的规范。这种系统的形成可能由批发商、零售商或供货商发起。近几年来，中国台湾市场上最受瞩目的契约式垂直营销系统是特许加盟组织（franchise organization），目前许多连锁的餐饮店、饭店等都是属于此类。在特许加盟中，加盟店（franchisee）和加盟总部（franchisor）都有签约，规定加盟店应尽的义务（如缴纳加盟金、接受训练）以及加盟总部应提供的服务（如卖场规划、共同采购、促销活动、教育训练）等。当然，各家的签约内容不同，有些特许加盟的条件非常宽松，如加盟店只要缴纳加盟金及保证金给加盟总部，便可取得商标的使用权，其余项目如店面装潢、租押金及生财器具购买等都必须自己负责，而日后营业所需的人事、房租、水电、盘损及商品进货等所有费用，也都由自己支付，利润也是100%自得。综合而言，在一个成功的垂直营销系统中，通路成员之间不仅只有买卖的关系，还强调彼此的长期依赖与合作关系，以合力创造利益。垂直营销系统至少为整个通路带来以下四个好处：

（1）专业分工：通路成员各司其职，在个别角色上专注而带来经济规模与经验曲线效果，不仅降低了成本，也缩短了学习摸索的时间。

（2）风险分担：通路成员间彼此依赖与合作，使得通路成员间必须互相承担其他成员或多或少的风险，但由于信息与经营经验的流通，使得整体通路风险降低。

（3）增加利润：整个垂直营销系统因充分利用彼此专长，互相学习成长而形成竞争优势，使得整个通路具有较强的获利能力。

（4）激发创造力：在垂直营销体系内通路成员的互相信赖和合作关系，会带动学习成长而激发通路成员不断地改善和创新。

11.2.3 市场涵盖密度

市场涵盖密度是指在一个销售区域内零售或服务据点的数目与分布情况，可以说是通路的广度。它可分为下列三种：

（1）密集式配销：密集式配销（intensive distribution）是指在某个销售区域内尽量增加销售通路，以提高产品的能见度。航空公司在机场柜台及各地分公司出售机票，或由外勤业务人员直接推销给一般公司，也委托旅行社只售机票或搭配行程，或是到处可见的休闲小站等饮料连锁专卖店，就是属于密集式配销。

环游世界

英国全球布局，推广教育与游学产业

英国不但是学习英文的热门游学地，它也吸引相当多喜爱艺术、服装设计、商游业设计的留学生。目前，仅大一的外国留学生便超过 100 万人。这是如何做到的？

英国早在 70 多年前便成立的英国文化协会，目前已经遍及 109 个国家和地区，专门通过咨询、展览、讲座、教育训练等，呈现英国浓厚的人文艺术气息与多样风貌，进一步吸引人们前往英国旅游、求学。近年来，英国还大方地颁布多项有利外国学生的方案，包括放宽打工限制、提供免费健康保险、降低奖学金门槛、放宽毕业后在英国工作的限制等，就是希望吸引更多世界各国的学生。另外，眼见中国崛起造成的求知若渴，更将中国市场列为重要的目标，目前英国已经成为中国第二大留学国（仅次于美国）。

英国物价高昂，有能力到英国求学的经济通常不差，加上游学、留学生短则几个月长则四年以上，仅学费和生活费用的支出便为英国带来可观的外汇收入，这还不包括学生们在当地的旅游支出。而且将来当这群学生学成归国之后，英式生活和价值观念已然潜移默化地影响他们，势必诱导日后的旅游和购买英国货的需求。英国政府几十年来在全球布局宣扬英国文化，获取的有形、无形利益难以估量。

（2）独家式配销：企业刻意在一个销售区域只设立一个或极少数的服务据点，如多数五星级饭店只设立在台北市、迪士尼在全球只有 5 个据点，这种限制据点数量的配销方式，称为独家式配销（exclusive distribution）。独家式配销的产品大多是非常昂贵或特殊的产品，对消费者而言具有非凡的价值，而消费者在购买时愿意多花费时间与精力（如长途跋涉到服务据点），并且对商品与服务的品质非常重视。

（3）选择式配销：选择式配销（selective distribution）是介于密集式与独家式配销之间，也就是，在一个销售区域内有好几个服务据点，如麦当劳、肯德基等西式快餐店。

11.2.4　旅游与餐旅业的通路系统

大部分的旅游与餐旅产品供货商（如餐饮业者、住宿业者、航空业者等）拥有多个通路来进行销售。例如，航空公司或饭店除了本身的销售业务之外，还通过旅行社销售，旅行社会直接提供订位与订房服务给旅客，或将取得的机位与客房设计成旅游套装产品销售。旅游与餐旅产业的通路系统（见图 11-3），中间商的部分说明分别如下：

（1）趸售旅行业：趸售旅行业又称为批发旅行业（tour wholesaler），通常在旅行业中较具有财力与人脉，并能精确掌握旅游趋势，设计与开发符合旅客需求的套装旅游产品。另外，由于套装旅游产品的利润有限，趸售旅行社为了降低成本，需要通过大量出团达到

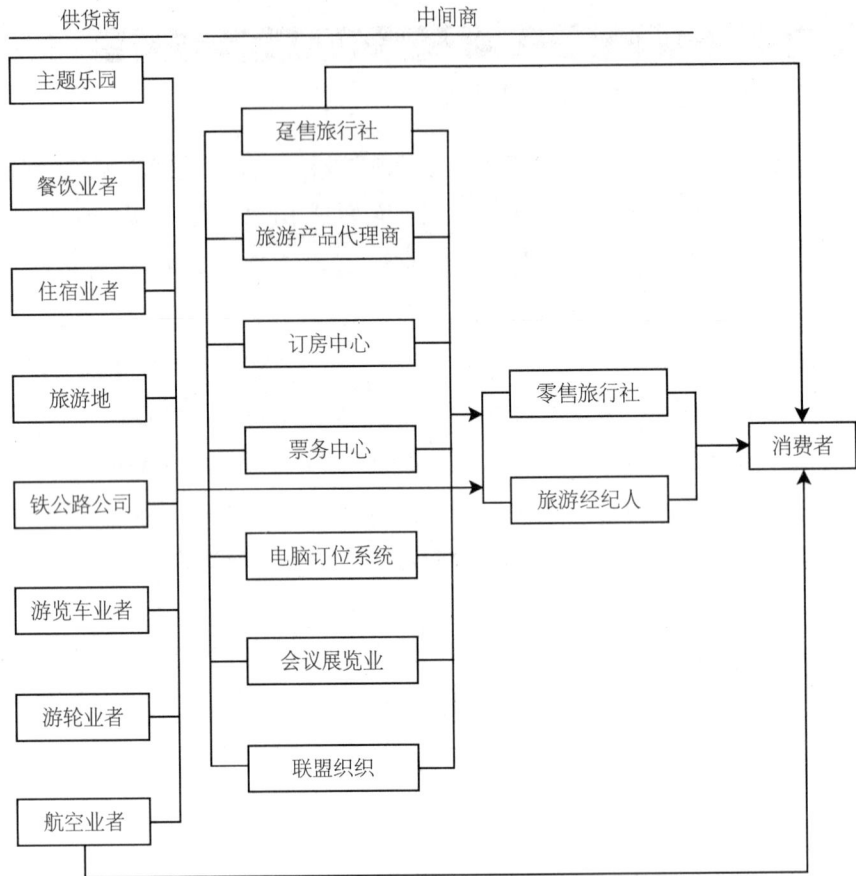

图 11-3　餐旅与旅游产业的通路系统

损益平衡，并从上游业者取得定额的后退佣金或中介佣金，因此经常向航空公司包机、向饭店大量订房或代理游轮产品等，包装成团体套装旅游产品之后再提供给下游的零售旅行业协助销售，或直接卖给一般顾客。同时，旅行业者依赖下游零售业者销售产品，定期提供零售业者相关的专业信息与咨询服务，以维持双方的良好关系，且每逢新旅游市场或新行程开发时，会先举办业者的实地考察团，以利于零售业者日后推广。在中国台湾，套装旅游产品的趸售业务为综合旅行社的主要业务之一。

（2）零售旅行业：零售旅行业又称直客旅行社（retail travel agent），是旅行业中所占比率最高的中间商形态，业务有代售陆海空运输事业的客票或饭店订房、代办出入境及签证手续、招揽或接待个人或团体旅游客、安排导游或领队人员、提供套装旅游或旅游咨询服务等，主要收入来自上游供货商或趸售旅行业的佣金。但是，趸售旅行社与零售旅行社之间常处在一种既竞争又合作的关系；零售旅行社会向批发旅行社买进产品或机位等商品，但趸售旅行社遇到滞销时，又可能跟零售旅行社抢生意，造成"批发肥，零售瘦"的一种矛盾关系，但却习以为常的产业特性。

（3）旅游产品代理商：不少旅游业者的中间商是以代理商的形式出现，如航空公司、高级饭店等往往在不同地区设有代理商处理销售业务。代理商（agent）并不拥有产品所有权，其主要功能在于代表买方或卖方，促进商品交易，然后从中赚取佣金。代理商通常会与委托代理人（即供货商）签订合约，定好代理地区与期限、价格策略、送货服务、订单处理程序及佣金比率等，然后由代理商负责推广销售。委托代理人往往是财力不足以维持销售人力的小型供货商，或想借由代理商打开新市场，或想让产品密集分布的供货商。

餐旅 A 咖

让凤凰展翅高飞的张金明

凤凰旅游为国内首屈一指的旅行社，成立 50 多年来坚持提供最高品质的旅游服务，更为全台唯一上柜及获得 ISO9001 认证合格的旅行社。股价亦如其名，宛若一只往上飞扬的凤凰，屡创新高。资本额仅 3 亿元新台币的旅行社，是如何能在股海中展翅翱翔呢？其主要的幕后推手正是董事长张金明。相比凤凰的绚丽夺目，张董事长如同沙漠中的骆驼，一步一步踏实地缔造凤凰传奇。

"不经一番寒彻骨，焉得梅花扑鼻香"这两句经典古诗将凤凰旅游的发展历程表达得淋漓尽致。创立初期，凤凰遭受到许多变故，如合伙人的撤资、资金不足、股价狂跌，但张金明仍一路挺进，将凤凰带向百元的大关。他开创旅游业小费全包制，改善旅游业领队收取小费的陋习，将小费纳入团费，让顾客免收任何杂费，并提高旅游品质，打造出凤凰特有的物超所值。如此一来，即使团费较一般同业价高，顾客也都心甘情愿埋单。物超所值策略奏效，让凤凰浴火重生，业绩蒸蒸日上。

此外，若是你认为张董事长行事作风较为传统，或决策较不果断，那你就大错特错了。张金明一直以来都依循着"不断前进，挑战最难"的企业精神，在旅游市场上不断地创新、挑战不可能，从计算机化、网络交易、引进旅游业 ISO 认证制度到申请成为上柜公司，众多策略皆令同业啧啧称奇，而这就是张金明，专门做别人不敢做的事。然而，为了避免自己冲刺过快，他以"进两步，退一步，随时回头看，调整好后再出发"为主要经营理念，随时提醒自己，适当停下脚步。企业精神的实践加上前卫的经营理念是凤凰让其他同业望尘莫及的主要秘诀。

张金明休闲时，也不忘多充实自己。他借由不断地出国，让自己拥有更丰富的人生阅历及敏锐的市场眼光。他认为进步追不上世界的脚步，就是一种退步，因此他选择不断地往前迈进。未来，张金明将持续开创崭新的策略，一步一步踏实地寻找凤凰旅游的下一个沙漠绿洲。

（4）订房中心：订房中心（hotel reservation center）是介于旅行社与饭店之间的专业中介机构，主要业务是提供旅行社或个人的饭店客房代订服务。订房中心的功能在于方便各旅行社在经营商务旅客或个人旅游业务时，可依个别旅客的需求直接经由订房中心，取得各饭店的报价及预订客房。同时，订房中心通常利用签订合约的方式取得各地饭店的优惠价格，再将客房转售旅客之后，由旅客持"住宿券"自行前往住宿。订房中心为商务旅客与自助旅行者提供便捷的服务。有些订房中心能够提供全球订房服务，有些着重于各饭店及度假村的代订房业务，有些则坚持只提供具有相当服务品质的饭店，如著名的订房中心"The Leading Hotel of the World"的所有成员都是五星级饭店，且申请加入的饭店必须通过该组织一连串严格的审核。

（5）票务中心：票务中心（ticket center）主要是承销航空公司机票批售给同业，以此为主要业务的旅行社就简称 TC。有些票务中心只代理一家航空公司机票，也有代理二三十家航空公司机票，相当于航空公司票务柜台的延伸，以大量订位或获取佣金等方式赚取利润。

（6）电脑订位系统：电脑订位系统（computer reservation system，CRS）内含航空运送班机时刻表、可订座位、票价及票价规章等信息，且能订位及开票的计算机化系统。虽然计算机订位系统最早是由航空公司联合发展出来，提供旅行社与航空公司的联机作业方式，但在营销通路中却扮演重要的角色，如亚太地区的 Abacus 系统、欧洲地区的 Amadeus（阿玛迪斯）系统、美洲地区的 Galileo（伽利略）系统等，不仅是航空订票与开票的系统，同时已经变成 24 小时全年无休的全球订购系统，能够预订游艇、套装旅行、饭店、租车、餐厅、主题公园等票券，并提供相关的旅游信息。

（7）旅游经纪人：旅游经纪人（travel broker）是介于消费者与旅游相关行业的中间者，为一独立经营的专业中介人，并经主管机关考核与认证发照，能够自行开业服务，主要功能是撮合买卖双方，帮助双方议价，交易成功后向雇用的一方收取佣金；他们不握有存货品，不牵涉任何财务融资或负担风险。同时，旅游经纪人提供给旅客的服务不止一家旅行社或航空公司的产品，也帮旅客分析与评估各种不同的旅游产品，能提供消费者更专业且多元的选择。目前中国台湾虽未有相关证照，也不允许旅游经纪人独立作业，但旅游相关业者却已有极大需求，而在旅行业中存在的个体户、靠行者，实际的工作内容就类似旅游经纪人。

（8）会议展览业：会议展览业（meeting，incentive，convention and exhibition，MICE）主要是为一般企业、团体、非营利组织、教育机构与政府部门等设计、安排并规划会议或展览场地、议程等相关服务事宜，接待参与会议与展览的旅客，包括纯会议性质以及结合会议与旅游的形态。会议展览产业在中国台湾尚属萌芽阶段，近几年才开始崭露头角，例如，在商展方面，中国台湾电脑展的参展规模为亚洲第一、全球第二，2011 年约 1800 家厂商参展，有 5300 个摊位，比 2010 年的规模增长 8%，吸引超过 12 万人参观，缔造超过 250 亿美元的商机，因此极具发展潜力。

（9）联盟组织：联盟是旅游与餐旅业成员基于彼此共同利益的结盟，而营销通常是形成联盟的重要原因。联盟让业者在所有权和管理上独立，同时得到联合营销的优势，而联盟成员则为这些服务支付入会费与年费。联盟通常能够提供更广泛的营销服务范围，且借由彼此资源互享的方式让业者免除单打独斗的辛苦。例如，旅行社常因人数不佳而无法成团，因此经常由数家业者共同规划设计套装行程（PAK），由其中一家旅行社担任操作中心，共同销售并出团；星空联盟（Star Alliance）是一个最大的国际性航空联盟，主要的合作方式包括扩大班号共享（code-sharing）规模，里程累积酬宾计划（frequent flyer program，FFP）的点数分享，航线分布网的联连与飞行时间表的协调，在各地机场的服务柜台与贵宾室共享，与共同执行活动提升形象等。

11.3　通路设计的考虑因素

企业在设计通路时，涉及通路阶层、市场涵盖密度、中间商选择等决策，以下就企业本身、市场、中间商与产品等构面，说明这些决策的考虑因素。

11.3.1　企业本身的因素

通路设计牵涉到企业本身的因素，包含下列三项：

（1）企业目标：通路是企业目标与策略底下的一个环节，因此任何通路设计都应考虑如何配合总体策略，协助企业达到目标。例如，万豪国际集团（Marriott International Inc.）以"全球旅馆业的领导品牌"为目标，在全球各地拥有近 3000 间饭店，标榜多样风格的品牌特色，对于饭店的设置地点与品质等，有相当严格的评估，并不轻易设点。但是，有些连锁店业者为了尽快增加现金收入，未经仔细评估就以宽松条件吸收加盟金，到处布点，这当然符合公司的目标，但就永续经营观点而言，不无商榷之处。

（2）资源：企业在设计通路时应该考虑本身的人力、资本、专业知识等资源。如果公司资金不足，加上营销与业务销售能力薄弱，那么在服务据点的设立上就应相当保守，这时或可考虑委托他人代理等方式来耕耘市场。

（3）对通路的控制：通路设计与企业对通路控制的意愿有关。控制通路的主要原因是减少通路成员的牵制，更直接地掌握客户资料，比较容易掌控产品的定价、存货等。一般而言，采用直销、网际购物或其他较短的通路来销售产品，对通路控制的力量较大。

11.3.2　市场因素

通路设计所牵涉到的市场因素如下：

（1）购买数量：当买方的购买量很大时，通路较短。例如，由于有些公司的订房量较大，饭店乐意直接派业务人员与公司签约折扣订房。可是，对于个人的小量订单，无论就行政成本、人员配置等来看，直接销售则不太经济，因此通常会通过订房中心或旅行社等销售。

（2）购买者数目与集中程度：当购买者的人数不多或地理分布相当集中时，接触这些购买者所耗费的时间与成本（如旅费）不会太多。相反地，当购买者人数众多或分布过于分散时，接触的成本则偏高。因此，前者的通路比后者的通路还短，也比较适合使用人员直销的方式。例如，新竹科学园区客户相当集中，数量可观，针对这市场的旅馆可以由业务人员直接到园区找厂商洽商。

11.3.3　中间商因素

通路设计需考虑下列中间商因素：

（1）中间商的素质与形象：有时候，虽然可以取得中间商，可是却因为其素质不符合标准或需要，而必须设法另外建立通路。例如，有些批发旅行社通过零售旅行社销售，但有些旅行社却认为零售旅行社无法发挥售后服务的功效，因此由本身的业务人员直接销售（即零阶通路）。相反地，有些中间商的诉求是高价高品质形象，对于某些强调平价商品的企业而言，也无须"高攀"，而应该另寻其他通路渠道。

（2）中间商带来的获利性：中间商能带来多少获利是企业在考虑采用哪一种通路时的重要因素。例如，有许多知名度、分布据点、聚客能力等都相当不错的中间商，乍看之下似乎是不错的选择，但事实上他们却在品质或价格上要求过高，不少供货商若要完全配合，恐怕无法获利，因此这些供货商宁愿选择其他通路，以免遭受营运损失。

（3）中间商的取得：供货商可能因中间商的意愿、能力，或其他因素而无法取得心目中理想的中间商，而必须另寻其他通路。例如，许多饭店为了想争取顶级商务客群而想成为订房中心"The Leading Hotel of the World"的成员，可是却因服务品质审核不过等因素未能如愿，因此必须通过其他通路方式销售。

11.3.4　产品因素

与产品有关的通路设计考虑因素如下：

（1）复杂程度：复杂的产品需要说明细节与售后服务，因此这一类的产品多采用简短的通路，如奖励旅游这种通常借由业务员直接与公司接洽。而简单的套装团体旅游产品则多采用较长的通路，通常会通过批发商、零售商等较长的通路销售。

（2）单价：一般而言，高单价比低单价的产品有较短的通路。例如，高价位的豪华邮轮大都通过地区性的代理商，由代理商和顾客直接打交道。相反地，主题乐园的门票一般不仅通过批发商、中盘商、零售商等销售，且也利用商超、书局等门市销售，因此通路较长较广。

11.4　商业区域、商圈、服务地点选择

在旅游餐旅产业中，服务地点的选择相当重要，尤其是对旅馆、餐厅、游乐园等，更是如此。服务地点的决策涉及商业区域与商圈这两个观念，然而这两个观念的意义却经常被混淆。在日常用语或媒体用字上，我们经常可以听到或看到如台北的天母商圈、台中的自由商圈、高雄的五福商圈，或是关子岭形象商圈、溪头形象商圈等字眼。这里所谓的商圈，是指消费者会前往逛街购物的、由一群商店聚集而成的地理区域，也就是商业区域。然而，学术界对商圈（trading area）的定义是"一家商店的顾客所分布的地理区域"，也就是客户的来源范围。例如，当我们说某家商店的主要商圈在方圆一公里之内，意思是它的顾客主要是来自方圆一公里之内的区域；当我们说"淡水线捷运线通车之后，淡水镇商家的商圈扩大了"，意思是由于交通的便利，更多台北市民会到淡水旅游与消费，因此使得淡水商家的顾客分布变得更广。为了区别与方便说明，本书将采用学术界的定义。

11.4.1　商业区域的类型

商业区域（commercial district）是由一群商店所形成的地理区域。按照顾客背景、顾客流动性等因素，商业区域可以分为以下几种类型：

（1）都会型：都会型商业区域是指都市中许多人（包含都市居民与外来游客）的主要购物、休闲、娱乐的地方，如台北市东区、西门町、台中中港路以及高雄市三多三路一带等。

（2）社区型：社区型商业区域的零售业以服务该社区的居民为主，例如，台北市的民生社区、桃园的国泰社区、高雄的尖美社区等。

（3）办公型：办公型商业区域的零售业以服务该区域内上班人员为主，通常白天生意比晚上好，如高雄中正路、台南市中正路等。

（4）转运型：转运型商业区域内的人潮主要是因为交通工具转运而来，因此顾客逗留时间不长，如许多都会与城镇的火车站附近区域。

（5）校园型：校园型商业区域内的顾客多以学生或教职员为主，寒暑假生意较差，如

台湾大学对面的公馆、紧邻成功大学的胜利路及大学路等。

（6）游乐型：游乐型商业区域的顾客多以游客为主，人数随季节与气候变化，生意较不稳定，如垦丁、日月潭等风景区。

（7）夜市型：夜市型商业区域的顾客多为附近居民，也有远地慕名而来的，晚上生意比白天好，如台北市士林夜市、饶河街夜市、基隆庙口夜市、嘉义文化路夜市等。

了解商业区域的分类及其意义有助于许多服务业营销管理的决策。例如，在决定服务地点时，营销人员应该考虑所销售的产品最适合哪一种商业区域内的顾客；或是某家企业拥有三个连锁店据点，分布在都会型、社区型与办公型的商业区域内，这家企业应该思考店面的装潢、产品特性与组合、服务方式、营业时间、推广方式等，是否因不同的区域而调整。简而言之，商业区域在店面管理实务上是重要的考虑因素。

11.4.2 商圈的类型与影响因素

根据顾客所占的比率，商圈可分成三类：主要商圈、次要商圈与边缘商圈（见图11-4）。当然，图11-4只是为了方便说明而绘制的。由于影响商圈形成的因素很多，实际的商圈形状可以是任何不规则形。以下说明这三类商圈：

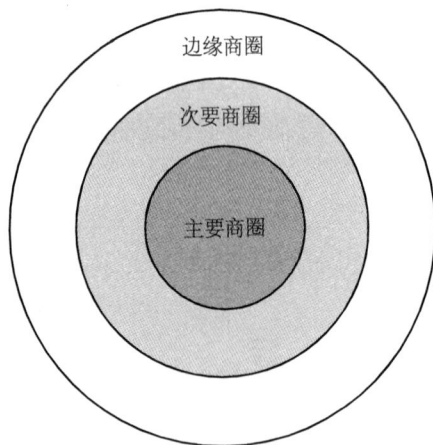

图 11-4 零售商圈的类型

（1）主要商圈：主要商圈是最接近商店并拥有最高密度顾客群的区域，涵盖了大约七成的顾客。例如，桃园南崁的台茂购物中心大约七成顾客是来自桃园县与新竹县市，那么桃竹地区就是台茂的主要商圈。在主要商圈内，商店具备易接近性的竞争优势，足以吸引顾客前往惠顾，因而形成非常高的顾客密集度；就理想的情况而言，一家商店的主要商圈最好不会与竞争者的主要商圈重叠。

（2）次要商圈：次要商圈位于主要商圈向外延伸的区域，涵盖了大约两成的顾客，顾客密度较小。例如，假设台茂购物中心扣除了主要商圈内的顾客，发现其余大部分的顾客是来自台北县市与苗栗县，则这些区域就是次要商圈。一家商店对其次要商圈的顾客仍具有一定的吸引力，但须与其他竞争者争取顾客。

（3）边缘商圈：边缘商圈的顾客密度很小。这些只占大约一成的顾客也许是临时起意或是忠诚度很高，才会大驾光临。承续以上的例子，台北市以北、苗栗以南以及东部地区，可以说是台茂购物中心的边缘商圈。

将商圈分为以上三类，主要是让企业了解不同顾客来源的重要性，以便作为营销规划与执行的参考。例如，在企业资源有限的情况下，促销活动可能仅限于主要商圈；在主要商圈内的竞争过于激烈，市场趋于饱和的情况下，应该研究如何针对次要商圈拓展业务；当主要商圈的人口结构或消费习性发生变化时，零售商的营销组合也应该审慎应变等。另外，在设立服务据点时，企业应该针对每个据点方案，了解可能的主要与次要商圈，以及这些商圈与竞争者的重叠性等问题，才能对地点选择有更周密的考量。

营销人员除了应该了解不同商圈内的顾客与竞争者特性，也应了解商圈的形成与范围大小受到哪些因素的影响。相关的影响因素如下：

（1）地形：河流、湖泊、山丘、丛林等自然地形影响一个地方的桥梁、道路等基础建设以及人们前往该地购物的意愿与能力，进而影响了商圈的形成与范围。例如，某商店的北边不远处虽然人口密集，但却隔着大片树林与溪流，使得该地区只能成为次要或边缘商圈。

（2）交通：交通建设影响消费者的购物时间与精力成本，因此商店所在地的交通越便利，越能吸引消费者前往购物，其商圈也就越大。例如，台北市捷运通车之后，由于市民的流动量增加，流动范围扩大，因此使得捷运站邻近商店的商圈也跟着扩大。

（3）商店组合：一家商店附近的商店组合会影响这家商店的商圈大小。如果一个地区的商店组合多样化或是形成互补关系，消费者会因为一次购足的方便性而乐于前来，因此会扩大个别店家的商圈范围，如购物中心就是依赖商店的多样性来拓展商圈。

（4）竞争者：当一个地区销售类似产品的竞争者众多，可能会瓜分原有的市场，使得某家商店的商圈缩小。但也有另一种情况，当销售类似产品的商店聚集在一起时，由于商品种类完整，方便顾客比较选购，而形成强大吸引力，使得远处的消费者也愿意前来，因此扩大了每一家商店的商圈。例如，彰化县田尾镇的"公路花园"集合了数十家园艺相关商店，每到周末与假日就吸引了许多邻近县市的居民前往旅游与采购。

（5）商品种类：商店内的产品种类会影响其商圈的大小。拥有昂贵、特殊商品的商家，商圈相当广泛，因为产品具有相当高的价值与风险，而且多采用独家式配销，消费者愿意花许多时间到远地的商店购买。较为平价的、普通的产品，商圈较小，原因是人们不愿费时搜寻与采购，而只会在邻近的商店购买。

（6）营销策略：营销策略会影响商店的吸引力、消费者光顾的意愿等，因而会影响商圈的规模。例如，产品组合越广或越有特色、价格越低或推广活动越积极，就越能吸引较远的顾客而扩大商圈。许多量贩店就是凭着产品广度、价格低廉、促销优惠等，而创造了比许多商店还广大的商圈。

11.4.3　服务地点选择

曾经有人戏谑地说，服务地点的成功关键因素有三项：地点、地点、地点。虽是戏谑之言，却也表现出商店立地决策的重要性。虽然大部分业者选择开店地点时，最爱人潮聚集、交通便利及坐落位置良好的店面或卖场，但在产品特性、诉求客层、经营成本以及可用资金等方面的考虑下，不同的行业对店面或卖场的需求并不相同。另外，地点的优劣也因服务形态而异，如对便利商店而言，附近的家庭户数越多越好，且最好避免设立在竞争对手旁，但对百货公司而言，附近住户的数量却不甚重要，而且设立在竞争对手旁可能是阻力，也可能是助力（百货公司的群集可能带来更多人潮）。由此可见，要提出一个适用所有服务地点选择的详尽决策方式，相当困难。以下的流程与评估架构（见图11-5）仅提出一般的原则：

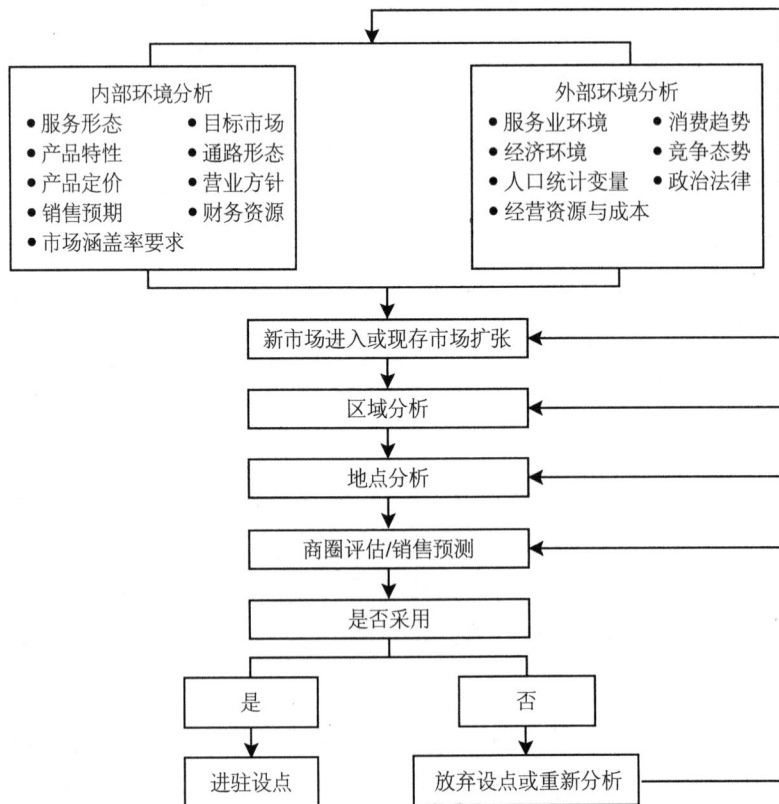

图11-5　服务地点选择择决策流程

环游世界

在清迈的林野间发呆，是一种奢侈

1995年，专营高级旅馆的四季饭店集团选择在泰国清迈北边的Mae Sa山谷间建造一座近乎完美的"世外桃源"。于是，全球十大尊贵度假村之一就在亚热带的山林间诞生。

"清迈四季饭店"仅有64间客房、17栋独栋的villa，建筑风格以700年前泰北的兰那王朝（Lanna）为蓝本。打开这里的任何一扇窗，从眼下的田野，到天际的远山，集合了天下所有的绿，有墨绿、翠绿、淡绿、黄绿。走在这里的石阶步道上，身边是翩然起舞的彩蝶，耳际是清脆悦耳的鸟鸣，伴奏的是淙淙溪水声。围绕饭店四周的大片稻田是为了塑造气氛特意栽种的，40位农民每天早起下田，夜晚时则在田间点上盏盏油灯，营造出专属于泰北的田间光影。于是，在这里发呆，也是一种奢侈。每一位来到这里的旅客，都不愿离开；即使离开，心也还留在这里。

如果没有泰北的山林、苍绿、历史、文化，就没有清迈四季的美好。但是，如果没有清迈四季的美好，泰北的一切也是枉然。

（1）内部环境分析：企业必须分析本身的商店形态（如旅馆、旅行社、餐饮店）、目标市场、产品特性、产品价位等，才能在地点选择上有更周密的考虑。例如，高级旅馆与餐厅应该更需注意地区安全性、附近商家的形象等；针对背包客的旅馆应留意地点的交通便利性等。另外，不同区域有不同的租金与营运成本，因此财务资源也是立地决策中的重要考虑因素。

（2）外部环境分析：外部环境分析主要在于了解企业所掌握的机会与面对的威胁。某个区域的经济环境、对特定产品有无法令上的规定、人口结构与特性、竞争者数目与经营手法、消费趋势与潜力、经营资源（如人力）与成本（如租金、水电）等，都是重要的考虑因素。

（3）新市场进入或现存市场扩张：在了解企业的优缺点及市场的机会与威胁后，对于新市场进入或现存市场扩张，就能有初步的决定，以利于下一分析步骤的进行。企业若是第一次开店，则属于新市场进入，而已经有开店经验的，除了在同一区域以复制手法拓展店铺外，也可能因计划到不同区域开店，而面对新市场进入的考虑。

（4）区域分析：区域分析包括划定几个可能的商业区域、确立商店设点的条件要求（如家庭户数、交通流量、停车数量）并进行评估等。例如，餐厅在设点时，对于区域的要求必须是达到一定程度人口数、交通流量达到基本标准等，然后选出几个符合各项条件的区域，再进一步筛选其中较适合的区域。

（5）地点分析：地点分析则以确定的区域为范围，以商店所需具备的易近性及实体要素等作为商店坐落地点的决策考虑。例如，某些连锁餐厅或咖啡馆要求坐落在三角窗、店面至少要有 10 坪、承租年限在 3 年以上等基本规定。

（6）商圈评估与销售预测：在选出几个地点之后，接着应该界定出这些地点的商圈，然后预估商圈内的消费潜力、消费购买行为，再配合上各地点的特性与条件（如竞争者），进行销售预测与损益平衡分析，以评估不同地点的发展潜力。

（7）设点决策：最后则是决定是否采用分析出来的地点，如果采用则可开始设点进驻的作业，若仍不满意，则可能放弃设点计划，或从决策流程中的某一程序重新再开始评估，以得出满意的地点。

课后习题

基础习题

1. 通路对于旅游餐旅业有何重要性？

2. 旅游与餐旅通路体系的中间商有哪些？

3. 通路设计中应考虑的市场因素有哪些？

4. 何谓垂直营销系统？在旅游餐饮业中如何运用？

5. 根据顾客密度，商圈可分为哪三类？商圈的形成与范围大小受到哪些因素的影响？

应用习题

1. 假设你开一家平价火锅店，请利用 3~7 天在你中意的地点观察那里的商圈形态、人潮动向与过往，并运用书中的服务地点决策流程评估这一地点的可行性。

2. 请收集两家餐饮连锁店的加盟资料，并比较其加盟方法与条件有哪些不同的地方，以及哪些加盟条件较吸引你。

12 旅游业的推广决策

本章主题

从本章的"遇见创意"可以发现，其实台北故宫有非常丰富的、兼具文化与商业价值的资源，只要用心设计与规划、配合对的推广策略，消费者将会接触到并接受故宫所提供的"价值"。本章的焦点在于推广，架构如下：

1. 概论：概述推广的意义、重要性和目标，并了解沟通的过程。

2. 推广组合和整合营销沟通：介绍推广工具和整合营销沟通。

3. 广告：介绍广告定义、目的以及信息诉求和手法。

4. 促销：介绍促销的定义、特性和种类。

5. 人员销售：探讨人员销售的意义、角色和过程。

6. 直效营销：介绍直效营销的种类，包含邮购和型录营销、电话营销以及电视和广播营销。

7. 公关：探讨公共关系的特色、重要性与建立方式。

遇见创意

物换星移，依旧震古烁今

当北京正大举修复紫禁城，准备向世人宣告皇朝荣耀之际，台北故宫——这个拥有 65 万件华夏典藏的博物院正在做什么？台北故宫试图走完全不一样的方向，用当代的智能、创意、美感和科技，让几千年来的华夏文物创造出中国台湾的新文化，让故宫活起来。

所以，台北故宫积极和当代各个领域对话、激荡，连接商品设计、纪录片、电影、数位科技，以"Old is New"的概念展现其风华。于是在衍生商品的设计营销上有了 2005 年的"法蓝瓷故宫系列"；2007 年和意大利设计品牌 ALESSI 合作的"清宫家族"、"东方传说"两系列的家用精品；2008 年的翠玉白菜娃娃、罗汉公仔及清明上河图当包装的蛋糕。很多原本意想不到的"于是"，让台北故宫变成充满美梦、新鲜、惊喜和想象力的地方。

台北故宫更将空间开拓运用得淋漓尽致，营建台北故宫晶华餐厅，建筑外墙使用中国陶瓷冰裂纹的窗棂帷幕与湖水绿的内衬玻璃，将自身融合于台北故宫特有的风格里。餐厅内部包厢的命名与设计、菜肴命名与造型的灵感都来自于台北故宫的书画文物，如"兰亭居"、"白石居"，可见包厢的装饰与摆设，都与包厢的名称互相呼应。"国宝宴翠玉白菜"、"弦纹鼎佛跳墙"这些独具典故的命名，让饕客在品尝菜肴之时，还能诗情画意，徜徉在古典和现代带来的冲撞火花中。

文物因为人而有价值和意义，因为从"人的角度"重新检视博物院的价值，所以台北故宫可以是创意的、人文的、互动的和高科技的，更重要的是人们来台北故宫是为了"体验"的。所以文物的角色不再只是奢侈品、教育品，更是"消费品"，人们消费的便是一种生活风格、一个闲情品茗的午后、一场浪漫的约会。于是故宫授权开发系列文具、礼品、首饰、衣物、精品和厨房用品等；以现代简约风格重新演绎乾隆书斋"三希堂"而成的四楼茶馆；在中秋节的月色中，举办"情定故宫"的情人节活动。

现在，台北故宫不只是博物院，更像"经济复合体"，激发更多的文化创意，生动的和这个世代产生联结，用自己的定义传承文化。

引　言

2011 年，艺人在关岛结婚的照片在媒体上大量曝光后，撩起许多中国台湾民众飞向关岛结婚的念头。只要 Google "关岛结婚"，立刻跳出 50 多万笔资料，其中很多是网友的亲身经历，这些过来人巨细靡遗地实践"有图有真相"的宗旨，描写婚礼相关的细节，内容令人叹为观止。网友林晓钟在部落格（http://imro.pixnet.net/blog）里就真实记录她在关岛结婚的点点滴滴，例如（涉及公司名称之处以代号表示）：

中国台湾做关岛结婚全套的旅行社，比较大的两家是 XX 和 OO，两家的教堂也都不太一样。我和慧君两家都去参观过，老实说，对 XX 的印象不太好，所以选择了 OO。原本想要选择关岛蓝水晶教堂（好像是叫这个），但是价格比较贵，还有一些有的没有的规定，所以最后作罢。选择了这次的希尔顿水晶教堂，基本上，首先要选择教堂和旅行社。

另外，她提到关岛的婚庆公司：

关岛的婚庆公司都是日本人开的，所以比较死板，不能变通。婚礼流程当中有人在唱歌，我想要拿掉，但是她们就不肯，所以比较有主见的新人要有心理准备。另外，结婚进行当中不能拍照或摄影，如果想要摄影留下回忆，只能雇用当地的摄影公司，一共要 165 美金，真的很吓人。

我和小明考虑很久，还是把钱砸下去了，但是到现在都后悔万分，因为摄影师很差，从头到尾一镜到底，所以很大部分看到小明的背面，然后都照不到我这边的亲友，反正很烂。

不收钱的博客文章，尤其描述的是自己的亲身经历时，格外真实而具说服力。对这些博客而言，只是想要借由网络记录自己的重要里程，也和亲朋好友分享自己的喜悦。但是对厂商而言，使用者的 PO 文，就比自己讲得天花乱坠的广告更有说服力，这字字千金正左右着潜在市场的决策。

12.1　推广：概论

本节主要是鸟瞰推广的整体面貌，首先说明推广的意义、它对营销的重要性以及目标，接着说明沟通的过程与组成成分，以期加强读者对推广的认识。

12.1.1　推广的意义与重要性

营销组合中的四大功能各有其焦点。产品的焦点是利益，价格是取得产品的成本，而通路的焦点则是取得产品的方便性。然而，企业该如何表达产品利益？如何让消费者心甘情愿掏钱购买？如何告知消费者到哪儿可获得产品？产品再好、价格再便宜、通路再方便，如果没有适合的方法或渠道让消费者明了，都是枉然。向消费者说明、让他们明了的任务，就落在了推广上。

推广（promotion）是将织织与产品信息传播给目标市场的活动，它的主要焦点在于沟通（communication）。例如，旅行社的网页上闪着"恋恋普罗旺斯花香，五月大清仓现省8000"；街道上工读生发的传单上写着"最地道的意大利料理，两人699吃到饱，每天限量50位"；水上游乐园的电视广告重复播放"10点前穿比基尼入园，半价"。不管现代人喜不喜欢，这一切的推广活动已经在不知不觉中天罗地网地将我们包围。

通过推广，企业试图让消费者知晓、了解、喜爱或购买该产品，进而影响产品的知名度、形象、销售量，乃至于企业的成长与生存。有了推广，消费者才可得知产品提供何种利益、价格多少、有何优惠、可以到什么地方购买及如何购买等，而这些消费者反应会进一步协助推动其他营销功能（产品、价格、配销通路）的作用。例如，推广不力的餐厅知名度有限，因此容易被消费者归类为"可能不好吃吧"而使得价格只能在低位徘徊；相反地，知名度高的餐厅在定价上往往有较大的空间。当泰国旅游局的广告越多，越多消费者留意、被吸引，就更刺激旅行社、航空公司销售泰国旅游的意愿，而有利于通路的拓展。

12.1.2　推广的目标

发展推广计划最重要的前两个步骤是确认沟通对象与设定推广目标。沟通对象是谁？他们的人口统计、地理分布、心理与行为特性是什么？他们对于企业所要宣传的产品有什么需求、经验与预期？对于这些问题的了解，将有助于后续推广计划的拟订。在许多推广活动中，沟通对象往往就是目标市场。目标设定之后，才能决定推广组合、设计信息、选择信息媒介等。

所有推广活动的最终目标是希望促使消费者购买。然而，消费者的购买行动无法一蹴而就，必须经历一连串的心理反应，才能产生购买行为。这一连串的心理反应包含知晓、了解、好感、偏好、信念与购买（见图12-1），统称为消费者反应层级（consumers' response stage）或效果层级（hierarchy of effects）。这六种反应构成了推广的目标，目标之间具有前后连贯的关系，而个别推广活动该设定哪个目标，则必须根据产品特性、市场状况、消费者对于产品及公司的印象等来决定。

消费者反应层级　　　　　　推广目标

```
┌──────────┐
│   知晓   │      (提高产品知名度)
└──────────┘
      │
      ▼
┌──────────┐
│   了解   │      (提供产品信息)
└──────────┘
      │
      ▼
┌──────────┐
│   好感   │      (塑造美好的形象)
└──────────┘
      │
      ▼
┌──────────┐
│   偏好   │      (强调本身相对于竞争者的优点)
└──────────┘
      │
      ▼
┌──────────┐
│   信念   │      (加强消费者的购买信念)
└──────────┘
      │
      ▼
┌──────────┐
│   购买   │      (促使消费者采取行动购买)
└──────────┘
```

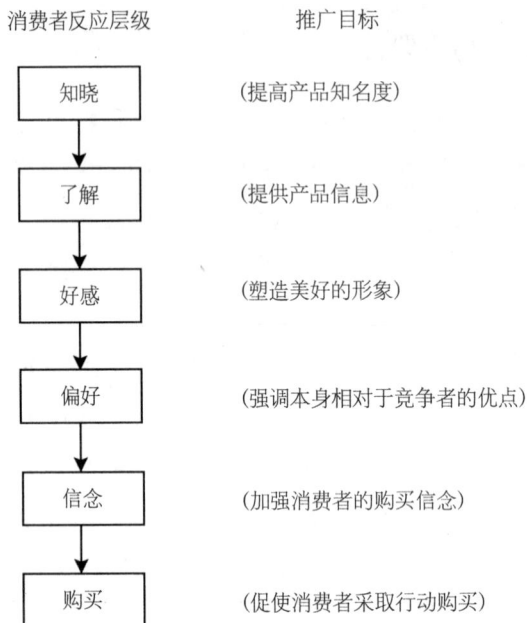

图 12-1　消费者反应层级和推广目标

12.1.2.1　知晓

当消费者没听过某项产品时，便谈不上对于该产品的了解、好感及购买等。因此，对于全新的产品或品牌，或者有很高比例的目标市场仍对该产品感觉陌生时，推广的目标就应锁定在提高消费者的知晓（awareness），即产品知名度。

以知晓为目标的推广，经常会强力且密集地播放信息，以及采取生动独特的表现手法。例如，新开的餐厅在第一星期内每天在街上请路过的民众试吃现做的料理；马来西亚旅游局通过有奖征答活动，让中国台湾网友更了解马来西亚旅游局提供的服务，以及丰富的马来西亚旅游信息。另外，一些广告希望借由代言人本身的鲜明旗帜，联结产品特性并且带动产品的知名度，例如，因偶像剧"小妹公主"在韩国拥有许多粉丝的飞轮海团体，连续三年担任中国台湾旅游代言人，旅游主管部门驻韩办事处天天接到影迷打电话询问偶像剧的拍摄景点。

12.1.2.2　了解

有些产品或许已有相当高的知名度，但是消费者却对它不够了解，所以无法形成长远而深刻的印象。在这种"知道可是不懂"的状况之下，推广活动有必要提供足够的信息，才能促进消费者对于产品的了解（knowledge）。

这一类的推广目标有个特色：注重以文字、语言、图案、画面等来说明产品的特性。例如，大家都听过迪拜有个"很贵的"帆船饭店，但是对于它到底凭什么一晚要价四万元新台币起、何以人称七星级，大多数的消费者却不甚了解，此时旅行社会辅以图片、录像、中国台湾其他旅游客的照片、旅游心得等方式，有形化迪拜旅游的特性，促进消费者了解。

12.1.2.3　好感

消费者如果只是知晓和了解产品是不够的，如果对这个产品感觉平淡，甚至是反感，则购买的机会将不乐观。因此，有些推广活动的目标在于促进消费者对产品的好感（liking）。

环游世界

教育游客、争取好感，旭山动物园大逆转

成立于 1976 年、全日本最北端的动物园旭山动物园原本濒临关门边缘，后来决定改变服务流程，创新动物园内"观赏动物的角度"，建立"动物行动展示"，打破人和动物传统的参观模式，终于成为日本游园人数最多的动物园，每年平均接待 300 多万名游客。这个精彩的故事还改拍成电影，让人们见识到创意与推广的重要性。

旭山动物园的"动物行动展示"创举包括让企鹅飞上天（在企鹅的泳池底部建造透明走道，让人抬头即可看到企鹅犹如飞翔的泳姿）；在游客兴趣缺乏、多数动物活动量都很低的冬季，开放游客以几步的距离"就近"在步道两侧夹道欢迎"企鹅散步"；北极熊馆则有两种观赏方式，一种是看北极熊水中的泳姿，另一个则是从地凸出半圆形的透明球体观景窗，让人从地面下方向上伸头从窗内向外看，以便就近观赏又不打扰北极熊的作息。

动物不是训练来取悦人们的，旭山动物园在不打扰动物作息的原则下，善用改变距离和角度的方式，教育游客就近了解动物的自然作息，强化游客对自然与动物园的好感，因而成为日本游客最多的动物园。

当然，无论推广的目标是什么，产生好感应该是必备的条件之一。观察市面上的推广活动，不难发现有些是有意地将好感列为首要目标。例如，有些餐厅推出"您用餐，我们捐助贫童营养午餐"的推广诉求，让消费者在尚未注意到菜色、价格就先产生做善事的好感；或是情人节到了，各家餐厅都会以巧克力、气球、玫瑰花布置浪漫，极力为情人营造甜蜜。这些感性的手法，显然是在提升消费者对产品及企业的好感。

部分企业在形象受损时，也会以提升好感作为推广的主要目标。例如，华航在频繁的飞安危机之后，努力取得 ISO9001 认证、国际航空运输协会的 IOSA 认证，认证范围涵盖飞航、飞行安全、空地勤服务、营运、营销等全方位品质系统，誓言提供民众更方便和安全的服务，以期挽回消费者的好感。

12.1.2.4 偏好

从市场竞争的角度来看，消费者对产品有所知晓、了解与好感还是不够，更好的情况是偏好我方品牌更甚于其他的品牌。消费者可能对甲、乙、丙三种品牌都有好感，可是却对甲有特别偏好，只要经济能力所及，购买时就会倾向选择甲。

建立偏好（preference）的推广活动，以比较式广告（comparison advertising）最为明显。高铁一系列"高铁前，高铁后"的平面广告，就是以暗喻的方式拿高铁与其他的大众交通工具进行比较，以衬托、强调本身在便利快速上的优势，便是属于建立偏好的手法。此外，一些销售人员在赞扬本身产品的同时，还会在顾客面前批评对手的产品，其动机也是为了建立顾客的偏好。

12.1.2.5 信念

消费者可能对某个品牌有所偏好，但是却没有购买的信念（conviction）。缺乏购买信念的原因包括感觉价格偏高而与产品价值不对称、未有机会试用产品、受到其他人的态度影响、购买时机未到等。因此，为了加强消费者购买信念，推广活动应该设法消除相关的障碍。

餐旅 A 咖

相信旅游即是生活的王文杰

旅游产业近几年来随着有关当局大力扶持、开放大陆游客来台以及网络兴起等影响下，旅游业蓬勃发展，大大小小的旅行社为了抢占商机，个个猛打价格战，唯独雄狮旅行社以十八般武艺应变，推陈出新地结合网络与传统营销手法，依靠形象牌和 e 化策略，取得顾客的信赖。

从原本只有 60 人的小旅行社，到拥有全台 900 多名员工的大型旅行业者，王文杰靠着 10 多年来信息系统的应用，雄狮网站每天吸引约 4 万~7 万的人潮，终于让雄狮旅行社在近几年的获利倍数增长。

雄狮旅行社借助信息系统成立一个"旅游产品发货中心"，目前串联约 7000 个下游经销商，领队和导游都成为雄狮的下线，通过网络的信息透明、方便操作，促使双方交易。举例来说，下游旅行社可以通过网站操作线上订位与订团系统，增加工作效率，不用三番两次打交道；而"线上订团系统"则是发出控团者的信息，业务能够直接通过计算机了解订团的进度，以随时调整推广脚步。

此外，雄狮也跨足网络社群经营，希望能够吸引网络年轻客群，除了邀约知名部落客"工头坚"等人，经营"达人带路"的部落格，也从自家领队之中，选拔独特风格的人创立个人部落格以吸引顾客。

对于全中国台湾的顶级客群约 10 万人，雄狮旅游特地推出直升机之旅和 150 万元新台币的环游世界之旅，此举大受好评，也得以依靠顶级顾客的口耳传递，达到口碑营销的效果。

在旅游套餐行程与网络紧密结合下，雄狮旅游已有超过七成的客户通过网络认识雄狮旅游产品，而线上订购业绩也稳定维持在三到四成之间。虚实整合后，业务量每年持续增长。

然而，不以此满足的王文杰开始寻找下个十年竞争力。2011 年，王文杰成立新事业体"欣传媒"，强调自制、发行旅游性刊物与影音节目，借助旅游节目，大力营销雄狮旅游的产品，期许观众看到节目就会想实际体验、旅行。王文杰认为，旅游已经变成现代人的一种生活态度，雄狮需要从"旅游产业"转型到"生活产业"才有永续经营的竞争力。

某些泰国旅游行程标示有泰国旅游局认证的标章，就是为了强化消费者对产品安全与品质的信念。有些餐厅会在店外标榜曾上过电视知名美食节目，或是张贴报章杂志的报道，这种名人、媒体的正向态度也是一种消费者购买前重要的"敲门砖"。

12.1.2.6　购买

即使有了购买信念，消费者还是有可能迟迟没有购买（purchase）的行动。这时候，促销往往扮演着临门一脚的角色，折扣、附送赠品、折价券、抽奖、累积点数等手法，时常被用来引发消费者的购买行动。例如，为了鼓励民众踊跃参观花博，以达成突破 800 万人的目标，花博总部利用每突破百万人就办派对送大奖的方式，赏花博冲人气的活动也因此受到媒体关注，不时倒数计时以激发民众到花博参访的念头。

以上六种推广目标并非互斥的。也就是，一项推广活动可能同时兼具两个或两个以上的目标。例如，一名旅行社的业务员，除了让客户详细了解产品之外，也可能同时提出优惠条件，以便加强客户的购买信念及劝说客户当场购买。

12.1.3　沟通的过程

推广的焦点既然是沟通，我们就应该了解沟通的过程与组成要素，以便对推广有更深层的认识。图 12-2 是沟通过程的简图，从图中可以看到沟通的要素，以下就营销上的例子来说明：

（1）发信者（sender）：即有意和其他人或组织进行沟通的一方，如电视广告的赞助商、展览会场上的展售人员等，也就是信息来源。一组信息的发信者可能由组织与个人所

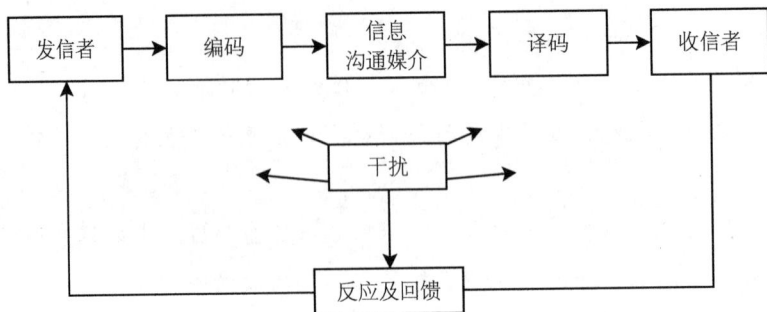

图 12-2 沟通的过程

组成，如一场公关活动所涉及的发信者有活动的赞助企业与活动主持人等。同样的道理，广告的发信人有广告主与代言人等。

（2）编码（encoding）：这是指发信者将所要传达的信息转换成文字、图形、语言、动画或活动的过程，也就是信息制作。例如，旅行社在杂志广告中呈现日本樱花盛开时的浪漫气息；航空公司在杂志广告上展现宽敞的座舱设计；饭店在网站上营造依山傍水的闲情逸致。

（3）信息（message）：信息是一套文字、图形、语言、动画或活动的组合，也就是消费者所看到、听到或感受到的推广活动内容，如展场上的促销广播、海报上的内容、橱窗设计等。

（4）沟通媒介（message channel）：沟通媒介是负载信息的工具，如电视、报纸、宣传手册、户外广告牌、厂商赞助的活动等。

（5）译码（decoding）：也就是信息解读。收信者接受信息之后，会因个人的经验、认知等而赋予信息某种特殊意义，如看到旅行社"常出国的孩子比较聪明"的广告词，有些人的反应是"有道理，出国可以增广见闻自然比较聪明"，有人却想到"出国和聪明有什么关联"，有的可能认为"乱说！常出国，心都玩疯了，哪能专心念书"。在这阶段，收信者的选择性注意与选择性曲解会影响解读结果。前者是指人们不会注意到所有的信息，而只会留意自己有兴趣或需要的信息；后者是指收信者依本身的价值观与思考方式来接收及解释信息，而解释的结果可能会也可能不会符合发信者的原意。

（6）收信者（receiver）：也就是信息的沟通对象，包含报纸杂志的读者、收音广播的听众、电视的观众、活动的参与者、街上行人、一个班级的学生等。

（7）反应（response）及回馈（feedback）：收信者在解读信息之后，会产生某些正面或负面的反应，如对产品产生浓厚兴趣、决定去商场探个究竟、马上集资购买、向厂商抗议广告不实、劝说朋友不要上当等。这些反应会回馈给发信者，以便用来判断沟通的效果，或作为修改信息的参考。

（8）干扰（noise）：上述的沟通过程可能会受到干扰，而造成沟通对象误解信息，甚至无法接收信息等。干扰可能来自天气、其他发信者、收信者、竞争者、沟通情境等。例如，厂商赞助的活动因临时刮风下雨，活动主题无法顺利传递给收信者；餐厅广告的前后出现赞助中低收入户营养午餐的公益广告，导致收信者对鼓吹享受美食的餐厅广告产生压抑；代言人的光芒盖过产品本身，令收信者只注意到代言人而非产品。

良好沟通的条件可以归纳为站在收信者的立场来制作吸引人且容易理解的信息、选取适当的沟通媒介、协助收信者解读信息、设法减少干扰，以及根据收信者的反应与回馈修正信息等。

12.2 推广组合和整合营销沟通

12.2.1 推广组合

为了有效传达组织与产品信息，企业必须将推广工具串联起来而形成推广组合（promotion mix）。常见的推广工具有广告、促销、人员销售、直效营销与公关等，以下简略说明：

（1）广告：广告是由特定的赞助者（如厂商、社会团体）付费，借由电视、收音机、报纸杂志以及户外宣传广告牌等传播信息的沟通方式。广告具有高度公开性与普及性，也就是它重复且公开地传递信息，传播的地理幅员辽阔，所接触到的社会层面也相当广泛。另外，广告是一种非人员的沟通；由于听众或观众不觉得有义务去注意或响应广告，广告无法带来双向的对话，而只是单向的独白。虽然如此，广告却借由声光效果与色彩灵活运用，成为最活泼生动、最引人注目的推广工具。

（2）促销：促销是一种在短期内激励消费者或中间商的活动，如折扣、抽奖、买二送一、折价券、广告津贴等。在各类推广工具中，促销带给消费者的信息最直截了当，且充满诱因，主要是为了加强消费者的购买念头。

（3）人员销售：商店内的销售人员、主动登门造访或在街上拦截路人兜售产品的业务员等，都是属于人员销售。人员销售具有面对面沟通与实时响应的特性，沟通双方可以在第一时间观察到对方的需求及反应，并可快速自我调整。另外，人员销售会产生各种人际关系，从浅显的交易关系到深厚的个人友谊。

（4）直效营销：直效营销利用非人员的接触工具，如电子邮件、电话、传真、信件等，与目标顾客及潜在消费者沟通，以刺激购买。与广告相反，直效营销并非公开传递给大众，而是针对某特定消费者，同时，信息能够因顾客的不同背景与需求而特别设计或快速更新，并且个别地传达。

（5）公共关系：公共关系的主要目的是建立组织的良好形象，采用的方式包括赞助社区活动、开放工厂供民众参观、支持公益活动及争取新闻报道等。公关往往具有不错的可信度，并可用来打动那些对广告及人员销售有防备心的消费者。另外，公共关系也能以戏剧化的效果来呈现组织或产品信息。

其实，推广工具并不限于以上五种。广义而言，任何与消费者接触的企业相关物品都算是推广工具，如名片、货车、产品包装、年度报告、员工制服、来宾纪念品、服务现场的桌椅、电话音乐与留言等，而这些看似微不足道的推广工具也在平日点点滴滴地打开企业知名度或塑造产品形象。因此，营销人员在重视以上五种主要的推广工具之余，也应该留意这些或许可以立大功的"小兵"。

12.2.2　整合营销沟通

推广工具的多样化很容易造成"一人一把号，各吹各的调"。例如，广告上的服务人员制服与现场服务人员的制服明显不同、宣传手册上的企业精神标语有异于活动旗帜上的精神标语、业务人员对产品保证的说法与报纸广告上的内容不符。造成这些混乱现象的原因是推广工具的规划与使用权分散在不同单位，加上各单位对推广目标与信息，甚至是企业的理念、方向与活动没有清楚的了解或一致的看法。

以上的混乱现象削弱了推广的效率，造成推广资源的浪费，甚至造成消费者认知混淆而导致反效果。因此，有学者提出整合营销沟通（integrated marketing communication，IMC）的观念，提议营销人员应该在了解产品与顾客的特性之下，周密规划与整合各类大大小小的推广工具，清楚界定每个工具的表现内容与形式，以便现有及潜在顾客感受到清楚、一致且强烈的信息，也就是，推广组合不应该只是推广工具的拼凑，而是在清楚确定推广的目标与信息重点之下，整合所有的推广工具，以便产生"一加一大于二"的综合效用。

环游世界

政府积极推广，微笑国度拥抱全球

曼谷的苏汪纳蓬国际机场（Suvarnabhumi）于 2006 年启用，是桃园机场的两倍大，每年服务约 4500 万人次，拥有全球第十五大乘客运输量。这座意为"金色大世地"的机场展现了泰国政府的企图：以策略性的地理位置、丰富的文化涵养、南海滨北山景和微笑国民提供的精致服务，让全球的旅客涌入旅游。

新机场只是泰国一连串文化崛起力量的迎宾大门而已。泰国不将外来文化当成冲

击，开放市场引进外资的同时，也擅长以其温柔敦厚的民族个性吸纳外来文化的优点以涵养丰富自身文化，所以这里顶级饭店与大型购物中心林立，全球高级时尚业与国际设计学院进驻；泰国也以融合多元料理的饮食、饭店管理、休闲产业闻名全球，近来更在设计、电影、广告美学上屡屡得奖、崭露头角。这些都造就了世界对泰国的观感以及旅游的意愿。

泰国的旅游局长曾说："我最大的职责就是实现数百万从事旅游业人们的希望与抱负，满足所有怀抱信任造访泰国的游客。"在泰国，负责旅游策略的是旅游运动部；负责营销包装的有旅游局和会议展览局；出口促进厅则为商品和服务的品质把关，颁发泰国品牌的认证。旅游产业占泰国 GDP 的 7%，这不仅靠得天独厚的风景、与生俱来的服务个性和平易近人的物价，更重要的是泰国政府各部善用营销来定位、包装和执行，为世界舞台上的旅游秀负责完美剧本和热卖门票，待顾客上门，任由服务业者尽情发挥。

例如，印度旅游局来台举办印度旅游推广活动，整套的推广活动包含与五星级饭店合作"印度美食季"，另外还有与电影院合办印度宝莱坞经典电影展、与书局合办印度文学系列讲座、与出版社谈妥出版印度旅游及文化相关书籍，以及与航空公司、旅行社合作印度旅游优惠方案等。这些看似横跨不同产业的活动，实则以"印度文化"串联，每个活动的细节都强力传达出印度文化原汁原味的吸引力，如饭店的印度美食季，不只邀请印度大厨料理印度美食，连餐厅服务人员都需身着印度传统服饰，而且餐厅内的装饰布置和音乐都讲究印度华丽的异国风格。

12.3 广告

12.3.1 广告的定义

广告是什么？说法恐怕是五花八门，正面的有"广告是活络商业的必要工具"、"广告是销售的利器"；中立的则是"广告是一种创作、传播和进行说服的商业行为"；当然，也有负面的说法，如"广告是包着糖衣的毒药"、"广告是让人甘心受骗的谎言"等。

姑且不论以上说法的真假对错，这些林林总总的说法显示一个现象：广告已经是我们生活中的一部分，不管我们愿不愿意，它不但左右了我们的购买与消费行为，更影响了我们的日常用语、聊天话题，甚至是思考模式与价值观念等；它受到有些人欢迎，但也被有些人怨恨。在各种营销相关活动中，恐怕没有一个像广告般与大众生活如此密切关联。

我们将广告（advertising）定义为一种由特定的赞助者出资，通过传播媒体上的语言、文字、图画或影像等，针对某个目标群体来进行沟通的推广方式。说明如下：

（1）特定赞助者出资：出资播放或刊登广告者，俗称广告主。最常见的广告主是企业，其他的广告主还包括非营利组织（如政府机构、社会团体、政党、学校）与个人等。

（2）传播媒体：广告是一种非人员的沟通方式，它是通过传播媒体（又称为载具）沟通。常见的广告传播媒体有电视（有线、无线）、广播电台、报纸、杂志、信函及宣传品、计算机网络、电影、VCD与DVD、店内广播、产品外包装、户外展示（如广告牌、高空气球、捷运广告）、赠品（如面纸、日历、记事本、T恤）等。

（3）信息方式：广告信息的方式随传播媒体而有所不同，如电视广告具有声光与动画效果，电台广告只有声音效果，而报纸及杂志广告则是以文字及图画呈现。

（4）目标群体：广告的目标群体包含听众、观众或读者。就营销策略而言，广告最终目的是协助产品的销售，因此广告的目标群体往往就是产品的目标市场。

12.3.2　广告的目的

广告管理的首要步骤是确定"广告的目的是什么"，广告依其目的可区分为两大类：机构广告和产品广告（见图12-3），详述如下：

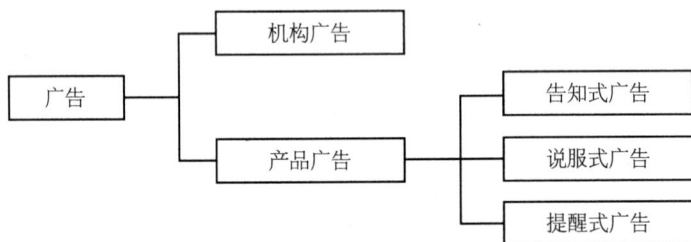

图 12-3　广告的种类

12.3.2.1　机构广告

机构广告（institutional advertising）是用来传达组织的理念和精神、提供组织信息、表达组织对某个事件的看法或是响应外界的批评等，目的在于提升组织的形象与商誉。例如：

（1）2007年F4针对日韩市场推出"wish to see you in Taiwan"的中国台湾旅游广告：在清丽流畅的钢琴声中，F4成员引出台北故宫、掌中戏、天灯和台北101等中国台湾重要的旅游景点和活动，最后由F4一字排开以灿烂微笑说出"wish to see you in Taiwan"。

（2）在新加坡航空的广告里，不一定出现飞机，但一定会出现"Singapore girl"（新航对自己女性空服员的昵称），镜头在世界各大城市之间转换，不变的总是亲切微笑美丽大方、身穿马来半岛改良式传统服装的 Singaporegirl，不论是殷勤递上餐点还是温柔抱起婴儿，随着每次她们美丽的身影和新航 logo 的同步出现，观众好像已经享受到新航的顶级服务。

以上例子中的企业并未直接宣传本身的特定产品或服务，而以提升企业形象为目的，是相当典型的机构广告。

12.3.2.2　产品广告

产品广告（product advertising）所要推广的是广告主的产品或服务。依据广告的主要目的，产品广告可以再分为下列三类：

（1）告知式广告（informative advertising）：这种广告在于推广全新或经过改良的产品，多用于产品的导入期，以增进消费者对产品的知晓与了解程度，又称为开创式广告（pioneering advertising）。例如，新开的牛排店在门口张贴"只选用美国农业局认证顶级的牛肉"的广告；六福皇宫刚开幕时的广告主打每个房间皆使用国际知名的"The Heavenly Bed"（天堂之床），每张床配有五个羽毛枕头与冬暖夏凉的鹅毛被，让顾客仿佛睡在云端上一样舒适。另外，许多诉求"最新配方"、"最新研发"、"中国台湾第一家推出"的广告，都是属于告知式广告。

（2）说服式广告（persuasive advertising）：这类广告多在产品成长期与成熟期出现，主要目的在于加强品牌偏好，劝说品牌转换，刺激消费者欲望与购买等，因此通常会强调品牌的特色与优点；它比告知式广告多了几分"针锋相对"，在促使购买的力道上更加的强烈。例如，旅行社在网站上写道"现时抢购精选行程，两人省 1 万"企图说服消费者尽早购买。某些说服式广告甚至会间接或直接地指出自己比竞争品牌优秀，而成为比较式广告（comparison advertising），如在美国，汉堡王曾推出麦当劳叔叔穿风衣偷偷来汉堡王柜台买汉堡的平面广告。

（3）提醒式广告（reminder advertising）：当品牌已经为多数目标消费者接受与肯定，并产生品牌忠诚度时，广告的目的转变为提醒消费者，不致让消费者对其品牌印象模糊或淡忘，也就是告诉消费者"我还活得好好的，别忘了我"。这类广告通常出现在产品成熟期，甚至是衰退期，而提醒的项目包括品牌的地位、利益、悠久的历史、故事等。例如，即使拥有丰富中华文化珍宝的台北故宫，还是会制作以台北故宫珍宝为主角的动画宣传影片，以吸引更多人对台北故宫的兴趣，为的就是避免被遗忘。老字号的东南旅行社在 48 周年庆时，在各门市和网站上都强力放送广告，并推出酬宾大礼，赠送价值 200 万元新台币的奖品。

12.3.3 广告信息

广告信息是指消费者所接触到的广告文案（含广告口号、主标题、副标题、文字铺陈、对白）与图案（含人物、景观、构图、颜色），它也是让广告人员发挥创意之所在，因此广告信息的决策常被称为广告创意策略。在广告信息决策之前，营销主管或广告人员必须先设定广告目标与确认广告预算。广告目标是指"要在多久时间之内，让哪些人或哪个市场，产生什么反应"。广告信息的课题相当广泛，包含信息的产生、筛选、采用、信息结构安排等，讨论这些课题已经超出本书范围，以下仅说明信息诉求与表现方式。

信息诉求（message appeal）又称为广告主题（advertising theme），是指广告的主轴或焦点。信息诉求是广告制作中的灵魂，它一旦确定，之后的表现方式、广告物的安排（如标题、文案与图案如何安排）等才能确定。广告实务界经常提到信息诉求要有 USP（unique selling proposition），也就是独特销售主张（或更白话一点：独特卖点）。USP 的概念表示广告应该要有意义，也就是能够传达产品的利益，让消费者觉得某种问题得以解决，或某种需求得以满足；同时，广告也应该提出与他人不同的、但却可以信赖的主张。

信息诉求有理性、感性与道德诉求三大类：

（1）理性诉求（rational appeal）：理性诉求的信息在于传达产品有哪些特点或功能、能为消费者带来什么利益等，它可能着重产品的价格、品质、性能等，也可能强调产品对消费者健康、财富、知识、个人成长、家庭和乐等方面的好处。例如，饭店会在网站上标示每间房间的坪数、基本设备，甚至连床的尺寸都会清楚标示。

（2）感性诉求（emotional appeal）：感性诉求的广告试图深入消费者的心坎，以营造正面或反面的情绪，如疼爱、浪漫、欢乐、荣耀、仰慕、愤怒、悲哀、恐惧、愧疚、羞耻等，以便结合产品的某些重要特性。例如，航空公司的广告多以美丽亲切的空姐带给消费者宾至如归、被细心服务的感觉。另外，热带岛屿的旅游广告上总是出现碧海蓝天衬着棕榈树摇曳的海边，加上身着比基尼的热情女郎，让消费者感觉出放松欢乐的情绪。

（3）道德诉求（moral appeal）：道德诉求的信息着眼于传达社会规范，告诉大众什么是正确的或错误的行为，因此最常出现在公益广告中。例如，六福集团经营的饭店以环保、减缓暖化为道德诉求，在客房内以小卡片宣导房客，自 2008 年起不再提供任何抛弃式个人盥洗用品。

当然，一份广告的信息可能混合不同的诉求。例如，老字号的旅行社会强调自己的费用合理、品质有保证（理性诉求），还会暗示消费者"羊毛出在羊身上"，贪求小便宜很可能会在出团之后吃闷亏（恐惧诉求）。

信息诉求要通过某种手法表现出来。信息的表现方式相当多样而丰富，彼此之间并无互斥，许多广告都混合了多个表现方式。信息表现方式有下列几种：

（1）生活片段：在广告中将产品的使用与日常生活结合，以利于勾起消费者记忆，引发注意，并拉近和消费者的距离。例如，Club Med 的广告以全家旅游时的灿烂笑容勾起消费者对上次全家旅游的美好回忆。

（2）生活形态：广告显示产品使用者过着什么样的生活。例如，饭店 SPA 服务的广告呈现消费者在清新淡雅的环境里接受专人服务时的放松和悠闲感。

（3）美好形象：广告的内容给人留下温馨、平和、美丽等印象。例如，加拿大旅游局的广告以壮阔的落基山脉、湛蓝清澈的湖泊为诉求，让人对加拿大的恬静和自然感觉到身心舒畅、内心平和澄静。

（4）幽默好玩：也就是会让人会心一笑的广告。例如，肯德基一系列"这不是肯德基"的幽默广告。

（5）科学证据：提出产品获奖证明或公正团体检验产品的结果。例如，航空公司提出国际安全认证作为品质的保证。另一种证据常用在饭店的星级或是餐厅的评鉴，如米其林餐饮指南给予餐厅的星星，就被很多餐厅奉为至高无上的荣誉。

（6）现身说法：包含知名人物代言或使用者见证。例如，旅游主管部门仿效澳洲大堡礁征求岛主的概念，补助五十组全球旅游达人来台旅行四天三夜，条件是各组必须在网络上写下"中国台湾游记"，以见证中国台湾的美。

（7）产品个性化：赋予产品某种个性，以吸引认同这种个性的消费者。例如，在迪拜帆船饭店的网站上，可发现大厅、客房大量金色红色装饰，呈现金碧辉煌的宫廷设计，吸引喜欢阔气奢华享受的消费者上门。

（8）卡通动画：以卡通有趣活泼的造型传达产品信息。例如，知名卡通人物哆啦 A 梦担任日本第一届卡通大使，借此向世界推广日本卡通文化。

（9）想象：通常是以超现实的手法表现产品特性。例如，埃及旅游广告以时空回溯的手法，重现古埃及文明鼎盛时期的样貌和惊奇。

（10）音乐：以歌曲贯穿整个广告来散播信息。例如，新加坡航空公司的广告就全程以音乐搭配画面呈现，不用任何语言就能打动消费者的心。

12.4　促销

12.4.1　促销的意义与特性

促销（sales promotion，又译为销售促进或销售推广）是在一定期间内针对消费者或中间商，希望能够刺激销售的一种推广工具。除了广告之外，它也是消费者经常接触到的产品推广方式。适当的促销能够唤起消费者注意到产品的存在，也为产品带来"买气"。有时候，消费者甚至会将促销活动视为厂商对消费者的善意和回馈活动。与其他推广工具相比，促销有下列特性（见表 12-1）：

表 12-1　促销的特性：与人员销售及广告比较

比较项目	促销	人员销售	广告
进行期间	●短期的活动，有确定的结束日期	●长期的、持续的活动	●通常比促销活动长期
活动弹性	●具有弹性	●人数及任务固定，弹性不大	●不比促销有弹性
附加价值	●提供附加价值，如折价等	●通常没有提供附加价值	●通常没有提供附加价值
购买效果	●促使消费者或中间商立即购买	●购买效果不如促销快速	●购买效果不如促销快速

（1）活动短期：促销活动主要在于刺激消费者尽快购买，同时又要避免造成消费者预期心理（也就是没促销就不购买），一般而言不进行过于频繁或长期的促销，因此较常进行的方式为限量商品卖完为止、抽奖活动或折扣在某个日期截止。

（2）活动有弹性：相对于其他的推广工具，促销具有较大的弹性，厂商可以视需要与能力执行不同的促销活动。例如，在产品刚进入市场时，利用免费或低价让消费者试用、体验产品。

（3）额外的附加价值：促销活动往往带给消费者或中间商一些好处，如消费者可积点抵现金或换赠品、为中间商带来人潮与商机，因此，在无形中增加了产品或服务的附加价值。

（4）立即反应：促销的主要动机是刺激消费者或中间商，希望他们能尽早表现出预期的反应，也就是购买（消费者方面）与合作（中间商方面）。

12.4.2　促销的种类

以促销的对象来划分，促销可以分为消费者促销与中间商促销。

12.4.2.1　消费者促销

消费者促销（consumer promotion）可能由制造商或零售商来执行，主要目的是刺激消费者尽快购买，或买得更多、更频繁。它包括以下的项目：

（1）免费样品：在推广全新上市或新改良的产品时，普遍会使用免费的做法。例如，新开幕的披萨店在街上举办试吃；餐厅免费试吃新菜品等。这种推广方式直接提供给消费者使用产品的机会。然而，相对于其他的促销方式，它的费用略为昂贵，但相比折扣促销，较有机会改变消费者态度。

（2）赠品：赠品是厂商为了吸引消费者购买特定产品而免费赠送的商品。例如，可口可乐在日本最热卖的罐装咖啡（Georgia Coffee），针对男性上班族设计一系列"放轻松外套"、"舒舒服服座椅"、"充电按摩坐垫"以及"明天会更好毛衣"等赠品，表达对上班族体贴的心。另一种方式是累积金额或点数，例如，飞行里程加倍累积、餐厅积点换贵宾卡或满额再加价换购产品等。

（3）特价品：特价品是让消费者以较低的价格购买产品。它主要的形式有单件特价（如游乐园星光票较便宜）、同样产品的多件特价（如淡季时机票买大送小）、不同产品的多件特价（如餐厅点套餐，饮料半价）。例如，为了庆祝儿童节，"月眉育乐世界"推出小学生穿着全套制服可享 100 元新台币购票入园，还有机会帮学校争取 20 万元新台币的奖项。

（4）折价券：传统的做法是厂商在报章、杂志、店内宣传品等印刷媒体上刊登产品广告，广告中附带有印上扣减金额的纸券（通常需要沿线剪下），消费者购买时凭券获得购买金额的扣抵。近年来，许多折价券是派人街上发送，或提供网络下载（如麦当劳和肯德基都有网络下载折价券的活动），另外现在有些饭店则直接开放网络订房享折扣的活动，对于消费者来说更方便。

（5）店面展示：店面展示是指在商店内摆设引人注目的海报或特殊设计，简称 POP（point-of-purchase display）。例如，麦当劳店门口的麦当劳叔叔生动塑像、展示快乐儿童餐卡通玩偶的透明箱子；一些商店内则会用硬纸板或其他材料做成人像、产品形象等，如旅行社门口常看到空姐或代言明星的人形广告牌。这些展示主要是希望能吸引消费者的注意，以增进销售的机会。

（6）抽奖：抽奖可以分为立即抽奖及定期抽奖。立即抽奖是指在购买现场或在取得产品时，可以马上得知是否得奖，如现场摸彩与刮刮乐。定期抽奖的实施方法通常是消费者必须将购买证明或产品包装上的抽奖印花贴在卡片上，然后邮寄出或投入店内抽奖箱，以参加日后的抽奖活动。例如，2011 年国际旅游博览会在开幕会上大方送出 500 个福袋，最大奖可抽到台北至布里斯本长荣航空往返机票（价值 38000 元新台币）。

（7）捐助公益活动：有些餐厅业者推出将每笔收入的 1%捐赠偏远医疗资源、儿童公益活动等，也能吸引认同此行为的顾客消费。

12.4.2.2 中间商促销

中间商促销（trade promotion）是制造商为了促使中间商密切合作所推出的奖励活动。它包括：

（1）免费产品：为了鼓励中间商购买及销售某些商品，制造商规定中间商的订购量只要达到一定的水准，即可免费获得若干产品，因此，免费产品有降低进货成本的作用。

（2）赠品：为了给中间商留下印象，并且建立良好的伙伴关系，制造商可以在恰当的时机赠送东西给中间商。赠送的时机可能是一年当中的节庆（如中秋节、元旦新年、农历新年），或者与中间商有关的重要日子（如周年庆、分店开张、扩大营业重新开幕）。

（3）购买折让：购买折让是指中间商在一定期间内，购买某些特定产品时给予的减价优待。例如，旅行社向航空公司每包 50 个机位，便可享 9 折，如果一次购买 100 个，可以再享 8 折。购买折让主要是鼓励中间商多购买原来可能不会购买，或只是少量购买的产品。

（4）津贴与奖金：津贴与奖金是用来提升中间商的合作意愿，或者感谢中间商执行某些推广功能。例如，广告津贴是指航空公司为了补偿旅行社为台北至中国香港来回机票打广告；陈列津贴的目的是酬谢旅行社给予理想的陈列位置或在店内展售航空公司的产品DM、广告牌等；推销奖金则是航空公司为了鼓励旅行社多贩卖他们的产品。

（5）销售竞赛：相比津贴与奖金的鼓励性质，销售竞赛是用来刺激经销商或分店之间互相竞争，促使他们加倍努力，并且期望销售量能够提高。竞赛优胜者往往给予公开的肯定以及丰厚的物质奖励，如旅行社各据点彼此之间的竞赛，业绩第一名的据点可享全体员工旅游、绩效奖金等奖励。

（6）经销商列名广告：经销商列名广告是指制造商在促销活动或广告中，列出所有经销商的名称、电话与店址。这种方式创造"拉"的效果，也就是，将消费者吸引到所指定的经销商，为经销商创造人潮，同时使得中间商比较乐意与制造商配合。

（7）商展：旅游餐旅产业每年都会举办各种美食展、旅展，常吸引大批消费民众前往参观。参加展出的厂商，便能够趁此机会创造新的销售机会、引介新产品、会见潜在新顾客或说服现有顾客购买更多的产品。

12.5 人员销售

12.5.1 人员销售的意义与角色

人员销售（personal selling）是一种通过人员沟通，以便说服他人购买的过程。它的应用非常广泛，举目皆是：在旅游展场上拦截民众贩售住宿优惠券的年轻人；旅行社门市内以三寸不烂之舌介绍各种旅游组合的年轻男子；战战兢兢地在客户办公室内提案奖励旅游规划方案的职员。无论这些角色的行业或职务是什么，他们都在执行人员销售的工作。

从事人员销售者有不少称呼，如推销员、销售人员、销售代表、业务员、业务代表、业务专员、营销工程师、门市人员、驻区代表等。本书将采用"业务员"来代表从事人员销售者。

业务员的工作地点可区分为公司内部与外部，有些业务员只待在公司内接受订单或从事销售（如电话营销人员、专柜人员、店员），有些则是专门在外活动、扩展业务。无论工作地点在哪儿，业务员可能扮演三种角色：

（1）争取订单：这是指说服现有顾客继续购买或买得更多，以及开发新的顾客。代表厂商向批发商与零售商介绍产品的业务员、电话营销人员、零售业门市人员等，都必须争取订单才能维持正常的营运。下一节将详细说明争取订单的工作内容。

（2）接单：相对于争取订单，接单的角色较为被动与单纯。接单主要是处理现有顾客的重复购买，通常是针对标准化的、例行性采购的产品。有些业务员只需要待在公司内部，通过电话、传真、网络等来接单；有些则是定期拜访顾客、查看存货、接受新订单等。

（3）提供销售支持：业务员更积极的角色是提供销售支持，包括教育顾客、送货补货、协助销售与管理、化解纠纷、提供售后服务等。这些工作有利于维持商誉、巩固顾客关系、刺激营业成长等，因此是业务员的重要任务。

除了以上的工作角色，对于企业来说，业务员是企业了解顾客与市场动态的重要渠道，而且能否突破顾客心中第一道防线，业务员在顾客面前的表现影响甚大。另外，人员销售和其他推广活动，如广告、促销等是相辅相成的业务可以强化广告的诉求，或补充广告说明的不足，而许多针对中间商的促销活动，也必须通过业务员才能执行。

12.5.2 人员销售的过程

业务员最实际的、最直接影响个人与公司业绩的工作就是争取订单。无论公司的整体销售计划与组织如何完美，仍然需要业务员在市场上脚踏实地的执营销售工作。销售工作的过程（见图12-4），可以分为以下步骤：

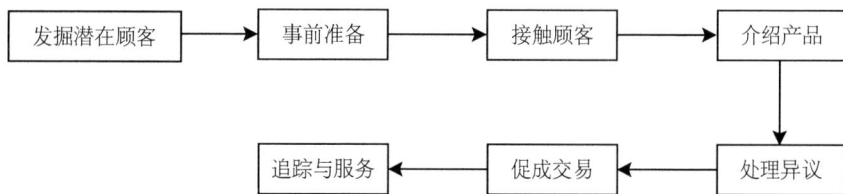

图12-4 人员销售的过程

（1）发掘潜在顾客：为了使业绩成长，业务员必须不断地发掘潜在顾客，并加以慎选，以便将时间与精力有效运用在比较有希望成交的潜在顾客身上。潜在顾客的名单来源因行业而异，但脱离不了下列几种：推荐介绍与人脉关系、陌生拜访、商展与公开活动、名录、电话与信函。

（2）事前准备：找出潜在顾客之后，业务员在动身拜访之前应该"做好功课"，功课越扎实，越能打动人心，交易成功的机会就越高。业务员应准备的事项有分析潜在顾客、分析本身及竞争者、拟定销售目标与策略和安排销售细节。

（3）接触顾客、介绍产品：与潜在顾客见面、谈话的最初几分钟所留下的第一印象，经常决定大半的销售成败。因此，无论是打电话或见面洽谈，与潜在顾客一开始接触时都应该让对方产生好感，并留下良好且深刻的印象。尤其是见面时更应注意仪表、谈吐、开场白等，甚至应配合顾客的习惯，如使用对方习惯的语言，穿着风格不会受对方排斥等。接着，业务员必须向潜在顾客介绍产品。在这阶段，业务员可能会向潜在顾客提出销售提案，也就是一份强调产品特性与利益的书面文件，然后进行销售演示文稿。提案与演示文稿的内容是否从顾客的利益角度出发，文字表达与整体形式是否清晰、专业、诚恳，是交易成败的关键。

销售演示文稿如果能够配合专业的辅助工具与产品示范等，则更能增进简报效率与说服力。例如，雄狮门市的橱窗上有向外展示的大型液晶屏幕、门市内的墙上也安装数个液晶屏幕，随时播放搭配促销方案的外地优美景点影片和之前游客的照片。每个门市业务人员的白色桌上也有一台纯白的计算机，供业务员工作之用。

（4）处理异议：面对异议，业务员首先应有正确心态，以正面的角度来看待。无论如何，不管潜在顾客的异议是基于什么原因，业务员都应该仔细聆听，并以积极诚恳的态度设法化解销售的障碍。就算无法化解障碍及说服对方购买，业务员也应该做到"和气收场"，留给对方良好的印象，以便日后另寻销售的突破点。

（5）促成交易：在这个阶段，业务员必须发挥"临门一脚"的功夫，尽全力尝试争取成交的机会。干练的业务员能够察言观色，找出潜在顾客是否有对产品表示高度兴趣的信号，如频频点头赞许、喜悦的眼神等。这时候，业务员可以要求对方选择产品的种类、再次提起协议的条件等。此外，业务员可能需要提出促成交易的优惠条件作为诱因，如附送赠品、首次购物折扣、额外的服务等。

（6）追踪与服务：在顾客实际使用产品之后，应该关心产品的表现是否如同预期、询问顾客是否需要进一步的服务、定期致电或拜访顾客等。这些工作都是必要的，以便和顾客维持长远的、友好的关系，以及在业界建立良好的形象与口碑，也对日后的销售工作有所帮助。

12.6 直效营销

直效营销（direct marketing）是针对个别消费者，以非面对面的方式进行双向沟通，以期能获得消费者立即响应与订购的推广方式，主要的种类有邮购和型录营销、电话营销、电视和广播营销、网络营销等。

12.6.1　邮购和型录营销

邮购营销（direct-mail marketing）是指业者将信件、小册子、产品样本等邮寄给消费者，然后要求消费者利用邮件或电话来订购货品。若是邮寄型录，则称为型录营销（catalog marketing）。这种推广方式需要精确的名单，以便能切中目标消费者。在中国台湾，信用卡的发卡银行会定期寄给卡友邮购、型录，里面也包含了很多餐厅、饭店住宿的优惠折扣以及旅游套装组合。值得一提的是，现在的型录、邮购，还可以买到各地的名产（如府城庄脚卤味、台南新化冰烤番薯、松村鸡翅、苗栗客家米糕等），摇身一变成为特产的新通路。另外，因为科技进步、网络族群兴起，现在的邮购与型录营销公司也在网络上设立虚拟通路，除了传统的邮购外，也加入竞标或团购等新式网购方式，注入电子化色彩。

12.6.2　电话营销

电话营销（telemarketing）是经由专业且有销售能力的人员，通过电话对潜在消费者进行说服以取得订购的推广方式。原因不外乎电话营销不但节省业务员和顾客双方拜访的时间、体力和金钱成本，同时也能利用人员推销的技巧和现有及潜在顾客保持密切的联系，增进销售和服务，再加上可以结合顾客数据库使用、营销成效的评估并不困难等，而广受企业欢迎。

成功的电话营销人员所具备的特性除了一般业务员应具备的专业、诚恳、耐心和良好的沟通能力等之外，还必须具备清楚悦耳且能投射出友善人格的音质。因为打电话之前无从得知时机是否恰当，所以往往一开始讲电话的前几分钟（甚至是数十秒）黄金时间就已经决定交易的成败，也因此电话营销人员的心理建设、应答技巧、反应机智等，必须经过完善的职业训练。

另外，对于人手一部手机的现况，部分企业也想到利用手机简讯作为传达产品和活动信息的新渠道；运作方式通常是和电信业者合作，建立和消费者单向（纯粹提供信息）或双向互动（收信者也可键入代号响应）的沟通。例如，很多旅行社都设有电话客服中心，也会以手机简讯来告知顾客目前订单的进度和在出发前提醒顾客，平常也会针对现有顾客发送相关旅游优惠的简讯。

12.6.3　电视和广播营销

电视营销又称为电视购物，泛指利用有线电视里的特定频道，借由长时段播放商品信息、产品使用说明和名人代言等营销手法，推广大大小小、琳琅满目的商品。由主持人精彩的介绍，配合主持人和业者一搭一唱营造优惠效果，并附上联络电话和网址以供收视者立即订购。另外，直效营销也被广播市场加以运用，在空中对听众卖起商品，如 NEWS98 借由广播销售游学团、中广成立旅行社贩售旅游套装商品等。

12.7 公关

12.7.1 公共关系的特色与重要性

任何企业组织都是生存于许多公众团体所共同塑造的环境之下。因此，如何在这些公众的心目中享有良好的声誉与形象，成为企业主管的重要课题。所谓公众（public），指的是能够影响组织的生存、经营与成长的任何团体，包括消费者、供货商、经销商、投资人、社区居民、社会团体、新闻传播机构、政府机构、学术与研究机构等。企业必须和他们有良性的互动往来，才能争取到这些公众团体的好感与信任，并建立本身良好的声誉和形象。在中国台湾可以发现越来越多的企业开始用心经营公共关系（public relation）。曾有学者对有企业属性的基金会进行研究，发现公益赞助的活动呈现多元化，其中教育居首，文化次之，其他依序为学术研究、社会福利及社区活动，医疗或国际交流等则较为冷门。

公共关系的诉求有三项特色：

（1）信赖度：由新闻媒体主动访问和专题报道，相比企业自己花钱做宣传、广告，消费者对其具有较高的信任度。

（2）解除防备：公共关系的焦点一般是放在处理事情而不是产品或服务的，并且以此作为建立与公众或员工的友好关系的方法，从而获得公众的了解及接受。

（3）戏剧化：巧妙地戏剧化事件，引人入胜，令消费者不自觉被推销，而像在看一则新闻报道。常见的公关有办文艺展览、周年庆活动、慈善义卖等。

成功的公共关系会给公司带来以下好处：

（1）较低的成本：以较廉价的方式获得展露的机会以建立市场知名度和偏好度。

（2）产品销售：帮助公司建立良好的形象，让消费者产生好感且印象深刻，进而增加产品购买的机会，间接协助产品的销售。

（3）员工士气：若员工的亲朋好友认同公关活动所建立的良好形象，可以使得员工的工作较易得到亲朋好友的肯定，激发员工"以公司为荣"的心理，进而鼓舞员工的工作士气。

（4）员工来源：公司的良好形象使得较多人愿意前来应征。因此，员工的来源比较稳定，公司有较大选择适合员工的机会。

（5）公众的信心与协助：成功的公关能够提高公众对公司的信心，使得公司在需要公众团体协助时比较顺利。另外，公共关系良好的企业，比较容易取得投资大众的资金或是学术研究单位的技术支持。

12.7.2 公共关系的建立

虽然自我标榜的机构广告可以用来建立公共关系，但是，广告不是建立公关的唯一途径。以下介绍五种建立公共关系的方式：

（1）出版品：公司可以利用年度报告、周年刊物、定期通信、宣传册子、官方网站等介绍公司的沿革、现况与前景，诠释公司的愿景、理念，宣扬公司曾经举办的公益活动等。

（2）企业识别标志：为了使公众能轻易地抓住公司的形象特征，加深对公司的印象，企业有必要发展特有的识别标志；也就是从公司建筑外观、公司内部设计、员工服装、公司用车，到随身的名片、宣传品、信封信纸、赠品等，都有形象一致的图案设计。麦当劳、剑湖山游乐世界、中国台湾"中华航空"等企业都有一套企业辨识标志，让人们马上产生整齐划一、全面管理的一致感觉，因而有利于企业形象的提升。

（3）主管与员工的对外活动：不论是以个人或公司的名义，公司主管或员工参与政党、社会团体、工商组织、学术机构等的活动，或是受邀在外演讲、参加座谈会、接受传播媒体的访问等，都是建立公共关系的途径之一。例如，各大专院校每到毕业季节常邀请知名企业主管畅谈人生选择等讲题或是不定期参与各专题学术研讨会；公司员工捐出薪资零头为清寒学生缴午餐费，也有便当厂商、公益社团定期赞助学生午餐费。

（4）举办或赞助活动：借由举办感谢经销商餐会、新产品及广告发布会、总公司新厦落成典礼等与企业本身有密切关系的活动，企业可以邀请特定的关键对象（如零售商、政治人物、主要投资人）参加，并与其建立关系。另外，为了建立良好的回馈形象，企业也可以"取之于社会，用之于社会"，赞助协办公益活动或出钱、出力协助其他团体举办活动。例如，凤凰旅行社自1997年起通过凤凰旅游基金会不定期赞助公益活动。

（5）公共报道：公共报道（publicity）是指通过大众传播媒体上的新闻报道，免费对外进行沟通。由于新闻媒体有一定的公信力，无论是正面还是负面的报道，对企业形象都有不可忽视的影响。因此，企业应该争取正面的公共报道，并慎重处理负面报道。例如，亚都丽致总裁严长寿先生不但经营饭店有成，也长期致力于中国台湾旅游产业的推广而受到新闻报道，同时也是畅销书作家、知名演讲人，无形中提升了亚都丽致的知名度，展现了其良好的印象。此外，大学里的教授因受邀参与报章杂志的产业论坛也会为学校和个人打响知名度。

课后习题

基础习题

1. 何谓直效营销？有哪些种类？

2. 何谓消费者反应层级？并试着以饭店为例说明在知晓阶段如何进行营销策略。

3. 整合营销沟通的观念是什么？并试着说明它可能在旅游业中的运用。

4. 广告中的三种信息诉求：理性诉求、感性诉求、道德诉求各有何特性？

5. 请说明公关在饭店业中的特性与重要性。

应用习题

1. 请任选一个国家或地区（如中国台湾的县或市），了解并分析其推广国家旅游或城市旅游的方法。

2. 请观察常用于餐饮业的三种消费者促销工具，并试着分析那些促销工具的促销目的、吸引力以及优缺点。

13　旅游业的网络营销

在网络世界里，每个消费者都是主人。规划出国旅游时，可以坐在计算机前找到需要的机票、住宿与行程，价格甚至比旅行社还低。网络甚至让消费者发挥专业与影响力，因此"遇见创意"介绍的雄狮旅行社就配合了这项趋势而采取"虚实并进"的策略来创造商机。网络颠覆了过去许多的营销作为，改变了买卖关系，激发了更多元创新的营销活动。网络营销也成为旅游餐旅业者必须重视的课题。本章的架构如下：

1. 网络营销的本质：首先说明网络营销的定义及其特性。

2. 网络营销组合：介绍网络中常使用到的营销组合与策略，以及其误区与注意要点。

3. 旅游与餐旅业的网络营销：说明网络营销应用在旅游与餐旅产业中的现况。

遇见创意

虚拟实体雄狮都称王

"六月想要带女友去海岛密谋求婚啦，请问大家会推荐哪个海岛？想跟团，哪家旅行社品质比较好？有推荐的导游吗？"

"我比较了以下两家（网址如下）的美加十日游，都很心动啊，不知挑哪个好？请大家给我点意见，在此言谢了:)"

以上的网络留言，对消费者而言到处可见、稀松平常，但是对业者的冲击可不小。现在的消费者在旅游前就会到网络里搜寻，找两三家行程做比较，比完后还打电话问旅行社："你们第三天的那个点为什么与别家不一样？为什么差1000元、差2000元？"当消费者功课做得比旅行社还足够时，需求的样貌与以前截然不同。不仅关心行程，消费者还会到网络上去问："雄狮这家旅行社好不好，这个行程好不好，这个领队好不好，这个服务员好不好"等问题。

所以，在过去10年的发展过程中，雄狮旅行社这个旅游龙头发现，因为网络，消费者变专业了。因此，雄狮成立了博客，主动管理消费者有兴趣的信息，至少会吸引潜在顾客看雄狮领队的部落格、问雄狮的产品经理、看雄狮的产品组合。雄狮的逻辑就是如何在消费者采购的新行为中，先行满足他们，新消费者既然喜欢问、到处问，就让他们有一个地方可以问（包括客诉和抱怨），最后希望导引他们消费自家的产品。

为了应对旅游达人带团的热潮，雄狮也顺势从400名领队当中选出优秀、独具风格的人，量身打造推出个人博客，并以"艺人"的方式来经营，一方面正式推出经纪业务，另一方面也以图文并茂的旅游记录与顾客做良好的互动。

网络通路外，雄狮认为更应该将服务"具体化"，因此不吝投注资金于实体据点的装潢与门面，时髦的红白色调、黄金地段的坐落，都是为了加强顾客的信赖感。一旦顾客产生信赖感，便有更大的机会选择雄狮，也能因此开发更多顾客。

在众多网络旅行社猛打价格战时，雄狮采用"虚实并进"的策略，极力提升产品形象与顾客信赖感，在市场上站稳脚步。雄狮的下一步是什么？许多旅游业者都在注意。

引　言

2009年，昆士兰旅游局以"The Best Job in The World"为名征选大堡礁保育员，工作内容如下：探索大堡礁各岛陆地和海洋，以照片、摄影记录在网志上，并接受媒体访问。工作时间弹性、为期半年，薪水15万澳币（约342万元新台币）。从这个以"征才"为包装的旅游推广活动中，我们能学到什么？《远见杂志》在2009年6月的"世界最好工作全球网友疯狂关注"的报道中提到：

　　短短时间，全球将近200个国家和地区，约34684人报名，各国媒体争相报道，仅是一天上网浏览人次就高达30多万。从推出至今，昆士兰旅游局仅花费170万澳元（约4250万元新台币）的成本，就换来超过1亿澳元（约25亿元新台币）的营销价值，投资报酬率高达57.8倍。昆士兰旅游局深谙征才活动必须创造话题，引起讨论才行，因此舍弃传统造势方法，而是锁定网络族群，借由网友讨论，持续炒热此项活动。

　　为了引起网友注意，征选方式也十分特别，要求参赛者拍摄60秒自我介绍短片，上传至比赛网站。3万多人报名代表有着3万多段录像，方便电视新闻引用、跟进报道，等于是免费宣传。还特别设计网络投票，最高票数得主可以外卡身份参与决选。

　　世界最好工作的活动成功也为澳洲带来实质效益。仅中国台湾前往世界最好工作所在地的哈密顿岛饭店的住房增长率就高达250%。

　　好的创意绝对不会只用一次。2011年，昆士兰旅游局再度出手，推出"百万大赏备忘录"（Million Dollar Memo）活动，征求有创意的企业员工到澳洲奖励旅游，奖金100万澳元。联合报（2011/06/02）写道：

　　这个名为"百万大赏备忘录"的活动，昨天从400多家参赛企业中选出来自19个国家和地区的70队进入第二阶段。来自中国台湾的就有7家，包括中国台湾大车队、华硕计算机、智威汤逊广告、宝侨家品中国台湾分公司、伟太广告、欣传媒，以及台湾Yahoo!

　　要夺得价值约3000万元新台币的奖励，参赛企业员工要创作一部创意短片，说明"为什么你的公司是最好的工作地方"，以及"为什么你认为昆士兰是奖励旅游的最佳目的地"。

　　网络让好创意能更广、更快地引起注意，接触潜在顾客。让我们拭目以待未来将会出现更多令人啧啧称奇的网络营销手法吧！

13.1 网络营销的本质

13.1.1 网络营销的定义

网络营销（internet marketing）是指利用网际网络进行产品设计、定价、推广与配销的一系列营销活动，以便有效提供顾客价值，提升顾客满意度，达到营销目标。换句话说，网络营销是配合营销目标，促使网际网络上的消费者利用线上服务获取信息与购买产品，以满足消费者的需求。广义来说，只要营销活动的某些任务通过网络来达成，就可以算是网络营销。

由于网络营销具有超越空间与时间限制、双向互动等特性，它可以快速有效地提供消费者所需的信息与服务，因而使得许多企业跨足虚拟市场，采用虚实并进的方式进行营销，甚至有些企业或产业是完全源自于虚拟市场（如拍卖网站）。如今，几乎所有产业内的大多数企业都在应用网络营销，应用范围包含传达企业与产品信息、搜集顾客意见、处理申诉、广告、促销、销售、技术支持、售后服务等。值得一提的是，网络营销常被视为直效营销的一种，即用来作为 B2C（企业对顾客）的营销活动之用。然而，B2C 营销与上下游企业的互动是息息相关的，如业者若能缩短上游供货商的交货时间与提高作业效率，就能够为顾客提供更快，甚至价格更优惠的服务。可见，B2C 网络营销的效率与效果脱离不了 B2B（企业对企业）营销。因此，相关企业在以网络营销服务顾客的同时，也不应忘了利用网络来经营企业与企业之间的往来互动与长期关系。

13.1.2 网络营销的特性

网络营销的普及与以下几点网络营销的特性有关：

（1）信息丰富且透明化：今日消费者几乎可以在线上免费获取任何产品、服务或公司的信息。例如，想要到澎湖旅游，只要在搜寻网站输入澎湖等文字便可轻易得到澎湖的景点、饭店、交通等信息，甚至是网友的澎湖旅游经验谈；有任何疑问，也可以在留言板或奇摩知识网上寻求专家解答。另外，网络也能使业者更迅速地掌握新产品、竞争者、营销通路、消费者等信息，如迅速获得现有或潜在消费者的回馈、进入线上数据库查询销售信息、追踪造访网站的人数与次数、进入竞争者网站观察竞争动态等。

（2）无时空限制的便利性：网络不受空间与时间的局限，如一间全年无休但随处存在的无店铺商店。只要能上网，消费者可以于任何时刻在任何地点通过网络订购到种类繁多的产品、自行安排旅游行程、购买车票、预订旅馆或餐点、查询交通路线等，因而免去长途跋涉、找停车位、等候购买等不便。

（3）满足一次购足与客制化需求：网络让业者得以突破实体商店的人力与空间限制，提供更广泛的产品与服务，达到一次购足（one-stop shopping）与客制化的服务。例如，易游网不仅提供各种套装旅游与旅游产品，还协助旅客取得航班、旅馆、景点等各类信息。这些服务使业者从传统的一对多营销走向为顾客量身定做、一对一的营销。

（4）扩大销售范围，以小博大：网络不仅能够使业者扩大销售的渠道与范围，也能开拓新的营销通路，如增设电子商务网站让消费者购买旅游产品、预订旅程等。对于小型企业来说，有限资源往往阻碍实体通路的扩展，然而网站却突破了空间限制以及被大型厂商利用丰富资源垄断信息与通路的局面，网络营销因而提供了以小博大的机会。

（5）双向沟通与互动，加速交易：传统营销沟通模式是单向且缺乏互动的，一般是由业者将信息通过媒体（如报纸、杂志、电视、广播）传达给消费者，消费者只是被动地接收。但是，网络营销却允许双向且互动沟通（见图13-1）。消费者不止可以自行选择所需信息，还能回馈意见给业者，甚至可以主动发布信息给多个业者；另外，业者也可以更快速、全面地向众多消费者发布信息或营销资料（如折价券、优惠信息），响应消费者的意见等。这种双方面都可以采取主动且充满互动的沟通方式可以促进相互了解，建立更密切的关系，也有助于促成交易。

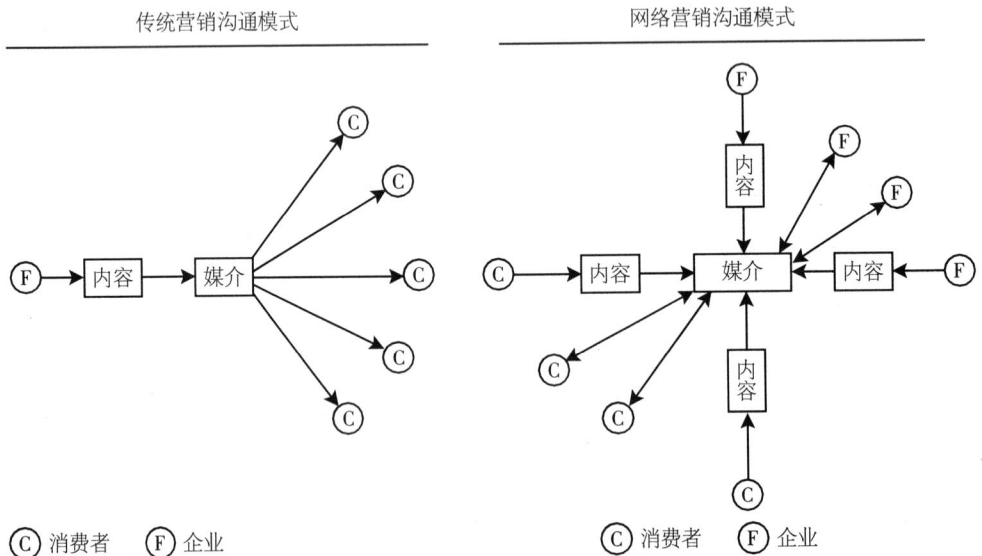

图13-1 传统营销沟通模式与网络营销沟通模式的比较

资料来源：Hoffiman，D.L. & Novak，T.P. Marketing in computer-mediated environments：Conceptual Foundations，Forthcoming [J]. Journal of Marketing，1996（7）：50-68.

环游世界

我家沙发借你睡

"我家沙发借你睡，不收钱。"别怀疑，这种事还真的会发生。只要成为"沙发冲浪"网站（www.couchsurfing.org）的会员，你就有可能找到这位热心人士。当然你也可以成为"沙发主"，让别人免费过夜。

这个有趣的网站是如何诞生的？创办人 Casey Fenton 于 1999 年从波士顿到冰岛旅行之前，随意发出 1500 封电子邮件给冰岛大学的学生，询问是否提供住宿。没想到有 50 位学生回信表达欢迎之意，触发了他创立沙发冲浪网站的构想。

沙发冲浪强调多元文化的交流与互相尊重。任何人都可以在网站上注册成为会员，并填写基本资料、旅游经验、提供住宿的详情等；这些信息以及会员的评鉴等级是评估"沙发主"的重要依据。截至 2011 年 1 月，超过 240 万名的会员来自全球 8 万个城镇，平均年龄 28 岁。两成会员住在美国，其他主要的国别有德国、法国、英国、加拿大。若以单一城镇来看，巴黎有最多的会员。

对于全球背包客而言，这是逐渐受到重视的寻找寄宿方式。诚如台湾 PTT 的 Couch Surfing 板主天寒所言："始终觉得，旅行到最后，能够衡量其价值的绝不是自己搜集了多少里程、多少国家城市，而是多少个友善的微笑和告别的拥抱。沙发冲浪的本意便是奠基于此啊！"

（6）消费者由被动转主动：网络使消费者得以从产品或服务的被动接受者转变成产品或服务的制定者，主导产品的设计、定价与广告等。例如，消费者可以在业者的网站上使用"点播服务"，点选自己喜欢的广告与感兴趣的主题，一旦有新产品问世时，业者便可依其需求寄出相关内容给顾客，而且也会在顾客进入网站时呈现专属广告。另外，在 Priceline 网站上，消费者能够设定想要的价格、住宿地点、房型等，接着网站将需求信息传给相关供货商，征求有意愿的业者，然后从完成的交易中赚取佣金。

13.2 网络营销组合

13.2.1 网络营销的产品

一般而言，具有以下特性的产品比较适合在网络上销售：数字化、高度标准化、人性化设计、中低价位、有转让价值、具品牌知名度或个性者。越是适合在网络上销售，代表它在线上的交易成本越低，且取代传统交易模式的可能性也越高。因此，在规划网络营销时，产品的特性应该受到重视，简要说明如下：

（1）产品数字化：数字化的产品能够让消费者购买后立即拥有。文章、歌曲、影片等都可以数字化，消费者可以从网络上下载后使用。因此，如何转换实体产品成为数字化产品是网络营销中的重要环节。例如，过去的旅客凭着实体机票才能成行，但自从机票数字化之后，只要在网络上购买电子机票，于班机起飞前到机场柜台办理相关手续，即可取得登机证，从而顺利搭机。

（2）服务流程标准化：由于消费者处在虚拟的情境中进行购买决策，因此产品品质或服务流程是否容易标准化、是否能够稳定生产、是否能够试用或感受到等，会影响到消费者是否得以在线上轻松、顺利交易，进而左右网络营销的成败。例如，餐厅或电影院将预约与付款程序标准化后，消费者只需在线上预约、付款，而无须花时间到现场排队购买。

（3）产品与服务人性化：网络的双向互动特性使得业者可以利用一对一的交互方式，加强与消费者交流，吸取消费者创意，使新产品实现消费者想法，进而满足消费者个人化与多样化的需要，同时达到客制化的效果。因此，加强产品与服务的人性化设计，如在消费者进入网页时出现问候语、适时在浏览时给予指引与提醒等，可以让消费者在虚拟环境中感受到人与人之间的互动，进而提升网络营销的效用。

（4）网站环境的亲和力：网站环境中有两大线索影响到消费者对网站与产品的感受：①高任务相关的线索（high task-relevant cues）是指所有能够促使消费者达成目标的信息与符号，如产品价格、产品图样、销售条件、运送与退货规则等。②低任务相关的线索（low task-relevant cues）则与消费者的购物任务无直接相关性，如网站颜色、背景形式、字体形状或大小、音乐或声音等。这些线索共同塑造了网站的亲和力。亲和力高的网站环境能够促进与顾客的沟通，并有利于公司形象及顾客满意度。

13.2.2　网络营销的价格

传统营销的定价方式，如第 10 章所讨论的成本导向、消费者导向、竞争者导向等各种定价法都仍然适用于网络营销。但是，网络产品可以跳过中间商而直接销售给消费者，销售成本得以压低，低价因而成为网络营销的一大优势。同时，由于网际网络起源于强调资源免费共享的学术网络，虽然网络早已商业化，但消费者仍然习惯寻求免费服务或信息，因此大部分网站都还依赖广告作为主要收益来源，而以免付费策略吸引消费者。

不过，网络营销不全然以低价或免费取胜，许多收费网站是因为降低消费者的交易成本与提升顾客价值而成功的。例如，有些网站（如 Kayak、Farechase）针对消费者货比三家的心态，利用搜寻技术将相关行程与航班依据价位高低显示在网页上，方便让消费者比价。另有些网站（如 TripIt、Yahoo Trip Planner）能够让消费者上网自己规划行程或自己组织团体旅游，不仅能够达到降低团费的功效，又可以免除为了低价而与陌生人凑团出游的委屈。有时候，消费者还可以在网站上自由定价，表明愿意支付的价格，再由网站从中撮合，寻找可以提供产品或服务的卖方。这种撮合交易的方式的代表网站是 Priceline。

另外，竞价标购与群体议价在网络上相当常见。竞价标购是由消费者在网络上互相竞价，最后谁出的价格最高谁就中标。这种竞标方式能够带给消费者在交易过程中享受与人竞赛的乐趣与成就感。群体议价则是利用网络联合有意购买相同产品的消费者相互合作，聚集小众力量达到大量采购的杀价效益，进而获取较优惠的价格。

环游世界

最早赚钱的网络旅行社 Expedia

1996 年成立的 Expedia 是全世界网络旅行社的领导品牌，它同时也是美国第三大旅行社和全世界第四大旅行社。1995 年，它只是微软成立的小部门，到了 2002 年已获利 2000 万美元。Expedia 以包办顾客所有旅游相关的大小事自居，从计划旅程起到回家为止，都属于他们的经营范围。由于具有微软的科技背景，Expedia 发展出专业比价系统（顾客只需输入时间、目的地、预算便可以找出最低价的选择）以及集合顾客和几万个交通住宿供应商的整合平台，因此造就每年 170 亿笔交易量的绩效。不知道该上哪儿度假？网站上可以用"活动"或"地点"搜寻，提供各种旅游行程的选择，甚至连饭店也能以海景、滑雪、全家、奢华、情侣浪漫、高尔夫、SPA、探险运动等多种主题呈现。

在顾客关系的经营上，虽然是网络旅行社，Expedia 即使追求订购流程简化，却仍贴心提供 24 小时全年无休的专人服务专线以解决顾客的问题。除了提供多达 29 种旅游相关工具软件（甚至包含天气和加油站指南），还有地图。除此之外，其庞大供货商数据库更提供给顾客最低价保证，只要顾客能在订购 24 小时内找到更便宜的相同服务，则 Expedia 不但退还差价还补贴 50 美元的旅游津贴。此外也会依据顾客的年订购量回赠折价券和礼物，以及推荐由专家严选出的各地顶级饭店。诚如 Expedia 所言，他们坚持帮助顾客创造并享受最好的旅程。持续以创意和科技让上网的顾客充满自信地能得到最好的旅游信息、得到最优惠的价格和带着满满自信旅游去。

13.2.3 网络营销的推广

13.2.3.1 网络广告的特性

网络被视为是除了报纸、电视、广播以外的第四媒体。通过网络对消费者进行沟通，不但能为企业节省成本，相比一般媒体广告、传单发放等，也较能掌握回馈成效，因此网络广告是相当重要的推广工具。相比其他媒体，网络广告有以下特性：

（1）可操控性：网络广告可以全年无休、无所不在地传播给全球的消费者。同时，广告主可以在很短的时间内了解广告的效果，决定何时发送、更新或取消任何网络广告。

（2）可定向性：网络广告可以按照浏览者的来源地（如国家、公司）、浏览时间、过去的交易记录，甚至个人特征来调整内容。例如，亚马逊网站可以依据会员的购书记录、喜好等来决定网页上的广告。

（3）可追踪性：网络广告不仅能让广告主检验网友对广告的回复率或点选率，还能够准确测量网友对哪些产品感兴趣等。

（4）可互动性：网络广告引导消费者到产品或服务的介绍网站，且可以让浏览者立即下载软件试用版或折价券，甚至让消费者自由选择想看的广告内容等。相比其他媒体广告，网络广告的互动性相当强。

13.2.3.2 网络广告的形式

网络广告的形式相当多元且动静兼具，以下介绍几种常见的形式：

（1）横幅广告：横幅广告（banner ad）是以小方格的形式出现在网站中，内容可能包含文字与图像，也可能以静态或动态形式出现，且需要付费给刊登的网站。这是目前网络上运用最广泛的广告形式。

（2）关键词广告：关键词广告（keyword ad）是付费给搜寻引擎的一种广告形式；当消费者在搜寻引擎上利用某一关键词进行检索时，网页上某个角落会出现与该关键词相关的广告。例如，输入“曼谷”，网页上即出现泰国旅游、曼谷旅馆等相关广告或链接。

（3）插播广告与弹跳窗口：顾名思义，插播广告（interstitial ad）与弹跳窗口（pop up windows ad）就是当消费者点选某个网络链接后，会弹跳出另一窗口，强迫消费者接受广告信息。不过，这种广告常干扰网友而引起反感，也成为最不受欢迎的广告类型之一。

（4）赞助广告：许多企业借由赞助产品或服务给网站来获取广告宣传版面或活动挂名，以引起消费者对该公司的注意。赞助广告（sponsored ad）包含内容赞助、节目或活动赞助，以及特殊节日或主题事件的赞助，大多采用策略联盟的合作方式。

（5）动态广告：动态广告是一种利用动画技术，结合文字、图像、动画与音效等所制作而成的广告。例如，动画广告（flash）能够随画面卷动或鼠标移动而出现，或是占据整个网页吸引浏览者的注意力。这种广告对消费者也造成一定程度的困扰。

13.2.3.3 网站广告以外的推广与促销方式

除了网络广告外，业者也顺应网络特性创造出不同的推广与促销方式，例如：

（1）电子折价券：业者在网站上推出电子折价券让消费者直接下载，可以节省印刷与邮寄成本。折价券的目的除了吸引消费者上网浏览或促进购买，也用来开发新顾客或维系现有顾客。有些业者更善用网友的自主性，引导消费者参与设计优惠券，并借以提高折价券的使用率。例如，麦当劳"自由配优惠券精灵"让消费者只要利用鼠标，并搭配优惠的组合，再按下"打印"钮，就可获得一张自制优惠券。

（2）网络互动游戏：声光效果佳，趣味性十足，能与消费者高度互动的网络游戏（如心理测验与闯关游戏），经常能带来不错的营销成效。网络互动游戏的呈现方式差异很大，但目的都是让业者在游戏中适度植入广告信息，并希望网友在欢乐的气氛下，不自觉地将注意力放在要传达的信息上。例如，麦当劳曾经利用"门市人员制服更新"的互动游戏，邀请网友从网站上的虚拟服装中挑选出一件最能搭配麦当劳服务生的服装，且网友还可以把自己设计的制服上网参加"全民公投"，最后票选第一名的服装成为麦当劳服务生的新造型。结果游戏推出一星期内，就有 118 万人上线浏览，8800 多人上线投票。麦当劳因为这个游戏而与网友互动，更了解网友心目中的麦当劳，也成功地拉近了和消费者的距离，而网友也有免费游戏可玩，成为业者与网友双赢的营销活动。

（3）电子邮件营销：由于电子邮件具有双向互动、实时响应、易于追踪及成本低廉等特性，它已被许多企业拿来作为推广工具。但由于电子邮件营销的滥用导致消费者的反感而被视为垃圾邮件，业者因此提出许可式营销（permission marketing）的概念，意指任何商业信息都应该得到消费者的许可才可以被传送，也才能成为有意义的商业信息。也因此，电子邮件营销又称为许可式电子邮件营销。

（4）病毒式营销：病毒式营销（viral marketing）通常是利用网友互相转寄的方式，扩大电子邮件寄送的规模。例如，Hotmail 刚推出时提供免费电子邮件服务，在每一封网友寄出的电子邮件中都附上一句话"Get your free mail at http：//www.hotmail.com"，结果一传十、十传百，凡是收到 Hotmail 电子邮件的朋友也很快成为下一个会员。这种将优惠内容或有趣的信息自发性转寄给朋友，以联系朋友间情感的分享方式，也因此成为热门的网络营销方式。

（5）博客营销：近几年，博客（blog）的兴起成为一种重要的口耳相传媒介。由于最初的博客是以直言、诚实与权威的原则设立的，网友们依据自己的实际经验、见解及情绪来发布文章，所以多数人认为博客能忠实反映网友真正的感觉与体验。随着博客的数量增加，网友越来越依赖博客里的意见以节省决策时间，并做更好的决定。因此，某些业者也通过博客传播信息，并从线上讨论与回馈机制取得网友意见、搜集市场情报等。

（6）行动营销：行动营销（mobile marketing）是指企业将营销信息通过行动设备或网络，与目标客群沟通或互动；最常运用的四种方式是 SMS 简讯、行动网站、行动应用软件以及行动广告。由于行动设备（如智能型手机、平板计算机）的技术日新月异，业者运用行动硬件加上行动程序平台（如 APP store、Android），不仅让消费者能及时取得信息或达成交易，也能随时随地发现新乐趣。例如，意大利运用 APP 应用程序研发城市导览结合探险游戏的 WHAI WHAI 程序，让旅客先详阅每个城市导览后，通过手机简讯获得谜题，再到实地体验探索以取得答案，答出正确答案后才能进行下一关的游戏，因此玩家除了可享受实地探险的乐趣，也可以获得更多的历史知识。

13.2.4　网络营销的通路

网络除了可以当作营销沟通的媒体外，还具有配销通路的功能。企业可通过网站将产品信息提供给消费者，然后消费者直接在网站上订购。网络摆脱距离、时间与地点的限制，可达到畅行无阻的销售功效，因此部分供货商渐渐通过网络取代现有配销通路的功能，产生"去中间化"的现象。而有些中间商为了求生存也因而转战网络，如旅行社纷纷跨足网络设立旅游电子商务，甚至有些中间商以新形态在网络上重新出发。以下介绍中间商在网络营销中最常扮演的几种角色：

（1）信息提供者：信息中间商通常是内容的创造者或转售商，也就是传递中介信息、知识或经验的中间商，如提供免费旅游信息的 Travelocity 网站。所有内容供应商都可以称为信息中间商。

（2）撮合交易者：撮合商提供信息，介入买卖双方的配对过程，促成交易并从交易费用中获取合理利润。撮合商也可以运用不同方法将市场上的产品或服务包装，为消费者提供更优惠且更符合需求的产品。拍卖网即为撮合交易者。

（3）电子市集：电子市集把各种不同的信息或产品组合提供给消费者查询，减轻消费者搜寻的时间与成本，如比价网站。

餐旅 A 咖

以旅游为爱情的投入者——游金章

　　"身为人的意义——人需要过自己喜欢的生活，最能贴近生命本质的是艺术家和旅游家。"易游网的总经理游金章如此说道。因此他决定当一名旅游家，一位以旅游为爱情的投入者，在旅游的事业里已沉醉 25 年，如今仍保持永远的洋溢热情来看待这份"爱情"。虽然他一毕业就考上医技师执照，但游金章从没想过要做那行，也常笑称自己读的是台大医技系旅游学。游金章就读台大期间，即将社团带领得有声有色，"我们不是'搞'社团，应该是'经营社团'。"他擅长创意企划活动，使台大教室人满为患。游金章做的第一个企划案是中国台湾第一个能让大学生分期付款的提案，丰富的旅游行程为游金章打下名号，从此只要是他办的活动，报名便非常踊跃。

凭着一股对旅游的热爱，游金章在创办易游网之前，就曾建立两家相当知名的"泛达旅行社"及"春天旅游"。累积多年的旅游工作经验及本身对网络的认识，游金章认为旅游业相当适合经营电子商务，只有经营网站给予顾客"个人化旅行"，才能踩在中国台湾由"团体旅游"过渡到"个人化旅行"的大趋势上。

易游网自己开发定位系统，把分散的各个供货商整合在同一个平台上；同时符合消费者的惯性，设计人性化且流畅的使用接口。在商品设计上更是别具一格，扮演独领风骚的角色，举凡屏东鲔鱼季、澎湖花火节、旅行证件的催生，一直到旅游列车、旅游巴士等，易游网团队总会担任"领头灯"，在第一时间给予顾客最新的方案与选择。

易游网凭借精准的眼光，看准旅游趋势的差异化定位，加上不固守传统的活思维，使它成为后起之秀，交出亮丽的成绩单。然而，这对易游网总经理游金章来说，这些只是数字游戏。他认为要能做出与世界接轨的格局与气度，同时创造出消费者对旅游的需求，让旅游业迈向全新的领域，这才是真正的成功！

13.2.5 网络营销的迷思与注意要点

网络营销存在几点常见的识误区与注意要点，说明如下：

（1）不一定要自设网站：很多企业误认为网络营销一定要自行设立网站，但实际上即使业者没有能力或不想建置网站也可以进行网络营销，如目前市场上出现许多提供"网络营销整合方案"服务的企业，协助业者轻松上网。以 EasyHotel 饭店联盟（hoteldiy.net-work.com.tw）为例，饭店业者只要付费就可以取得专属的网址，且利用简单的网站后台管理接口，就可以在 EasyHotel 的平台上轻松建立饭店网站，马上提供顾客线上订房的服务。许多饭店业者相继加入使得 EasyHotel 成为饭店信息的交流平台，可以让消费者轻松找遍中国台湾各地的饭店，解决旅游住宿的问题。对饭店业者而言，除了创造产业群聚效应、提高饭店的曝光率之外，更可以接触到广大的潜在消费者。

（2）人潮未必是钱潮：许多企业误认为在受欢迎的网站曝光就可以抓住人潮，进而带来钱潮。但实际上受欢迎的入口网站的广告点选率经常低于 1%，因此慎选与自己营销目标相符的网站较可能有良好成效。同时，如果产品或服务品质未能严格管控就上线营销，有可能通过网站吸引人潮后,更快速经由口耳相传而"坏事传千里"。

(3)网络无国界不一定能掌控全世界:许多企业以为连上网络就可以接触全世界的消费者,并认为网络世界是一个共同市场。实际上,不同国家或区域还是存在语言与文化的差异性的,因此仍应针对目标市场的需求拟定相关策略。

(4)尊重顾客仍是不变定律:许多企业误以为让消费者停留网站的时间越久,越能抓住顾客。事实上,在网络世界中时间仍是金钱,如果侵犯消费者的自主权(如弹跳广告或插播广告不断干扰网友的目光),或是一味追求量的增加而忘了质的提升(如利用大量电子邮件的攻势"灌"爆消费者的信箱),那么网站只会引起和造成消费者的厌恶与离弃。

13.3 旅游与餐旅业的网络营销

13.3.1 旅游网站现况

线上旅行社或旅游网站的兴起对旅游与餐旅市场带来相当深远的影响。例如,美国旅游市调公司 Pho Cus Wright 的研究显示,美国消费者在网络上购买旅游行程的总收入在 2006 年已经占整体旅游市场营收的 50%,且逐年增长。另外,根据世界旅游协会(World Travel & Tourism Council,WTTC)统计,亚洲是全球旅游市场成长最快速的区域之一,尤其是在线上旅游市场,2007 年已达到 260 亿美元的规模。

中国台湾线上旅游市场的成长也相当惊人,每年增长 40% 以上,交易金额高达新台币数百亿元。另外,中国台湾微软公司 2007 年针对 MSN/Windows Live 用户进行调查,结果显示已有 81% 的消费者通过网络规划旅游行程。创市际 2010 年的市调也显示,计划旅游的消费者大多通过旅游网站搜集信息,其中利用搜寻引擎获取信息的比例为 20.2%,参考部落格的比例则为 17.1%,这显示出旅游网站、搜寻引擎与部落格已成为消费者安排行程的主要参考依据,因此国际网络对旅游市场的影响不容小觑。同时,旅游业未来通过网络将走向旅游个人化、行程零售化的方向。

目前,中国台湾网络产业中与旅游相关的网站,较具规模者约有 20 个左右,大致可分为电子商务、内容网站、旅行社群三类。

13.3.2 旅游电子商务

旅游电子商务包含三个形态。其中最普遍的是 B2C(business to consumer,企业对消费者)电子商务网站,即企业直接对消费者销售旅游产品或服务的网站。最典型的 B2C 旅游电子商务网站是由旅行社、航空公司或饭店等旅游业者所成立,如由易游网、易飞网、四方通行旅游网、百罗旅游网、雄狮旅行社的全球信息网、中国台湾"中华电信"与东南旅行社共同成立的"Hinet 旅游网"等。其中最知名的首推成立于 2000 年、提供全方位旅游产品的易游网，自营运至今，它一直是线上旅游的领导者，营运绩效也居旅游网站之首，2008 年营收约 51 亿元新台币。

另外一种形态是 B2B（business to business，企业对企业）电子商务，主要通过网络针对上游供货商或下游客户，提供电子采购、电子转账、供货商自动补货等服务。此外，还有 C2C（consumer to consumer，消费者对消费者）电子商务，主要作为消费者与消费者之间的沟通渠道。发展较为成熟的是电子布告栏（BBS）（如台大的 PTT）、竞标网以及线上拍卖网（如 eBay、PChome），这些网站提供会员自由传递信息或进行线上交易等服务。

13.3.3　内容网站

内容网站的目的在于提供丰富且大量的旅游信息。旅游内容网站大致分为两种，一种是媒体转型的旅游网站，另一种则是专营旅游信息的旅游网站。旅游媒体网站（如 Mook 自游自在旅游网、旅报新闻网）主要是定期提供自己采访或部分引用其他媒体的旅游新闻、归纳整理旅游主管部门所提供的新闻等。专门以旅游内容为主体的旅游网站大部分由旅游主管部门设置或由爱好者成立，单纯提供当地旅游信息，如中国台湾旅游信息网，介绍中国台湾各地的衣食住行，提供合法旅馆与民宿名单，且附有各地地图、天气等各项旅游须知，甚至推出名人旅行故事、旅游达人景点介绍等让旅游客更认识中国台湾。

13.3.4　旅行社群网站

网络社群是网络上因为共同兴趣、嗜好或利益等而组成的一群人。例如，各大校园网络上的 BBS 讨论区聚集了对相关议题有兴趣的校内外人士；在番薯藤等入口网站建构"家族"，让对某个主题感兴趣的人聚在一起。这些"讨论区"与"家族"的会员在网络上组成网络社群，通常对该网站有强力的黏着性。网站为了促成每个成员之间的互动，提高会员的忠诚度，因此提供虚拟社群平台，包含公告栏、讨论区、聊天室、投票区、档案分享、照片分享、通讯录等功能。近几年，社群网站如脸书（Face book）或推特（twitter）也成为旅游餐旅业重要的营销工具。尤其，脸书全球使用人数已突破 6 亿人，占据全世界网络使用人口的 30%，用户除开设一般页面与亲友互动，还可开设粉丝专页，让粉丝点"赞"键加入，即时交换信息，当作营销利器。例如，许多饭店或餐厅开始通过脸书提供订房服务，或是设立粉丝专页，希望借由这种便利、直接的渠道，吸引更多人上门，并作为与消费者接触的媒介。

课后习题

基础习题

1. 网络营销具有哪些特性?

2. 网络营销的 4P 与传统营销有哪些不同之处?

3. 常用的网络广告有哪些? 各有哪些优缺点?

4. 网络特性创造了哪些不同的推广与促销方式?

5. 网际网络对于旅游与餐旅营销带来哪些影响?

应用习题

1. 中国台湾线上旅游市场的成长相当惊人,每年增长 40% 以上,请观察旅行网站为何吸引消费者,并在网络上寻找任何两家旅游电子商务网站,比较那两家网站的优缺点。

2. 请进入任意一家旅行社群网站,了解该网站设立的宗旨与目的后,观察并整理在网站中大部分人谈论的是哪些话题,那些话题又具有什么样的影响力。

参考文献

1. 曹胜雄. 旅游营销学 [M]. 中国台北：杨智文化，2001.

2. 曾光华. 营销管理：理论解析与实务应用（第二版）[M]. 中国台北：前程文化，2006.

3. 曾光华. 服务业营销：品质提升与价值创造 [M]. 中国台北：前程文化，2007.

4. John Urry. 旅游客的凝视 [M]. 叶浩译. 中国台北：书林出版社，2007.

5. Philip Kotler，John Bowen，and James Makens . Marketing for Hospitality and Tourism (4th. edition) [M]. Upper Saddle River, NJ：Prentice Hall，2006.

6. Alastair M. Morrison. Hospitality and Travel Marketing（3rd. edition）[M]. Albany, NY：Delmar，2001.

7. Dotty Oelkers Travel and Tourism Marketing [M]. London：Thomson Learning，2006.

（以上为主要参考书目，报纸杂志、企业网站、杂志网站、学术论文等参考资料不胜枚举，予以省略。）

本书中文简体版由前程文化事业有限公司授权经济管理出版社独家出版发行。未经书面许可，不得以任何方式复制或抄袭本书内容。

北京市版权局著作权合同登记：图字：01–2014–0545 号

图书在版编目（CIP）数据

旅游营销/曾光华，陈贞吟，饶怡云著. —北京：经济管理出版社，2014.6
ISBN 978-7-5096-3095-2

Ⅰ.①旅…　Ⅱ.①曾…　②陈…　③饶…　Ⅲ.①旅游市场—市场营销学　Ⅳ.①F590.8

中国版本图书馆 CIP 数据核字（2014）第 078990 号

组稿编辑：陈　力
责任编辑：勇　生　胡　茜
责任印制：黄章平
责任校对：赵天宇

出版发行：经济管理出版社
　　　　　（北京市海淀区北蜂窝 8 号中雅大厦 A 座 11 层　100038）
网　　址：www. E–mp. com. cn
电　　话：（010）51915602
印　　刷：三河市延风印装有限公司
经　　销：新华书店
开　　本：787mm×1092mm/16
印　　张：19.5
字　　数：417 千字
版　　次：2015 年 9 月第 1 版　　2015 年 9 月第 1 次印刷
书　　号：ISBN 978-7-5096-3095-2
定　　价：58.00 元

·版权所有　翻印必究·

凡购本社图书，如有印装错误，由本社读者服务部负责调换。

联系地址：北京阜外月坛北小街 2 号
电话：（010）68022974　　邮编：100836